ABITUR
CLEVER VORBEREITET

MATHEMATIK

tandem.VERLAG
print line

ABITUR
CLEVER VORBEREITET

MATHEMATIK

Autoren: Rainer Hild, Thomas Hechinger

Umschlaggestaltung: Stefanie Brüssel, Potsdam
Bildnachweis Cover: shutterstock
Gesamtherstellung: Tandem Verlag GmbH, Potsdam

ISBN: 978-3-8427-1426-7

Vorwort

Abitur clever vorbereitet – Mathematik soll Ihnen helfen, prüfungsrelevante Themen zu wiederholen. Sie finden hier einen **kompakten Überblick**, der es Ihnen ermöglicht, den gesamten Stoff zu wiederholen und Ihre eigenen Wissenslücken zu erkennen – und zu beheben: Schlagen Sie einfach die Bereiche nach, in denen Sie noch nicht ganz sicher sind.

Das Buch enthält zahlreiche Merkkästen, Insider-Tipps und Checklisten, die Ihnen das Lernen erleichtern sollen. Vor allem die fett gedruckten Begriffe im Text sollen Sie an die wichtigsten Schlagworte erinnern – gehen Sie sicher, dass Sie diese verstanden haben und gegebenenfalls auch ausführlicher erklären können.

Es ist nicht nötig, das Buch von vorne nach hinten durchzuarbeiten. Jedes Kapitel steht für sich und behandelt einen anderen Fachbereich der Prüfung. Deshalb ist es auch möglich, nur einzelne Bereiche, wie beispielsweise lineare Gleichungssysteme, nachzuschlagen und zu wiederholen.

Das **Prüfungstraining** auf der beiliegenden CD-ROM ermöglicht es Ihnen, einzelne Themenbereiche aus dem Buch aktiv zu trainieren. Sie enthält Musteraufgaben und Prüfungsbeispiele für das schriftliche und mündliche Abitur. Auch **allgemeine Tipps zur Abiturvorbereitung** im Fach Mathematik finden Sie dort. Das Buch kann man gut in Kombination mit der CD-ROM benutzen: zuerst ein Thema im Buch nachlesen und dann das Gelernte durch die entsprechenden Aufgaben auf der CD vertiefen und prüfen.
Hinweise zur Nutzung der CD-ROM „**Abitur clever vorbereitet – Prüfungstraining**" finden Sie auf der letzten Seite dieses Buches.

Wir wünschen Ihnen viel Erfolg für die Prüfung!

Analysis

1 Grundlagen der Analysis 7
1.1 Intervalle 7
1.2 Das kartesische Koordinatensystem 8
1.3 Geraden im Koordinatensystem 9

2 Polynome 14
2.1 Polynombegriff und Beispiele 14
2.2 Rechnen mit Polynomen 15
2.3 Nullstellen von Polynomen 17

3 Reelle Funktionen 23
3.1 Grundlegendes über Funktionen 23
3.2 Elementare Funktionenklassen 25

4 Stetigkeit und Grenzwert 37
4.1 Stetigkeit 37
4.2 Grenzwert 41

5 Transzendente Funktionen 51
5.1 Trigonometrische Funktionen 51
5.2 Arcusfunktionen 54
5.3 Exponentialfunktionen 56
5.4 Logarithmusfunktionen 57

6 Differenzialrechnung 60
6.1 Die Ableitung 60
6.2 Monotonie 66
6.3 Krümmung 70
6.4 Die Ableitung der Umkehrfunktion 71
6.5 Das Newton-Verfahren 73

7 Integralrechnung 75
7.1 Das bestimmte Integral 75
7.2 Der Hauptsatz der Differenzial- und Integralrechnung 77
7.3 Integrationsmethoden 81
7.4 Uneigentliche Integrale 84
7.5 Anwendungen der Integralrechnung 86

8 Kurvendiskussion 88
8.1 Symmetrie des Graphen 88
8.2 Elemente der Kurvendiskussion 90
8.3 Kurvendiskussion am Beispiel 91

Analytische Geometrie

9 Lineare Gleichungssysteme ... 96
9.1 Lineare Gleichungssysteme ... 96
9.2 Das Gaußverfahren zur Lösung linearer Gleichungssysteme ... 97

10 Punkte und Vektoren im kartesischen Koordinatensystem ... 102
10.1 Grundlegende Begriffe ... 102
10.2 Rechnen mit Vektoren ... 105
10.3 Lineare Abhängigkeit und Unabhängigkeit ... 110

11 Geraden- und Ebenengleichungen ... 112
11.1 Die Parameterform ... 112
11.2 Die Koordinatengleichung ... 115
11.3 Das Kreuzprodukt ... 117
11.4 Darstellung von Ebenen im Koordinatensystem ... 119

12 Schnittprobleme ... 121
12.1 Schnitt zwischen einer Geraden und einer Ebene ... 121
12.2 Schnitt zweier Ebenen ... 124
12.3 Schnitt zweier Geraden ... 126

13 Abstände und Längen ... 131
13.1 Der Abstand zweier Punkte ... 131
13.2 Der Abstand eines Punktes von einer Geraden ... 131
13.3 Der Abstand eines Punktes von einer Ebene ... 133
13.4 Der Abstand zweier windschiefer Geraden ... 134
13.5 Flächen- und Volumenberechnungen ... 135

14 Spiegelungen an Ebenen ... 137
14.1 Das Spiegelbild eines Punktes ... 137
14.2 Das Spiegelbild einer Geraden ... 139
14.3 Das Spiegelbild einer Ebene ... 141

15 Winkelberechnungen ... 144
15.1 Der Winkel zwischen zwei Geraden ... 144
15.2 Der Winkel zwischen zwei Ebenen ... 146
15.3 Der Winkel zwischen Geraden und Ebenen ... 147

Lineare Algebra

16 Lineare Abbildungen ... 148
16.1 Eigenschaften linearer Abbildungen ... 148
16.2 Lineare Abbildungen mit Matrizen: Matrix-Vektor-Multiplikation ... 149

16.3 Besondere geometrische Abbildungen und ihre Matrizen 151
16.4 Verknüpfung linearer Abbildungen: Matrix-Matrix-Multiplikation 153

17 Die Matrixrechnung zur Lösung eines LGS 155
17.1 Lineare Gleichungssysteme als Matrix-Vektor-Gleichung 155
17.2 Die inverse Matrix und ihre Bedeutung 156
17.3 Berechnung der inversen Matrix 157
17.4 Determinante und Umkehrbarkeit einer Matrix 159

Wahrscheinlichkeitsrechnung

18 Der Wahrscheinlichkeitsraum 161
18.1 Von der relativen Häufigkeit zur Wahrscheinlichkeit 161
18.2 Ereignisse 162
18.3 Endliche Wahrscheinlichkeitsräume 163
18.4 Operationen mit Ereignissen 165

19 Kombinatorik und Laplace-Räume 168
19.1 Laplace-Räume 168
19.2 Kombinatorik oder: Die Kunst des Zählens 169
19.3 Vertiefung: Laplace-Modelle 176

20 Mehrstufige Zufallsexperimente 180
20.1 Bäume und Pfadregeln 180
20.2 Das Urnenmodell 182
20.3 Bedingte Wahrscheinlichkeit und Unabhängigkeit 183

21 Spezielle Verteilungen 187
21.1 Zufallsgrößen 187
21.2 Die Binomialverteilung 191
21.3 Die hypergeometrische Verteilung 193
21.4 Zufallsgrößen mit Dichten, Normalverteilung 194

22 Beurteilende Statistik 198
22.1 Qualitätsbewertung von Stichproben 198
22.2 Schluss von der Stichprobe auf die Gesamtheit 200
22.3 Testen von Hypothesen 202

Stichwortverzeichnis 206

Hinweise zur CD-ROM „Abitur clever vorbereitet –Prüfungstraining“ 208

1 Grundlagen der Analysis

Wichtige Grundbegriffe der Analysis sind unter anderem das Intervall zur Beschreibung einer Zahlenmenge und die Gerade, mit der eine lineare Funktion grafisch veranschaulicht werden kann. Wie man Intervalle mathematisch korrekt beschreibt, Geraden zeichnet und deren Funktionsgleichungen berechnet, ist Thema des folgenden Kapitels.

1.1 Intervalle

Alle reellen Zahlen, die zwischen zwei gegebenen reellen Zahlen a, b $(a < b)$ liegen, bilden ein **beschränktes Intervall**. Je nachdem, ob man a oder b selbst mit einschließt oder nicht, unterscheidet man **abgeschlossene** und **offene** beschränkte Intervalle. **Unbeschränkte Intervalle** entstehen, wenn die Zahlenmenge ins Negative oder Positive oder in beide Richtungen unbeschränkt ist. Für die Unbeschränktheit ins Positive verwendet man das Zeichen ∞ (Unendlich), für die Unbeschränktheit ins Negative das Zeichen $-\infty$ (minus Unendlich). ∞ und $-\infty$ sind keine reellen Zahlen, sondern deuten nur die Unbeschränktheit an. Besitzt das unbeschränkte Intervall die reelle Zahl c als Randzahl, so heißt es **abgeschlossen**, wenn c zum Intervall gehört, und **offen**, wenn c nicht zum Intervall gehört.

ÜBERSICHT ▪ Beschränkte Intervalle	
a und b seien reelle Zahlen mit $a < b$. Zeigt die eckige Klammer zur Zahl hin, ist diese eingeschlossen, ansonsten ausgeschlossen. Gehört dementsprechend ein Randpunkt dazu, so wird er ausgefüllt, gehört er nicht dazu, wird er hohl gezeichnet.	
 **offenes Intervall** $]a;b[= \{x \in \mathbb{R} \mid a < x < b\}$ alle reellen Zahlen zwischen a und b ohne a und b	 **abgeschlossenes Intervall** $[a;b] = \{x \in \mathbb{R} \mid a \leq x \leq b\}$ alle reellen Zahlen zwischen a und b einschließlich a und b
 **halboffenes Intervall** (links offen, rechts abgeschlossen) $]a;b] = \{x \in \mathbb{R} \mid a < x \leq b\}$ alle reellen Zahlen zwischen a und b einschließlich b, ohne a	 **halboffenes Intervall** (rechts offen, links abgeschlossen) $[a;b[= \{x \in \mathbb{R} \mid a \leq x < b\}$ alle reellen Zahlen zwischen a und b einschließlich a, ohne b

a, b sind die **Randpunkte** des Intervalls, die Zahlen x mit $a < x < b$ heißen **innere Punkte**. Ein offenes Intervall besteht also nur aus inneren Punkten, ein abgeschlossenes aus inneren Punkten einschließlich seiner Randpunkte.

ÜBERSICHT ▪ Unbeschränkte Intervalle

c sei eine reelle Zahl.
Zeigt die eckige Klammer zur Zahl hin, ist diese eingeschlossen, ansonsten ausgeschlossen.
Gehört dementsprechend ein Randpunkt dazu, so wird er ausgefüllt, gehört er nicht dazu, wird er hohl gezeichnet.

 **offenes Intervall** $]-\infty; c[= \{x \in \mathbb{R} \mid x < c\}$ alle reellen Zahlen kleiner als c ohne c	 **abgeschlossenes Intervall** $]-\infty; c] = \{x \in \mathbb{R} \mid x \leq c\}$ alle reellen Zahlen kleiner als c einschließlich c
 **offenes Intervall** $]c; \infty[= \{x \in \mathbb{R} \mid x > c\}$ alle reellen Zahlen größer als c, ohne c	 **abgeschlossenes Intervall** $[c; \infty[= \{x \in \mathbb{R} \mid x \geq c\}$ alle reellen Zahlen größer als c einschließlich c

Das Intervall $]-\infty; \infty[$ gilt sowohl als offen als auch als abgeschlossen. Es besteht aus allen reellen Zahlen $]-\infty; \infty[= \mathbb{R}$.

1.2 Das kartesische Koordinatensystem

Im zweidimensionalen kartesischen Koordinatensystem lassen sich Abhängigkeiten zweier Größen x, y darstellen. Es besteht aus zwei senkrecht aufeinander stehenden Zahlenstrahlen, die sich bei 0 schneiden. Der eine zeigt nach rechts und wird als Abszissenachse (x-Achse) bezeichnet, der andere zeigt nach oben und heißt Ordinatenachse (y-Achse). Durch die Koordinatenachsen wird die Zeichenebene in vier **Quadranten** zerlegt. Man beginnt rechts oben und nummeriert die Quadranten gegen den Uhrzeigersinn mit I, II, III, IV. Ein Punkt P der Zeichenebene kann durch zwei Koordinaten beschrieben werden, seine **Abszisse** (x-Wert) und seine **Ordinate** (y-Wert). Man schreibt: $P(x \mid y)$.

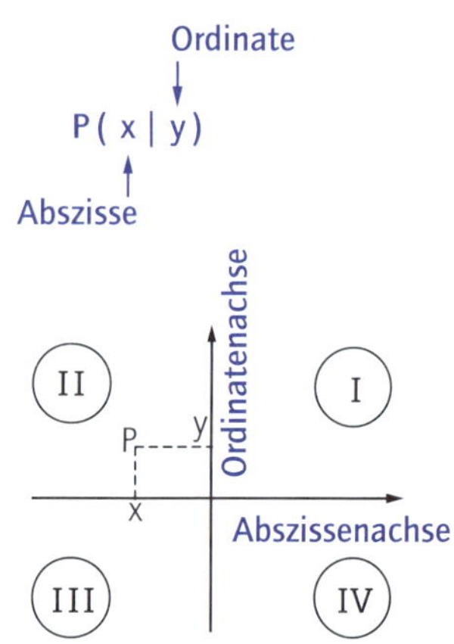

INSIDER-TIPP

Die Bezeichnungen x-Achse und y-Achse sind üblich, aber missverständlich, da die Variablen jederzeit umbenannt werden können (was vor allem bei Anwendungsaufgaben vorkommt).

1.3 Geraden im Koordinatensystem

Geradengleichungen

Eine Gerade g kann im Koordinatensystem durch die

> **Normalform der Geradengleichung** $g: ax + by + c = 0$,
> ($a, b, c \in \mathbb{R}$ fest vorgegeben; a, b nicht beide zugleich 0).

beschrieben werden. $P(x|y) \in g$ gilt dann und nur dann, wenn die Koordinaten x, y die Gleichung erfüllen. Die Bedingung für a, b garantiert, dass tatsächlich eine Gerade vorliegt. Für $a = b = 0$ ist die Gleichung nämlich entweder unerfüllbar $(c \neq 0)$ oder wird von allen Punkten erfüllt $(c = 0)$. Durch Auflösen nach y (für $b \neq 0$) erhält man die

> **Hauptform der Geradengleichung** $g: y = mx + d$,
> m heißt Steigung, d Ordinatenachsenabschnitt.

Kennt man einen Punkt von g und die Steigung, verwendet man die

> **Punkt-Steigungs-Form der Geradengleichung** $g: y = m(x - u) + v$,
> m ist die Steigung, $Q(u|v) \in g$.

Aus zwei Punkten $Q_1, Q_2 \in g$ berechnet man die Steigung $(u_1 \neq u_2)$. g schneidet die Ordinatenachse am Ordinatenachsenabschnitt d.

$$m = \frac{\text{Ordinatendifferenz}}{\text{Abszissendifferenz}} = \frac{v_1 - v_2}{u_1 - u_2} = \frac{v_2 - v_1}{u_2 - u_1}$$

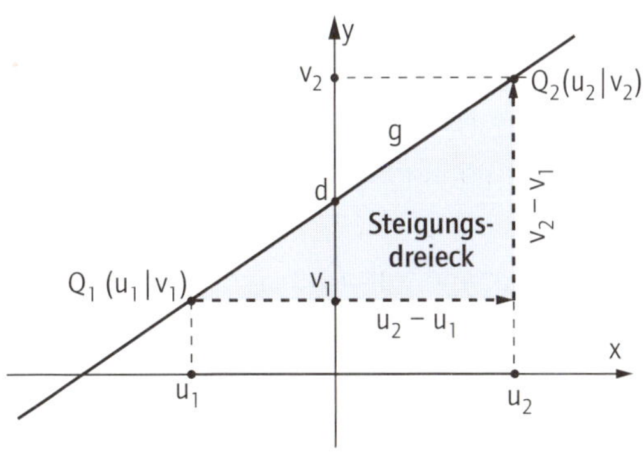

Punktprobe

Durch Einsetzen der Koordinaten eines Punktes Q in eine Geradengleichung von g ermittelt man, ob Q auf g liegt. Dies ist der Fall, wenn eine wahre Aussage (w) entsteht, und nicht der Fall, wenn eine falsche Aussage (f) entsteht.

BEISPIEL 1

g: $2x - 3y - 7 = 0$ (Normalform)

Probe für $Q_1(-2\,|\,3)$	Probe für $Q_2(2\,|\,-1)$
$2\cdot(-2) - 3\cdot 3 - 7 = 0$	$2\cdot 2 - 3\cdot(-1) - 7 = 0$
$-20 = 0\,(f)$	$0 = 0\,(w)$
Folgerung: $Q_1 \notin g$	Folgerung: $Q_2 \in g$

Zeichnen einer Geraden

a) mittels zweier Punkte

Man bestimmt zwei Punkte so, dass die Punktprobe für sie stimmt.

BEISPIEL 2

$$g\colon 2x - 3y - 7 = 0 \qquad \text{Normalform}$$
$$3y = 2x - 7$$
$$y = \tfrac{2}{3}x - \tfrac{7}{3} \qquad \text{Hauptform}$$

x kann beliebig vorgegeben werden. Man versucht jedoch (probieren!), x so zu wählen, dass x und y ganzzahlig sind.

$x = -1$: $y = \frac{2}{3}\cdot(-1) - \frac{7}{3} = -3$

$Q_1(-1\,|\,-3) \in g$

$x = 5$: $y = \frac{2}{3}\cdot 5 - \frac{7}{3} = 1$

$Q_2(5\,|\,1) \in g$

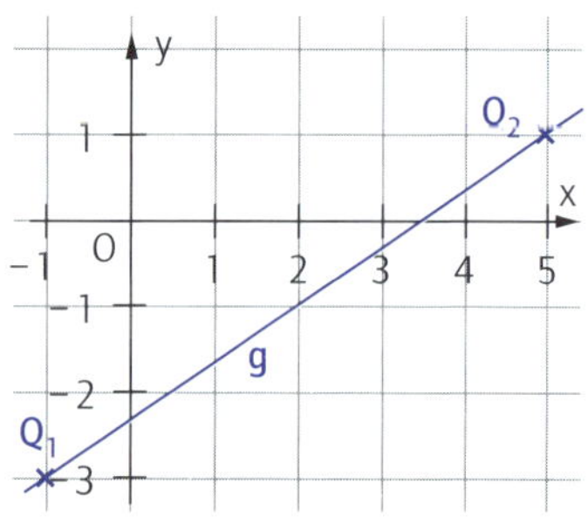

b) mittels Ordinatenachsenabschnitt und Steigung

Vorgehen:

g: $y = mx + d$ (Hauptform)

1. Man bestimmt einen Punkt von g, z. B. $D(0\,|\,d)$.
2. Man schreibt, sofern möglich, m als Bruch und erweitert oder kürzt so, dass Zähler und Nenner nicht zu klein sind (Erhöhung der Zeichengenauigkeit).
3. Man zeichnet von D aus ein Steigungsdreieck mit dem Nenner von m in Abszissenrichtung (bei positivem Nenner nach rechts, bei negativem nach links) und dem Zähler von m in Ordinatenrichtung (bei positivem Zähler nach oben, bei negativem nach unten).

BEISPIEL 3

$g: y = -\frac{2}{3}x + 2$

ablesen: $m = -\frac{2}{3}$, $d = 2$

1. $D(0|2)$
2. $m = -\frac{2}{3} = \frac{-4}{6}$
3. von D aus 6 nach rechts, dann 4 nach unten

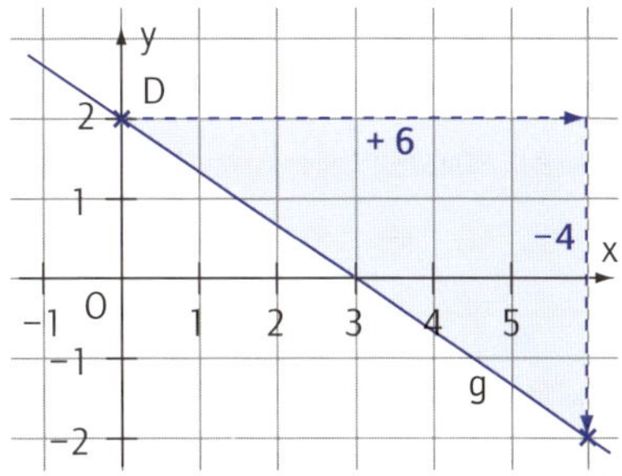

Aufstellen einer Geradengleichung

a) wenn ein Punkt und die Steigung gegeben ist

Man verwendet die Punkt-Steigungs-Form (→ Seite 9), z. B.

Gerade g mit Steigung $m = \frac{5}{4}$ und $Q(-2|5) \in g$

$y = \frac{5}{4}(x - (-2)) + 5$

Durch Ausmultiplizieren und Vereinfachen der rechten Seite erhält man die Hauptform: $g: y = \frac{5}{4}x + \frac{15}{2}$.

b) bei zwei vorgegebenen Punkten

1. Wenn die Punkte dieselbe Abszisse u haben, dann ist $x = u$ die Gleichung von g, z. B. Gerade g durch $Q_1(-2|1)$ und $Q_2(-2|4)$
   $g: x = -2$
   g verläuft parallel zur Ordinatenachse.
   g kann nicht durch eine Hauptform beschrieben werden (!).

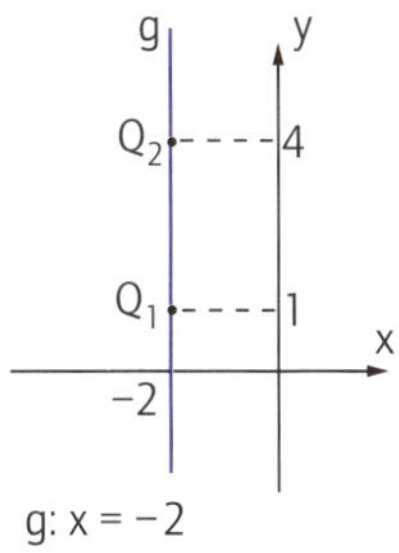

2. Wenn die Punkte dieselbe Ordinate v haben, dann ist $y = v$ die Gleichung von g.
   Gerade g durch $Q_1(-2|-1)$ und $Q_2(3|-1)$
   $g: y = -1$
   (Steigung $m = 0$, Ordinatenachsenabschnitt $d = -1$)
   g verläuft parallel zur Abszissenachse.

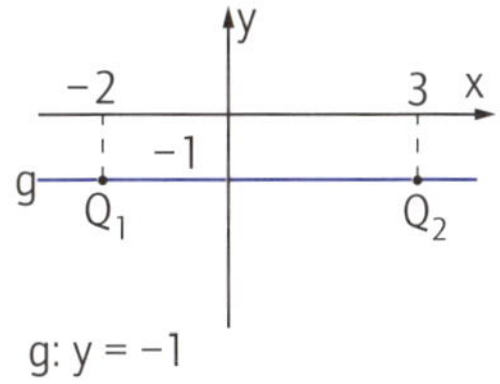

3. Ansonsten bestimmt man zunächst die Steigung und verwendet dann die Punkt-Steigungs-Form (→ Seite 9).
Gerade g durch $Q_1(-2|1)$ und $Q_2(3|-2)$.
Steigung: $m = \frac{1-(-2)}{-2-3} = -\frac{3}{5}$.
Punkt-Steigungs-Form mit Q_1
(es würde auch mit Q_2 gehen):
g: $y = -\frac{3}{5}(x-(-2)) + 1$
Hauptform: g: $y = -\frac{3}{5}x - \frac{1}{5}$

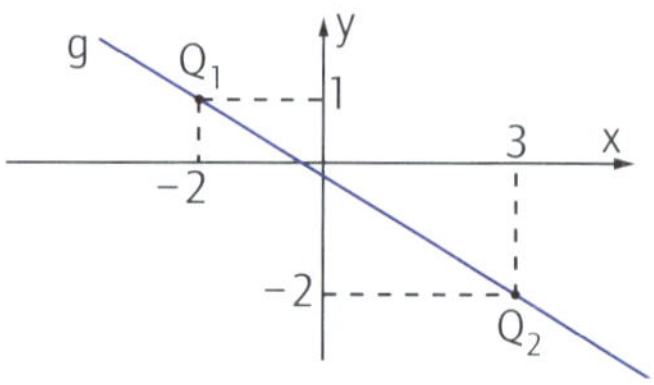

Parallelität und Orthogonalität

	Normalform	Hauptform
	$g_1: a_1x + b_1y + c_1 = 0$ $g_2: a_2x + b_2y + c_2 = 0$	$g_1: y = m_1x + d_1$ $g_2: y = m_2x + d_2$
Parallelität $g_1 \parallel g_2$	$a_2 = \lambda a_1,\ b_2 = \lambda b_1$ mit einem Faktor $\lambda \neq 0$	$m_1 = m_2$
Identität $g_1 = g_2$	$a_2 = \lambda a_1,\ b = \lambda b_1$ und $c_2 = \lambda c_1$ mit einem Faktor $\lambda \neq 0$	$m_1 = m_2$ und $d_1 = d_2$
Orthogonalität $g_1 \perp g_2$	$a_1 \cdot a_2 + b_1 \cdot b_2 = 0$	$m_1 \cdot m_2 = -1$

BEISPIEL 4 ▪ Lage zweier Geraden zueinander.

a) Sind $g_1: 2x - 3y + 4 = 0$ und $g_2: 2y - 6x + 3 = 0$ parallel?
Zunächst gilt: $a_1 = 2,\ b_1 = -3,\ a_2 = -6,\ b_2 = 2$. Dann rechnet man:
$\frac{a_2}{a_1} = -3$, also $a_2 = -3a_1$ und $\frac{b_2}{b_1} = -\frac{2}{3}$, also $b_2 = -\frac{2}{3}b_1$
Es gibt daher kein λ wie gefordert: Die Geraden sind nicht parallel.

b) Sind $g_1: y = -\frac{2}{3}x + \frac{5}{6}$ und $g_2: y = 1{,}5x - 0{,}75$ senkrecht zueinander?
Zunächst gilt: $m_1 = -\frac{2}{3}$, $m_2 = 1{,}5 = \frac{3}{2}$.
Dann rechnet man: $m_1 \cdot m_2 = -\frac{2}{3} \cdot \frac{3}{2} = -1$
Die Geraden stehen also senkrecht aufeinander.

MERKE ▪ Normale
Eine Gerade, die auf der Geraden g senkrecht steht, heißt Normale von g.

c) Man bestimme die Normale h von g: $y = -\frac{3}{4}x + 2$ durch $Q(-6\,|\,1)$.
Es seien m_g, m_h die Steigungen von g bzw. h; $m_g = -\frac{3}{4}$ ist bekannt.

Man bestimmt m_h: $-\frac{3}{4} \cdot m_h = -1$, also $m_h = \frac{4}{3}$
Punkt-Steigungs-Form: h: $y = \frac{4}{3}(x - (-6)) + 1$
Hauptform: h: $y = \frac{4}{3}x + 9$

CHECKLISTE

Grundlagen der Analysis

Folgende Fragen sollten Sie nun mühelos beantworten können:

- **Was ist der Unterschied zwischen abgeschlossenen und offenen Intervallen und wie beschreibt man Intervalle?**
- **Wann spricht man von einem beschränkten bzw. unbeschränkten Intervall?**
- **Welche verschiedenen Formen von Geradengleichungen gibt es und wie lauten diese?**
- **Wie kann man eine Gerade in ein Koordinatensystem zeichnen, wenn die Geradengleichung bekannt ist?**
- **Wie stellt man eine Geradengleichung auf, wenn ein Punkt und die Steigung der Geraden gegeben sind?**
- **Wie stellt man eine Geradengleichung auf, wenn zwei Punkte der Geraden gegeben sind?**
- **Was versteht man unter einer Normalen einer Geraden g? Wie stellt man die Gleichung dieser Normalen durch einen bekannten Punkt P auf?**

2 Polynome

Die reelle Analysis handelt von den reellen Funktionen. Eine der wichtigsten Funktionenklassen sind hierbei die ganzrationalen Funktionen. Jede ganzrationale Funktion kann durch ein Polynom definiert werden.

2.1 Polynombegriff und Beispiele

Für ein ganzzahliges $n \geq 0$ definiert man:

> **DEFINITION ▪ Polynom p(x) in x über $\mathbb{R}$**
> **$p(x) = a_n x^n + a_{n-1} x^{n-1} + a_{n-2} x^{n-2} + \ldots + a_1 x + a_0$**
> **mit festen $a_n, a_{n-1}, a_{n-2}, \ldots, a_1, a_0 \in \mathbb{R}$ und $a_n \neq 0$.**
> **$a_n, a_{n-1}, a_{n-2}, \ldots, a_1, a_0$ nennt man die Koeffizienten,**
> **n den Grad des Polynoms.**
> **$x^n, x^{n-1}, \ldots$ (manchmal auch nicht ganz korrekt $a_n x^n, a_{n-1} x^{n-1}, \ldots$)**
> **heißen die Potenzen des Polynoms.**

Darüber hinaus bezeichnet man die Konstante 0 als **Nullpolynom** und gibt diesem vereinbarungsgemäß den Grad $-\infty$. Das Nullpolynom und Polynome vom Grad 0 heißen **konstant**, konstante Polynome und solche vom Grad 1 heißen **linear**, Polynome vom Grad 2 heißen **quadratisch** und solche vom Grad 3 **kubisch**.

		Grad	Polynom p(x)	Koeffizienten				
				a_0	a_1	a_2	a_3	a_4
linear	**konstant**	$-\infty$	0	–	–	–	–	–
		0	$\sqrt{3}$	$\sqrt{3}$	–	–	–	–
		1	$-2x + \frac{5}{2}$	$\frac{5}{2}$	-2	–	–	–
quadratisch		2	$x^2 + 0{,}2x - 2$	-2	$0{,}2$	1	–	–
kubisch		3	$\frac{1}{2}x^3 + x^2 - 4$	-4	0	1	$\frac{1}{2}$	–
biquadratisch		4	$-x^4 + \sqrt{6}\,x^2 + 3x$	0	3	$\sqrt{6}$	0	-1

2.2 Rechnen mit Polynomen

Addieren, Subtrahieren und Multiplizieren

Beim Addieren und Subtrahieren von Polynomen p(x), q(x) müssen nur die Koeffizienten gleicher Potenzen addiert werden. Für das Produkt zweier Polynome multipliziert man jeden Summanden des ersten Polynoms mit jedem Summanden des zweiten (Distributivgesetz) und fasst dann gleiche Potenzen zusammen. Die höchsten Potenzen beider Polynome ergeben multipliziert die höchste Potenz des Produktpolynoms, z. B. $(2x^3 + ...)\cdot(3x^2 + ...) = 6x^5 + ...$

MERKE ▪ Grad-Satz

Beim Multiplizieren von Polynomen *addieren* sich die Grade.

Dividieren

Wie im Bereich der ganzen Zahlen $\mathbb{Z}$ die Division in der Regel nicht aufgeht, so gilt das auch für Polynome. Will man etwa die Aufgabe „6 : 4" ohne Verwendung von Brüchen rechnen, so kann man die Lösung auf zwei Arten aufschreiben:

Dividend		Divisor				
6	:	4	=	1	Rest 2	
				Quotient	Rest	

Dividend		Divisor				
6	=	4	·	1	+	2
				Quotient		Rest

Die erste Schreibweise ist für die höhere Mathematik ungeeignet, da der Gebrauch des Gleichheitszeichens unklar ist. Wir verwenden daher bei Polynomen die der zweiten entsprechende Schreibweise:

SATZ ▪ Polynomdivision

Sind u(x), v(x) Polynome mit v(x) ≠ Nullpolynom, so ist die Polynomdivision u(x) : v(x) eindeutig lösbar, d. h., es gibt zwei eindeutig bestimmte Polynome q(x), r(x) mit

$$u(x) = v(x) \cdot q(x) + r(x),$$

wobei r(x) entweder das Nullpolynom ist („die Division geht auf") oder, falls das nicht der Fall ist („die Division geht nicht auf"), zumindest einen kleineren Grad als v(x) hat.

In diesem Zusammenhang nennt man u(x) den Dividenden, v(x) den Divisor, q(x) den Quotienten und r(x) den Rest.

Beim Vergleich mit der eingangs gestellten Aufgabe „6:4" entsprechen sich u(x) und 6, v(x) und 4, q(x) und 1, r(x) und 2. Der kompliziert klingende Satz wird anschaulich, wenn man sich das Verfahren vergegenwärtigt, um die Polynome q(x) und r(x) zu bestimmen.

BEISPIEL 1 ▪ Polynomdivisionen

a) Es ist die Polynomdivision $u(x):v(x)$ durchzuführen für
$u(x) = 6x^4 + x^3 - 11x^2 + 15x + 4$ und $v(x) = 2x^2 + 3x - 1$

Man ermittelt q(x) und r(x) schrittweise. Bei jedem Schritt wird die neue Potenz von q(x) so gewählt, dass die Multiplikation mit der höchsten Potenz von v(x) (hier: $2x^2$) die höchste Potenz des gerade aktuellen Restpolynoms $r_k(x)$ gibt ($\boxed{1}$).
Dann wird die Multiplikationsprobe durchgeführt ($\boxed{2}$)
und durch Subtraktion der neue Rest bestimmt ($\boxed{3}$).
Das Verfahren hört auf, sobald die Division aufgeht oder der Rest $r_k(x)$ kleineren Grad als der Divisor v(x) (hier: Grad 2) hat.

Ganz am Anfang ist $r_0(x) = u(x) = \mathbf{6x^4} + x^3 - 11x^2 + 15x + 4$

$\boxed{1}$ $q(x) = \mathbf{3x^2} + \ldots$, da $(\mathbf{2x^2} + \ldots)\cdot(\mathbf{3x^2} + \ldots) = \mathbf{6x^4} + \ldots$

$\boxed{2}$ $v(x)\cdot[\text{Potenz von } q(x)] = (\mathbf{2x^2} + 3x - 1)\cdot(\mathbf{3x^2}) = \mathbf{6x^4} + 9x^3 - 3x^2$

$\boxed{3}$ $r_1(x) = (\mathbf{6x^4} + x^3 - 11x^2 + 15x + 4) - (\mathbf{6x^4} + 9x^3 - 3x^2)$
$\quad = \mathbf{-8x^3} - 8x^2 + 15x + 4$

$r_1(x)$ hat den Grad 3; das ist nicht kleiner als 2, also weiter!

$\boxed{1}$ $q(x) = \ldots \mathbf{-4x} \ldots$, da $(\mathbf{2x^2} + \ldots)\cdot(\ldots \mathbf{-4x} \ldots) = \mathbf{-8x^3} + \ldots$

$\boxed{2}$ $v(x)\cdot[\text{Potenz von } q(x)] = (\mathbf{2x^2} + 3x - 1)\cdot(\mathbf{-4x}) = \mathbf{-8x^3} - 12x^2 + 4x$

$\boxed{3}$ $r_2(x) = (\mathbf{-8x^3} - 8x^2 + 15x + 4) - (\mathbf{-8x^3} - 12x^2 + 4x)$
$\quad = \mathbf{4x^2} + 11x + 4$

$r_2(x)$ hat erst den Grad 2; also ein letztes Mal!

$\boxed{1}$ $q(x) = \ldots \mathbf{+ 2}$, da $(\mathbf{2x^2} + \ldots)\cdot(\ldots \mathbf{+ 2}) = \mathbf{4x^2} + \ldots$

$\boxed{2}$ $v(x)\cdot[\text{Potenz von } q(x)] = (\mathbf{2x^2} + 3x - 1)\cdot(\mathbf{2}) = \mathbf{4x^2} + 6x - 2$

$\boxed{3}$ $r_3(x) = (\mathbf{4x^2} + 11x + 4) - (\mathbf{4x^2} + 6x - 2) = 5x + 6$ (Grad ist 1)

Und so wird die Rechnung übersichtlich aufgeschrieben:

$$
\begin{array}{rrrrrl}
6x^4 + & x^3 - & 11x^2 & +15x & +4 & = (2x^2 + 3x - 1)\cdot(3x^2 - 4x + 2) + (5x + 6) \\
-(6x^4 + & 9x^3 - & 3x^2 & &) & \\
\hline
 & -8x^3 - & 8x^2 & +15x & +4 & \\
 & -(-8x^3 - & 12x^2 & + 4x &) & \\
\hline
 & & 4x^2 & +11x & +4 & \\
 & & -(4x^2 & + 6x & -2) & \\
\hline
 & & & 5x & +6 &
\end{array}
$$

b) Es ist die Polynomdivision $u(x):v(x)$ durchzuführen für
$u(x) = x^4 + 1$ und $v(x) = x^2 - \sqrt{2}\,x + 1$

In diesem Beispiel fehlen beim Dividenden Potenzen. Dafür werden Lücken gelassen (dies entspricht einem Koeffizienten 0).

$$
\begin{array}{llllll}
x^4 + & & & & 1 & = (x^2 - \sqrt{2}\,x + 1)\cdot(x^2 + \sqrt{2}\,x + 1) \\
-(x^4 - & \sqrt{2}\,x^3 + & x^2 & &) & \\
\hline
& \sqrt{2}\,x^3 - & x^2 + & & 1 & \\
& -(\sqrt{2}\,x^3 - & 2x^2 + & \sqrt{2}\,x &) & \\
\hline
& & x^2 - & \sqrt{2}\,x + & 1 & \\
& & -(x^2 - & \sqrt{2}\,x + & 1) & \\
\hline
& & & & 0 &
\end{array}
$$

Hier geht die Division also auf.

2.3 Nullstellen von Polynomen

Begriff und Beispiele

DEFINITION ▪ Nullstelle eines Polynoms

Eine reelle Zahl c heißt Nullstelle des Polynoms $p(x)$, wenn sich beim Ersetzen der Variablen x durch die Zahl c der Termwert 0 ergibt: $p(c) = 0$

Beispiele:

- $p(x) = 3x^4 + 9x - 30$
  $p(-2) = 3\cdot(-2)^4 + 9\cdot(-2) - 30 = 0$, also ist -2 Nullstelle von $p(x)$
  $p(0) = 3\cdot 0^4 + 9\cdot 0 - 30 = -30$, also ist 0 keine Nullstelle von $p(x)$
- $p(x) = 5x^6 + 9x^2 + 12$
  Dieses Polynom besitzt keine Nullstellen, denn für jedes $c \in \mathbb{R}$ ist c^6 und $c^2 \geq 0$, sodass gilt: $p(c) = 5c^6 + 9c^2 + 12 \geq 12$.
- $p(x) = 4x^6 - 20x^3 + 27$
  Auch dieses Polynom ist nullstellenfrei. Allerdings ist das nicht so einfach zu sehen (wegen $-20x^3$).
  Man kann hier aber die **quadratische Ergänzung** anwenden:
  $p(x) = 4x^6 - 20x^3 + 27 = 4x^6 - 20x^3 + 25 + 2 = (2x^3 - 5)^2 + 2$
  Daher gilt für $c \in \mathbb{R}$: $p(c) = (2c^3 - 5)^2 + 2 \geq 2$
- $p(x) = 0$ (Nullpolynom)
  Jede Zahl c ist Nullstelle, denn beim Einsetzen von c für x (die rechte Seite ist konstant 0, da gibt es nichts einzusetzen!) bekommt man $p(c) = 0$.

INSIDER-TIPP ▪ Verwechslungsgefahr

Man unterscheide Nullpolynom und Nullstelle!

- **Eine Nullstelle ist eine spezielle Zahl, sodass sich beim Einsetzen in ein Polynom p(x), das nicht das Nullpolynom zu sein braucht, 0 ergibt.**
- **Dagegen ist das Nullpolynom ein Polynom, welches konstant 0 ist.**

Nullstellen beim Grad ≤ 2

Grad $-\infty$: Das Nullpolynom besitzt **jede reelle Zahl** als Nullstelle.

Grad 0: Konstante Polynome ungleich dem Nullpolynom besitzen **keine** Nullstellen.

Grad 1: Polynome vom Grad 1 besitzen **genau eine** Nullstelle.
Man bestimmt sie durch Lösen einer linearen Gleichung, z. B.: $p(x) = 3x - 2$
$3x - 2 = 0 \iff 3x = 2 \iff x = \frac{2}{3}$; $\frac{2}{3}$ ist also die einzige Nullstelle.

Grad 2: Polynome vom Grad 2 besitzen **keine, genau eine oder genau zwei** Nullstellen. Man bestimmt sie durch Lösen einer quadratischen Gleichung **(„Mitternachtsformel")**, z. B.:
$p(x) = 3x^2 - 5x + 2$
Man errechnet $D = (-5)^2 - 4 \cdot 3 \cdot 2 = 1 > 0$, also hat p(x) die beiden Nullstellen $u_1 = \frac{5-1}{6} = \frac{2}{3}$ und $u_2 = \frac{5+1}{6} = 1$.

MERKE ▪ Nullstellen quadratischer Polynome

Das quadratische Polynom $p(x) = ax^2 + bx + c$ (mit $a, b, c \in \mathbb{R}$; $a \neq 0$) besitzt in Abhängigkeit von der Diskriminanten $D = b^2 - 4ac$

- **keine Nullstelle (falls $D < 0$),**
- **genau eine Nullstelle (falls $D = 0$) oder**
- **genau zwei Nullstellen (falls $D > 0$).**

Im Falle $D \geq 0$ sind die Zahlen $u_1 = \frac{-b-\sqrt{D}}{2a}$, $u_2 = \frac{-b+\sqrt{D}}{2a}$ die Nullstellen des Polynoms.

Für $D = 0$ fallen die beiden Nullstellen zu einer zusammen. Man nennt diese dann eine *doppelte* Nullstelle des Polynoms.

Sätze über Nullstellen

Ist der Grad des Polynoms ≥ 3, so ist die Nullstellenbestimmung im Allgemeinen schwieriger. Für die Grade 3 und 4 gibt es nach **Cardano** benannte Lösungsformeln, zu deren Verständnis aber die komplexen Zahlen $\mathbb{C}$ erforderlich sind. Lösungsformeln für Grade ≥ 5 kann es nach einem Satz von Abel nicht geben. Allerdings gibt es Verfahren (z. B. das **Newton-Verfahren** → Seite 73), mit denen man Nullstellen als Dezimalbrüche beliebig genau bestimmen kann. Dennoch kann man in gewissen Spezialfällen Aussagen über Nullstellen treffen. Als Erstes folgt ein Satz:

SATZ ▪ Ganzzahlige Nullstellen

Alle Koeffizienten des Polynoms
$p(x) = a_n x^n + a_{n-1} x^{n-1} + a_{n-2} x^{n-2} + \ldots + a_1 x + a_0$
vom Grade $n \geq 1$ seien $\in \mathbb{Z}$ (d. h. ganzzahlig).
Ist nun $c \in \mathbb{Z}$ eine Nullstelle von $p(x)$, so ist c ein Teiler von a_0

Der Satz ist nur anwendbar auf **ganzzahlige** Nullstellen von Polynomen mit **ganzzahligen Koeffizienten**. Für diesen Fall gibt er eine notwendige Bedingung. Echt gebrochene oder irrationale Nullstellen kann man mit dem Satz aber nicht herausfinden.

INSIDER-TIPP

Man kann den Satz über ganzzahlige Nullstellen so anwenden, dass man zunächst alle (positiven und negativen) Teiler des konstanten Gliedes a_0 bestimmt. Das sind nur endlich viele Zahlen. Diese probiert man durch, ob sie Nullstellen von $p(x)$ sind. Andere ganzzahlige Nullstellen kann es nach dem Satz nicht geben.

BEISPIEL 2 ▪ Man bestimme die ganzzahligen Nullstellen von $p(x) = x^3 + 2x^2 - 3x - 6$.

Konstantes Glied: $a_0 = -6$; Teiler: $\pm 1, \pm 2, \pm 3, \pm 6$; nur mit $x = -2$ funktioniert es: $p(-2) = (-2)^3 + 2 \cdot (-2)^2 - 3 \cdot (-2) - 6 = 0$. -2 ist die einzige ganzzahlige Nullstelle von $p(x)$. Allerdings sind auch die irrationalen Zahlen $\pm\sqrt{3}$ Nullstellen; mit $-\sqrt{3}$ etwa:

$$p(-\sqrt{3}) = (-\sqrt{3})^3 + 2 \cdot (-\sqrt{3})^2 - 3 \cdot (-\sqrt{3}) - 6 = -3\sqrt{3} + 6 + 3\sqrt{3} - 6 = 0$$

(Wie man darauf kommt, siehe Beispiel 4.)

BEISPIEL 3 ▪ Man bestimme die ganzzahligen Nullstellen von $p(x) = x^3 - \frac{2}{3}x^2 - 9x + 6$

$-\frac{2}{3} \notin \mathbb{Z}$, der Satz ist daher nicht unmittelbar anwendbar. Man erhält aber durch Ausklammern von $\frac{1}{3}$ ein Polynom mit ganzzahligen Koeffizienten: $p(x) = \frac{1}{3}p^*(x)$ mit $p^*(x) = 3x^3 - 2x^2 - 27x + 18$

konstantes Glied: $a_0 = 18$; Teiler: $\pm 1, \pm 2, \pm 3, \pm 6, \pm 9, \pm 18$

Man findet durch Probieren: $p^*(3) = 0$ und $p^*(-3) = 0$; mit allen anderen geht es nicht. 3 und -3 sind die einzigen ganzzahligen Nullstellen von $p^*(x)$ und damit auch von $p(x)$. (Allerdings ist auch die echt gebrochene Zahl $\frac{2}{3}$ Nullstelle; siehe unten Beispiel 5.)

Kennt man bereits eine Nullstelle eines Polynoms, so kann man gemäß dem folgenden Satz den Grad des Polynoms um 1 erniedrigen.

SATZ ▪ Abspalten von Linearfaktoren

$p(x)$ sei ein Polynom vom Grade $n \geq 1$ und $c \in \mathbb{R}$ eine Nullstelle von $p(x)$. Dann kann man von $p(x)$ „den Linearfaktor $x - c$ abspalten", d. h. die Polynomdivision $p(x):(x-c)$ geht auf:
$p(x) = (x - c) \cdot q(x)$ mit einem Polynom $q(x)$ vom Grade $n - 1$.

Die Anwendung erfolgt zusammen mit dem primitiven, aber höchst wirkungsvollen:

SATZ ▪ Nullprodukt

Ein Produkt hat dann und nur dann den Wert 0, wenn mindestens ein Faktor 0 ist.

BEISPIEL 4 ▪ Fortführung von Beispiel 2

Als Nullstelle von $p(x) = x^3 + 2x^2 - 3x - 6$ hatten wir in Beispiel 2 schon die Zahl -2 gefunden. Man kann daher $x + 2$ abspalten:

$$
\begin{array}{l}
\quad x^3 + 2x^2 - 3x - 6 = (x+2)\cdot(x^2 - 3) \\
\underline{-(x^3 + 2x^2 \qquad\qquad)} \\
\qquad\qquad -3x - 6 \\
\qquad\quad \underline{-(-3x - 6)} \\
\qquad\qquad\qquad 0
\end{array}
$$

In der Tat geht die Division auf und wir haben für $p(x)$ eine Produktdarstellung: $p(x) = (x+2)(x^2 - 3)$. Der erste Faktor wird 0 für $x = -2$, der zweite dagegen für $x = \pm\sqrt{3}$. Damit sind alle Nullstellen von $p(x)$ gefunden.

BEISPIEL 5 ▪ Fortführung von Beispiel 3

Als Nullstelle von $p^*(x) = 3x^3 - 2x^2 - 27x + 18$ hatten wir in Beispiel 3 schon die Zahlen -3 und 3 gefunden. Man kann daher entweder nacheinander $x + 3$ und $x - 3$ abspalten (zwei Polynomdivisionen) oder gleich auf einmal das Produkt $(x + 3)(x - 3) = x^2 - 9$ (eine Polynomdivision). Wir wählen den letzten Weg:

$$\begin{array}{rrrrl}
3x^3 & - 2x^2 & - 27x & + 18 & = (x^2 - 9)\cdot(3x - 2) \\
-(3x^3 & & - 27x &) & \\
\hline
 & - 2x^2 & & + 18 & \\
 & -(- 2x^2 & & + 18) & \\
\hline
 & & & 0 &
\end{array}$$

Für $p^*(x)$ gilt daher $p^*(x) = (x^2 - 9)\cdot(3x - 2)$. Der erste Faktor wird 0 für $x = \pm 3$, der zweite dagegen für $x = \frac{2}{3}$. Damit sind alle Nullstellen von $p^*(x)$ und damit auch von $p(x)$ gefunden.

Da man aus Gradgründen höchstens so viele Linearfaktoren abspalten kann, wie der Grad angibt, findet man den zentralen

SATZ ▪ Satz über die maximale Nullstellenzahl

Ein Polynom vom Grade $n \geq 1$ hat höchstens n Nullstellen.

BEISPIEL 6 ▪ Man finde die Nullstellen von $p(x) = x^4 + x^3 - 7x^2 - x + 6$.

Die Teiler von 6 sind ± 1, ± 2, ± 3, ± 6, von diesen sind $-1, 1, 2, -3$ Nullstellen. Mehr Nullstellen kann $p(x)$ aber nicht haben, denn $p(x)$ hat den Grad 4. Damit sind alle Nullstellen von $p(x)$ gefunden.

Man kann nun das Produkt der Linearfaktoren $x + 1$, $x - 1$, $x - 2$, $x + 3$ von $p(x)$ abspalten. Nach dem Grad-Satz aus → Seite 15 hat dieses, ebenso wie $p(x)$, den Grad 4. Es kann also nur noch ein Faktor vom Grad 0, d.h. eine Konstante $c \neq 0$, übrig bleiben:

$$p(x) = x^4 + x^3 - 7x^2 - x + 6 = (x + 1)(x - 1)(x - 2)(x + 3)\cdot c.$$

Setzt man hier z.B. $x = 0$ ein, so findet man:

$$6 = 1\cdot(-1)\cdot(-2)\cdot 3\cdot c, \quad \text{also} \quad c = 1.$$

Damit hat man $p(x)$ vollständig faktorisiert:

$$p(x) = x^4 + x^3 - 7x^2 - x + 6 = (x + 1)(x - 1)(x - 2)(x + 3)$$

Die Häufigkeit der Abspaltungsmöglichkeiten eines Linearfaktors führt auf die folgende Definition:

DEFINITION ▪ Ordnung einer Nullstelle

Ist c Nullstelle des Polynoms $p(x)$ von einem Grade ≥ 1 und kann man den Linearfaktor $x - c$ von $p(x)$ genau k-mal abspalten, d. h. gilt $p(x) = (x - c)^k q(x)$ mit einem Polynom $q(x)$, für das $q(c) \neq 0$ ist, so sagt man: „c hat die Ordnung (auch: Vielfachheit) k" oder „c ist k-fache Nullstelle von $p(x)$".

BEISPIEL 7 ▪ Man bestimme die Nullstellen von $p(x) = x^4 + x^3 - 3x^2 - 5x - 2$ mitsamt ihrer Vielfachheit.

Zunächst findet man durch Untersuchung der Teiler von -2 die Zahlen -1 und 2 als Nullstellen von $p(x)$. Man spaltet daher $(x + 1)(x - 2) = x^2 - x - 2$ von $p(x)$ ab:

$$
\begin{array}{l}
x^4 + x^3 - 3x^2 - 5x - 2 = (x^2 - x - 2)\cdot(x^2 + 2x + 1) \\
\underline{-(x^4 - x^3 - 2x^2 \qquad\qquad)} \\
\qquad 2x^3 - x^2 - 5x - 2 \\
\underline{\quad -(2x^3 - 2x^2 - 4x \quad)} \\
\qquad\qquad x^2 - x - 2 \\
\underline{\qquad\quad -(x^2 - x - 2)} \\
\qquad\qquad\qquad 0
\end{array}
$$

Insgesamt hat man: $p(x) = (x - 2)(x + 1)\cdot(x + 1)^2 = (x - 2)(x + 1)^3$

Daher ist 2 einfache und -1 dreifache Nullstelle von $p(x)$.

CHECKLISTE

2 Polynome

Folgende Fragen sollten Sie nun mühelos beantworten können:

- **Welche Form hat ein Polynom?**
- **Wie führt man eine Polynomdivision durch?**
- **Wie bestimmt man die Nullstellen eines Polynoms?**
- **Mit welchem Trick kann man eventuell eine Nullstelle eines Polynoms erraten, wenn die Koeffizienten ganzzahlig sind?**
- **Wie kann man mit der ersten Nullstelle eines Polynoms einen Linearfaktor abspalten? Wie kann man dann weitere Nullstellen des Polynoms bestimmen?**
- **Wann spricht man von einer „k-fachen Nullstelle c" eines Polynoms?**

3 Reelle Funktionen

Hängt eine Variable y von einer anderen Variablen x ab, nennt man y eine Funktion von x. Man schreibt: $y = f(x)$ (sprich: „y gleich f von x".)
Im Folgenden werden die elementaren Funktionsklassen und ihre Eigenschaften vorgestellt. Weitere Funktionsklassen der Analysis werden in Kapitel 5 behandelt.

3.1 Grundlegendes über Funktionen

Funktionsbegriff und Schreibweisen

MERKE ▪ Beschreibung des Funktionsbegriffs

Zu einer reellen Funktion f gehören

- **der Definitionsbereich D_f (eine Teilmenge von $\mathbb{R}$), bestehend aus allen *zulässigen* Eingaben x;**
- **der Wertebereich W_f (eine Teilmenge von $\mathbb{R}$), bestehend aus allen *möglichen* Ausgaben y;**
- **eine Vorschrift $y = f(x)$, die auf eindeutige Weise regelt, wie aus einer Eingabe $x \in D_f$ die Ausgabe $y \in W_f$ zu ermitteln ist.**

In der Analysis werden Funktionsvorschriften in aller Regel durch Funktionsterme festgelegt. Als Definitionsbereiche hat man gewöhnlich Intervalle oder Vereinigungen solcher. Die Angabe des Definitionsbereichs erfolgt entweder ausdrücklich (z. B. $D_f =]-\infty, 2]$) oder ist dem Kontext zu entnehmen (typische Redeweisen: „für $x > 0$" statt $D_f =]0, \infty[$; „für $x \neq 0$" statt $D_f = \mathbb{R} \setminus \{0\}$; „für $2 \leq x < 5$" statt $D_f = [2, 5[$ usw.). Oft unterbleibt die Angabe von D_f auch ganz. Dann ist, soweit nichts anderes vereinbart, D_f als maximale Teilmenge von $\mathbb{R}$ zu nehmen, für die der Funktionsterm berechenbar ist. Etwas ungenau spricht man vom **maximalen Definitionsbereich der Funktion** (statt eigentlich vom maximalen Definitionsbereich des Funktions*terms*). Aus Gründen der prägnanten Sprechweise schließen wir uns diesem falschen Sprachgebrauch an.

In der folgenden Skizze werden die bei Funktionen gebräuchlichen Bezeichnungen zusammengefasst:

unabhängige Variable (Eingabe, Input, Urbild, **Argument**) → x

abhängige Variable (Ausgabe, Output, Bild, **Funktionswert**) → y

$$f\colon\; x \longmapsto y = f(x)$$

Funktionsterm → $f(x)$; Funktionsname (Funktionsbezeichner) → f; Zuordnungspfeil → $\longmapsto$; Funktionsgleichung → $y = f(x)$

Als Beispiel betrachten wir die Quadratfunktion f mit $D_f = \mathbb{R}$ (f ordnet also jeder reellen Zahl x ihr Quadrat zu). Um f festzulegen, verwendet man die folgenden Schreibweisen:

- ausführlich (→ das obige Muster): $f\colon x \mapsto y = x^2$
- ohne Angabe der abhängigen Variablen: $f\colon x \mapsto x^2$
- nur als Funktionsgleichung: $f\colon y = x^2$
- häufig nur als Funktionsterm: $f(x) = x^2$
- wenn der Name einer Funktion nicht wichtig ist, bleibt sie namenlos, und man sagt „die Funktion $x \mapsto x^2$" oder „die Funktion $y = x^2$".

Wertetabelle und Graph

Da die Definitionsbereiche reeller Funktionen unendlich viele Zahlen enthalten, kann man nicht alle Wertepaare $(x|y)$ einer Funktion angeben. Mithilfe einer **Wertetabelle** erstellt man einen geeigneten Auszug. Häufig wählt man für die Werte der unabhängigen Variablen x dieselbe **Schrittweite Δx**. Ein x-Wert kann dabei **nur einmal** in der Wertetabelle auftauchen (Eindeutigkeit der Funktionsvorschrift). Dagegen kann derselbe y-Wert öfter vorkommen.

BEISPIEL 1 ▪ **Wir betrachten $f\colon x \mapsto y = \frac{x^2 + 2x}{x^2 - 1}$ für $x \neq \pm 1$**

Für $-2{,}0 \leq x \leq 2{,}0$ erstellen wir eine Wertetabelle mit $\Delta x = 0{,}5$ und geben dabei die Funktionswerte auf 0,01 genau an:

x	−2	−1,5	−1,0	−0,5	0	0,5	1,0	1,5	2,0
y	0,00	−0,60	undef.	1,00	0,00	−1,67	undef.	4,20	2,67

Man bemerkt, dass der y-Wert 0 zweimal in der Wertetabelle vorkommt. Die x-Stellen ±1 sind **Definitionslücken** der Funktion, die Funktion ist dort nicht definiert (im Funktionsterm verschwindet der Nenner).

Einen besseren Eindruck bekommt man durch den **Graphen** (das **Schaubild**) der Funktion. Dazu fasst man die Wertepaare $(x|y)$ als Koordinaten von Punkten $P(x|y)$ auf, trägt **genügend viele** solcher Punkte in ein kartesisches Koordinatensystem ein und verbindet sie durch eine Kurve. Dabei darf man nicht über Definitionslücken hinweg zeichnen.

Das linke Bild zeigt den Graphen der Funktion aus dem obigen Beispiel, das rechte Bild ist ein Beispiel für eine Kurve, die **kein Funktionsgraph** ist. (Jeder x-Wert zwischen −2,5 und 2,5 besitzt zwei y-Werte, was gegen die Eindeutigkeit der Funktionsvorschrift verstößt.)

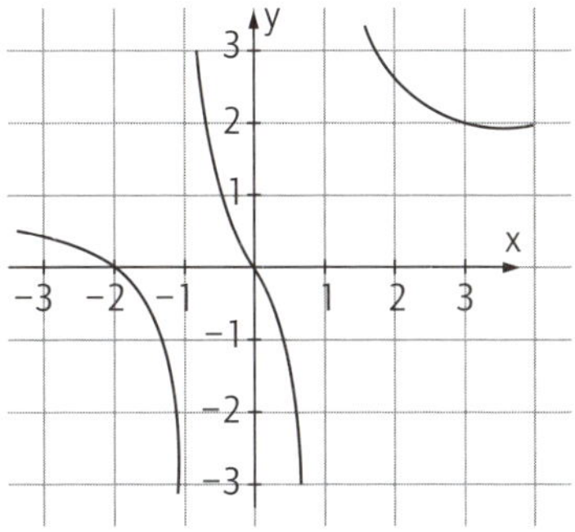

Funktionsgraph zu $f(x) = \frac{x^2 + 2x}{x^2 - 1}$

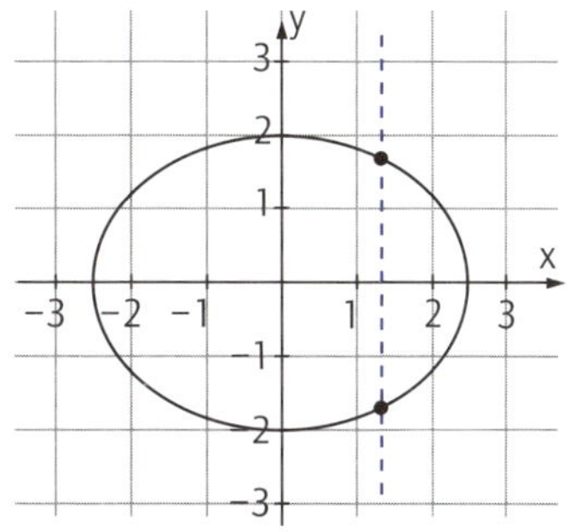

kein Funktionsgraph – bei Funktionsgraphen können zur y-Achse parallele Geraden den Graphen höchstens einmal schneiden.

Mit grafikfähigen Taschenrechnern kann man schnell Wertetabellen erstellen und ein Schaubild der Funktion zeichnen.

3.2 Elementare Funktionenklassen

Begriff der ganzrationalen Funktion

DEFINITION

- **Addition, Subtraktion und Multiplikation bezeichnet man als *ganzrationale Operationen* (beachte: die Division gehört nicht dazu).**
- **Entsteht ein Term aus dem Grundterm x und reellen Zahlen durch endlichmalige Anwendung von ganzrationalen Operationen, so nennt man diesen Term einen *ganzrationalen Term* in x über $\mathbb{R}$. Er kann durch vollständiges Ausmultiplizieren und Zusammenfassen gleicher Potenzen in ein Polynom über $\mathbb{R}$ umgewandelt werden.**
- **Kann eine Funktion durch einen ganzrationalen Term über $\mathbb{R}$ definiert werden, so heißt sie *ganzrationale Funktion*. Der Grad des zugehörigen Polynoms heißt *Grad* der ganzrationalen Funktion.**

BEISPIEL 2 ▪ **Der Term $\left(3x-\frac{3}{2}\right)\cdot 4x-12\left(x^2+\sqrt{5}\right)$ ist ganzrational. Er kann aus x und den reellen Zahlen 3, $\frac{3}{2}$, 4, 12, $\sqrt{5}$ nur unter Verwendung von Addition, Subtraktion und Multiplikation nach und nach erzeugt werden (z. B. erhält man x^2 aus $x\cdot x$).**
Die Umwandlung in in ein Polynom ergibt

$$\left(3x-\frac{3}{2}\right)\cdot 4x-12\left(x^2+\sqrt{5}\right)=12x^2-6x-12x^2-12\sqrt{5}=-6x-12\sqrt{5}.$$

Das Polynom hat den Grad 1. Also ist auch die durch den gegebenen ganzrationalen Term definierte ganzrationale Funktion f vom Grad 1.

Die folgenden Terme (und die durch sie definierten Funktionen) sind alle nicht ganzrational in x: $\sqrt{x-2}$, $2\sin\left(x+\frac{\pi}{4}\right)$, $\frac{2}{x}$, 3^x (dagegen ist x^3 ganzrational!).
Ganzrationale Terme sind für alle Einsetzungen berechenbar. Es gilt:

MERKE
Eine ganzrationale Funktion hat $\mathbb{R}$ als maximalen Definitionsbereich.

Ganzrationale Funktionen vom Grad ≤ 2

Die Begriffe bei Polynomen übertragen sich auf ganzrationale Funktionen. Das Nullpolynom definiert die **Nullfunktion**, konstante, lineare, quadratische oder kubische Polynome definieren entsprechend **konstante**, **lineare**, **quadratische** oder **kubische Funktionen**.

Wir untersuchen die Graphen ganzrationaler Funktion vom Grad ≤ 2.

a) **Grad $-\infty$:** $f(x)=0$ (Nullfunktion). Die Nullfunktion hat die x-Achse als Funktionsgraph.
b) **Grad 0:** $f(x)=d$ mit $d\neq 0$ konstant. Der Graph ist eine zur x-Achse parallele Gerade, die die y-Achse an der Stelle d schneidet; (→ Seite 11).
c) **Grad 1:** $f(x)=mx+d$ mit $m\neq 0$. Der Graph ist eine Gerade mit der Steigung $m\neq 0$ und dem y-Achsenabschnitt d.

a), b) bilden zusammen die konstanten, a), b), c) die linearen Funktionen.
Ihre Graphen sind Geraden und wurden auf den Seiten 9 ff. ausführlich behandelt.

d) **Grad 2:** $f(x)=ax^2+bx+c$ mit $a\neq 0$ (quadratische Funktion). Der Graph einer quadratischen Funktion ist eine **Parabel**. Um ihre Lage und Form genauer zu bestimmen, verwendet man die

MERKE ▪ Scheitelform der Parabel

Jede quadratische Funktion $f(x) = ax^2 + bx + c$ (mit $a, b, c \in \mathbb{R}$; $a \neq 0$) kann mit der Methode der quadratischen Ergänzung auf Scheitelform gebracht werden:

$$f(x) = a(x-u)^2 + v \quad \text{mit} \quad u = -\frac{b}{2a}, \quad v = -\frac{b^2 - 4ac}{4a}$$

Die zugehörige Parabel hat ihren Scheitel bei $S(u|v)$ und ist

nach oben geöffnet, falls $a > 0$,

nach unten geöffnet, falls $a < 0$;

und verglichen mit dem Graphen von $x \mapsto x^2$

steiler, falls $|a| > 1$,

flacher, falls $|a| < 1$,

kongruent zu ihm, falls $|a| = 1$.

BEISPIEL 3 ▪ Bestimmen Sie Lage und Form der zu $f(x) = -\frac{1}{4}x^2 + x + 2$ gehörigen Parabel.

Man errechnet $u = -\dfrac{1}{2\cdot\left(-\frac{1}{4}\right)} = 2$ und $v = -\dfrac{1^2 - 4\cdot\left(-\frac{1}{4}\right)\cdot 2}{4\cdot\left(-\frac{1}{4}\right)} = 3$

Also hat die Parabel den Scheitel $S(2|3)$, ist nach unten geöffnet, da $-\frac{1}{4} < 0$, und flacher als der Graph von $x \mapsto x^2$, da $\left|-\frac{1}{4}\right| < 1$. Die Grafik zeigt den Graphen von f (schwarz) und den Graphen von $x \mapsto x^2$ (farbig).

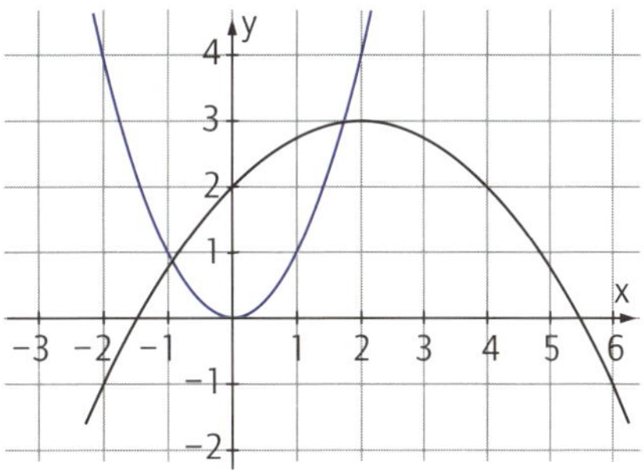

Potenzfunktionen

DEFINITION ▪ Potenzfunktion

Eine Funktion f, die durch eine Vorschrift $f(x) = x^n$ mit $n \in \mathbb{Z}$ definiert werden kann, heißt Potenzfunktion.

Für $n \geq 0$ ist die Potenzfunktion ganzrational vom Grad n (mit maximalem Definitionsbereich $\mathbb{R}$), für $n < 0$ dagegen nicht ganzrational (mit maximalem Definitionsbereich $\mathbb{R} \setminus \{0\}$).

Im Falle $n = 0$ erhält man $f(x) = x^0$. Für $x = 0$ ist die Funktion zunächst nicht erklärt, da 0^0 nicht definiert ist. Da sie aber für alle $x \neq 0$ konstant 1 ist, legt man, um die Ausnahme $x = 0$ zu beseitigen, fest:

Im Zusammenhang mit der Potenzfunktion $f(x) = x^0$ (und nur hier!) interpretiert man $0^0 = 1$.

Damit ist der Graph von $f(x) = x^0 = 1$ eine zur x-Achse parallele Gerade durch den Punkt $(0|1)$. Im Folgenden sei $n \neq 0$. Das Verhalten der Potenzfunktionen ist wesentlich von zwei Dingen bestimmt, nämlich ob n positiv oder negativ und ob n gerade oder ungerade ist.

ÜBERSICHT ▪ Der Graph von $f(x) = x^n$

n ungerade

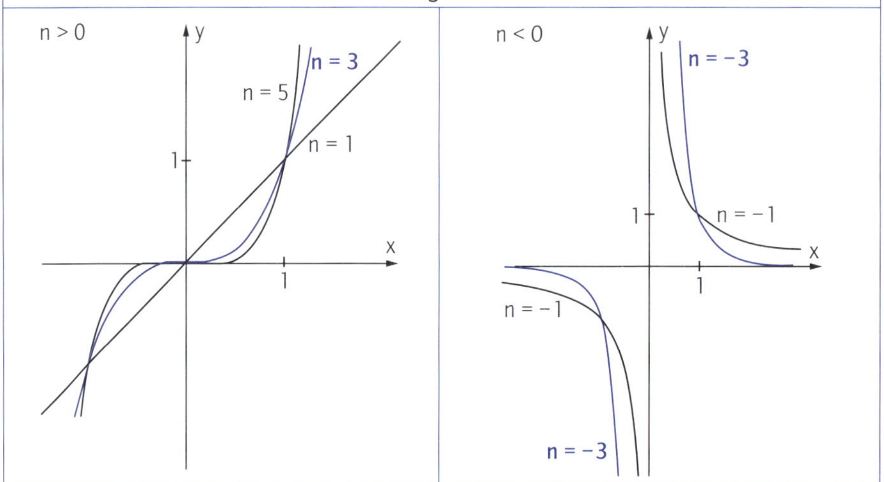

n gerade

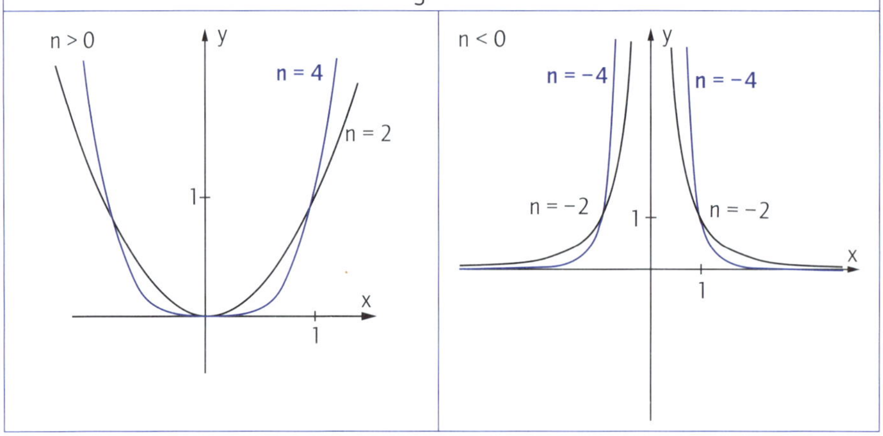

INSIDER-TIPP

Man studiere die Tabelle unten, indem man sich die genannten Eigenschaften an den vier Bildern links klarmache. Man kann daran sehen, wie die Mathematik bestimmte Eigenschaften von Funktionen wiedergibt. Keinesfalls sollte man die Aussagen der Tabelle auswendig lernen! Stattdessen präge man sich die Bilder ein, die diese Eigenschaften kompakt enthalten. Man kann dann im Bedarfsfall die entsprechende Eigenschaft leicht wiederfinden.

Wir halten die wichtigsten Eigenschaften von $f(x) = x^n$ in einer Tabelle fest:

<table>
<tr><th>$n > 0$</th><th>$n < 0$</th></tr>
<tr><td>$D_f = \mathbb{R}$
$W_f = \begin{cases} \mathbb{R} & \text{falls n ungerade} \\ \mathbb{R}_0^+ = [0, \infty[& \text{falls n gerade} \end{cases}$</td><td>$D_f = \mathbb{R}\setminus\{0\}$
$W_f = \begin{cases} \mathbb{R}\setminus\{0\} & \text{falls n ungerade} \\ \mathbb{R}^+ =]0, \infty[& \text{falls n gerade} \end{cases}$</td></tr>
<tr><td colspan="2">$f(1) = 1$
$f(-1) = \begin{cases} -1 & \text{falls n ungerade} \\ 1 & \text{falls n gerade} \end{cases}$</td></tr>
<tr><td>$f(0) = 0$</td><td>$f(x) \to \infty$ für $x \to 0 + 0$
$f(x) \to \begin{cases} -\infty & \text{falls n ungerade} \\ \infty & \text{falls n gerade} \end{cases}$
für $x \to 0 - 0$</td></tr>
<tr><td>$f(x) \to \infty$ für $x \to \infty$
$f(x) \to \begin{cases} -\infty & \text{falls n ungerade} \\ \infty & \text{falls n gerade} \end{cases}$
für $x \to -\infty$</td><td>$f(x) \to 0 + 0$ für $x \to \infty$
$f(x) \to \begin{cases} 0 - 0 & \text{falls n ungerade} \\ 0 + 0 & \text{falls n gerade} \end{cases}$
für $x \to -\infty$</td></tr>
<tr><td>Für ein $x \in]0, 1[$ ist $f(x)$ desto kleiner, je größer n ist.
Für $x \in]1, \infty[$ ist $f(x)$ desto größer, je größer n ist.</td><td>Für ein $x \in]0, 1[$ ist $f(x)$ desto größer, je größer der Betrag von n ist.
Für $x \in]1, \infty[$ ist $f(x)$ desto kleiner, je größer der Betrag von n ist.</td></tr>
<tr><td colspan="2">Für ungerade n ist der Graph von f punktsymmetrisch um Ursprung,
für gerade n dagegen achsensymmetrisch zur y-Achse.</td></tr>
</table>

Die Schreibweise „$x \to \infty$" bzw. „$x \to -\infty$" bedeutet, dass x über alle Grenzen ins Positive wächst bzw. ins Negative fällt. Mit „$x \to 0 + 0$" bzw. „$x \to 0 - 0$" bringt man zum Ausdruck, dass sich x aus dem Positiven bzw. dem Negativen kommend der Null beliebig gut annähert. So bedeutet z. B. die Aussage „$f(x) \to \infty$ für $x \to 0 - 0$" ausführlich, dass die Werte der Funktion jeden positiven Wert überschreiten, wenn man mit x nur der Null vom Negativen her genügend nahekommt.

Wurzelfunktionen

Für $n \in \mathbb{N} = \{1, 2, 3, ...\}$ ist die n-te Wurzel die Umkehrung der n-ten Potenz. So ist z. B. $\sqrt[3]{-64} = -4$, weil -4 die einzige Zahl ist, für die $(-4)^3 = -64$ gilt. Dagegen hat man bei $\sqrt[4]{81} = 3$ prinzipiell zwei Möglichkeiten, da $3^4 = (-3)^4 = 81$ gilt. In diesem Fall bestimmt man in der reellen Analysis definitionsgemäß den **positiven** Wert als den Wert der Wurzel, also $\sqrt[4]{81} = 3$. Wie bei Potenzfunktionen ist es also auch hier entscheidend, ob n gerade oder ungerade ist.

Die Wertetabelle einer Wurzelfunktion erhält man sofort aus der Wertetabelle der entsprechenden Potenzfunktion, indem man Ein- und Ausgaben vertauscht.

Wertetabelle der dritten Potenz $x \mapsto y = x^3$

x	−3	−2	−1	0	1	2	3
y	−27	−8	−1	0	1	8	27

Wertetabelle der dritten Wurzel $x \mapsto y = \sqrt[3]{x}$

x	−27	−8	−1	0	1	8	27
y	−3	−2	−1	0	1	2	3

Bei geradem n muss man zuvor (siehe obige Festlegung) die Wertepaare mit negativen Eingaben entfernen.

Wertetabelle der vierten Potenz $x \mapsto y = x^4$

x	−3	−2	−1	0	1	2	3
y	81	16	1	0	1	16	81

Wertetabelle der vierten Wurzel $x \mapsto y = \sqrt[4]{x}$

x	0	1	16	81
y	0	1	2	3

Dem Vertauschen von Ein- und Ausgaben entspricht beim Graphen eine Spiegelung an der Winkelhalbierenden des I. und III. Quadranten. Bei geradem n ist zuvor der linke Ast des Graphen zu entfernen.

n gerade

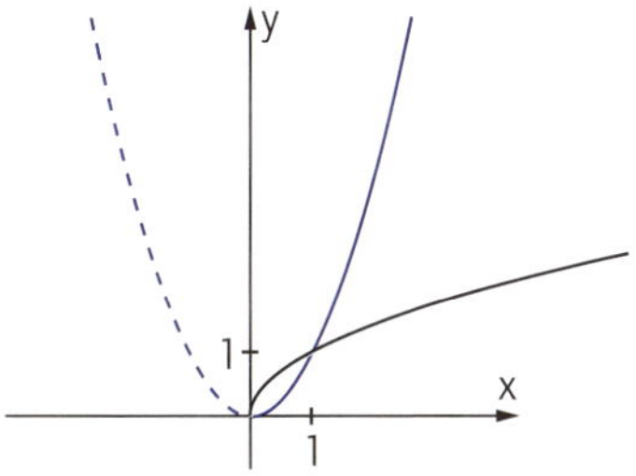

Graph von $x \mapsto \sqrt{x}$ (schwarz)
Graph von $x \mapsto x^2$ (farbig)
Der linke Parabelast wird vor dem Umkehren entfernt.

n ungerade

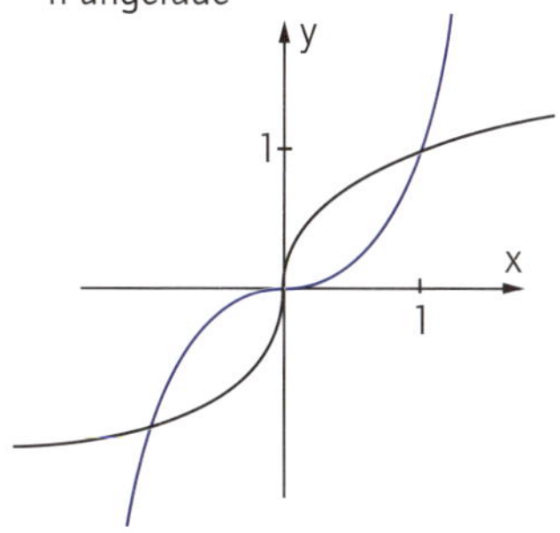

Graph von $x \mapsto \sqrt[3]{x}$ (schwarz)
Graph von $x \mapsto x^3$ (farbig)

Wir halten ein paar Eigenschaften von $f(x) = \sqrt[n]{x}$ fest.

ÜBERSICHT ▪ Eigenschaften von $f(x) = \sqrt[n]{x}$
$D_f = \begin{cases} \mathbb{R} & \text{falls n ungerade} \\ \mathbb{R}_0^+ = [0, \infty[& \text{falls n gerade} \end{cases}$
$W_f = \begin{cases} \mathbb{R} & \text{falls n ungerade} \\ \mathbb{R}_0^+ = [0, \infty[& \text{falls n gerade} \end{cases}$
$f(0) = 0,\ f(1) = 1$ $f(-1) = -1$ (nur falls n ungerade)
$f(x) \to \infty$ für $x \to \infty$ $f(x) \to -\infty$ für $x \to -\infty$ (nur falls n ungerade)
Für ungerades n ist der Graph von f punktsymmetrisch zum Ursprung.

Abschnittsweise definierte Funktionen, Betragsfunktion, Signumfunktion

Gelegentlich benötigt man Funktionen, die auf den Teilintervallen des Definitionsbereichs durch verschiedene Terme definiert werden **(abschnittsweise definierte Funktionen).**

BEISPIEL 4 ▪ Wir definieren für $x \in \mathbb{R}$ die Funktion f durch

$$f(x) = \begin{cases} -x - 2 & \text{für } x < -2 \\ 4 - x^2 & \text{für } -2 \le x \le 2 \\ x - 3 & \text{für } x > 2 \end{cases}$$

D_f zerfällt in drei Teile: $D_f = \mathbb{R} =]-\infty, -2[\cup [-2, 2] \cup]2, \infty[$. Bei der Definition einer solchen Funktion muss man wegen der Eindeutigkeitsforderung für eine Funktionsvorschrift darauf achten, dass sich die Intervalle nicht überlappen (oder wenn sie es doch tun, dass im Überlappungsbereich die Terme dieselben Werte liefern).

Die Grafik zeigt den Graphen von f. Bei $x = 2$ ist der Term $4 - x^2$ zuständig, also ist $(2|0)$ ein Punkt des Graphen (ausgefüllt gezeichnet), der Punkt $(2|-1)$ jedoch nicht (hohl gezeichnet). Diese Schwierigkeit hat man bei $x = -2$ nicht, da $-x - 2$ (nicht zuständig) und $4 - x^2$ (zuständig) denselben Wert, nämlich 0, liefern. Der Graph hat bei $x = -2$ eine Knickstelle und bei $x = 2$ eine Sprungstelle.

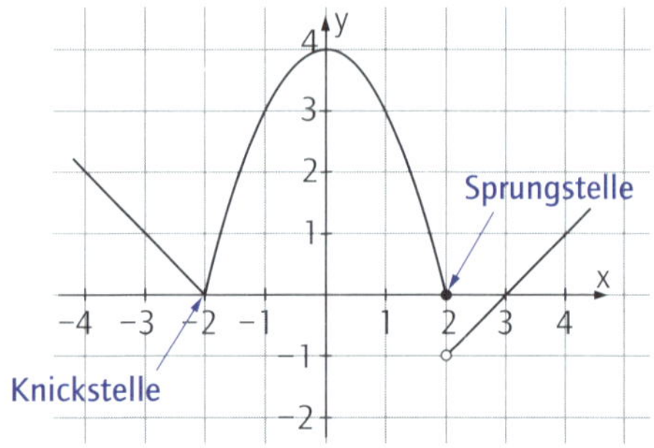

Wichtigstes Beispiel für eine abschnittsweise definierte Funktion ist die **Betragsfunktion**.

DEFINITION ▪ Betragsfunktion

Für $x \in \mathbb{R}$ definiert man die Betragsfunktion durch

$$\text{abs}: x \mapsto |x| = \begin{cases} -x & \text{für } x < 0 \\ x & \text{für } x \geq 0 \end{cases}$$

Die Bezeichnung abs steht für absoluter Betrag.

Die Betragsfunktion nimmt einer Zahl ihr Vorzeichen:

$$|0| = 0, \quad |3| = 3, \quad |-7| = -(-7) = 7$$

Stets gilt daher: $|x| \geq 0$ **für alle** $x \in \mathbb{R}$; $|x| = 0$ **nur für** $x = 0$

Die **Signumfunktion** (Vorzeichenfunktion) ist das Gegenstück zur Betragsfunktion. Sie reduziert eine Zahl auf ihr Vorzeichen -1 bzw. 0 bzw. $+1$.

DEFINITION ▪ Signumfunktion

Für $x \in \mathbb{R}$ definiert man die Signumfunktion durch

$$\text{sgn}: x \mapsto \begin{cases} -1 & \text{für } x < 0 \\ 0 & \text{für } x = 0 \\ 1 & \text{für } x > 0 \end{cases}$$

Wenn man einer Zahl ihr Vorzeichen nimmt (Betragsfunktion) und es dann wieder anbringt (Multiplikation mit der Signumfunktion), erhält man die Zahl zurück. Und wenn man eine Zahl mit ihrem Vorzeichen multipliziert, ist es, als würde man dieses entfernen. Es gilt daher:

$|x| \cdot \text{sgn}(x) = x$ **für alle** $x \in \mathbb{R}$ $\qquad$ $x \cdot \text{sgn}(x) = |x|$ **für alle** $x \in \mathbb{R}$

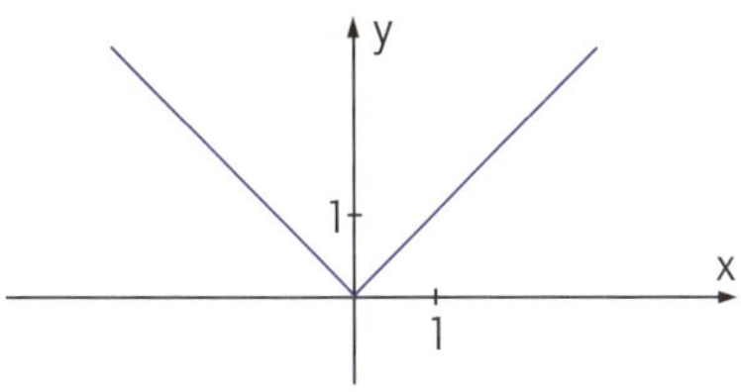

Graph von $x \mapsto |x|$

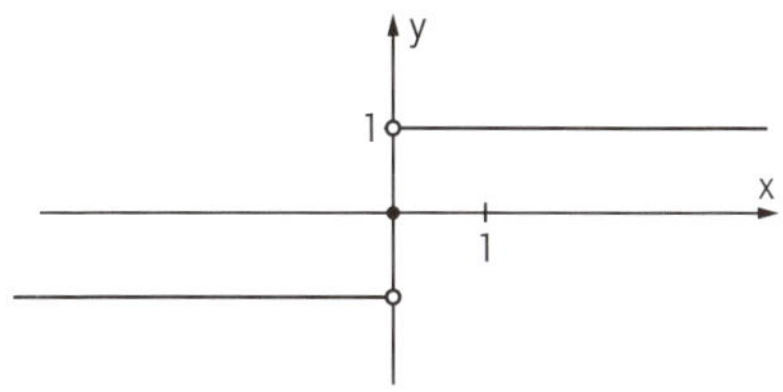

Graph von $x \mapsto \operatorname{sgn}(x)$

Der Graph der Betragsfunktion hat bei $x = 0$ eine Knickstelle, der der Signumfunktion eine Sprungstelle. Weder $(0\,|-1)$ noch $(0\,|\,1)$ gehört zum Graphen der Signumfunktion, dagegen $(0\,|\,0)$. Funktionen mit Beträgen kann man betragsfrei schreiben, indem man eine abschnittsweise Definition herstellt. Dazu ein Beispiel. (Ein weiteres Beispiel finden Sie auf der CD.)

BEISPIEL 5 ▪ Wir definieren für $x \in \mathbb{R}$ die Funktion g durch $g(x) = |2x - 1|$.

Will man die Betragsstriche entfernen, kommt es auf das Vorzeichen des Terms $T(x) = 2x - 1$ an. Es ist $T(x) < 0$ für $x < \frac{1}{2}$ und entsprechend $T(x) \geq 0$ für $x \geq \frac{1}{2}$. Daher gilt $g(x) = -T(x)$ für $x < \frac{1}{2}$ und $g(x) = T(x)$ für $x \geq \frac{1}{2}$.

Zusammen gilt daher: $g(x) = \begin{cases} -2x + 1 & \text{für } x < \frac{1}{2} \\ 2x - 1 & \text{für } x \geq \frac{1}{2} \end{cases}$

Die Figur zeigt den Graphen von g. Er hat einen Knick bei $x = \frac{1}{2}$.

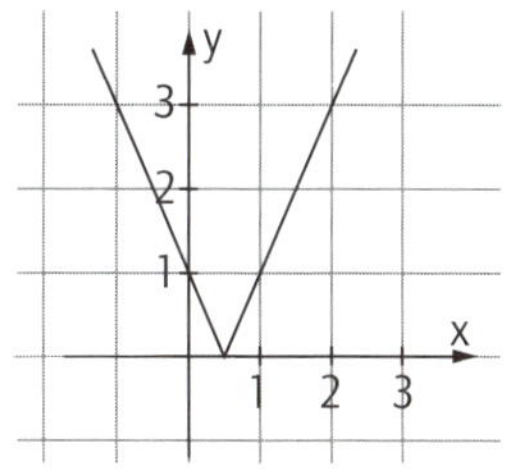

Operationen auf Funktionen

Funktionswerte sind reelle Zahlen. Diese kann man addieren, subtrahieren, multiplizieren oder dividieren **(rationale Operationen)**. Auf diese Zahlenoperationen führt man die Operationen mit Funktionen zurück.

MERKE ▪ Rationale Operationen auf Funktionen

Die Funktionen f und g mögen einen gemeinsamen Definitionsbereich haben: $D = D_f = D_g$. Dann versteht man unter der Summe, Differenz, dem Produkt bzw. Quotienten von f und g die für alle $x \in D$ folgendermaßen definierten Funktionen:

$f + g\colon\ x \mapsto f(x) + g(x)$ $\qquad$ $f - g\colon\ x \mapsto f(x) - g(x)$

$f \cdot g\colon\ x \mapsto f(x) \cdot g(x)$ $\qquad$ $\frac{f}{g}\colon\ x \mapsto \frac{f(x)}{g(x)}$

Im letzten Fall muss noch $g(x) \neq 0$ für alle $x \in D$ gefordert werden (Verbot der Division durch 0).

Der Kern der Definition ist, dass, beispielsweise bei der Summe, $(f+g)(x) = f(x) + g(x)$ **für alle** $x \in D$ gilt. Erst dadurch wird $f + g$ zu einer Funktion.

BEISPIEL 7 ▪ Wir definieren f und g für $x \in \mathbb{R}_0^+ = [0, \infty[$ durch $f(x) = x^2 - 2$ bzw. $g(x) = \sqrt{x}$. Dann gelten:

$(f+g)(x) = x^2 - 2 + \sqrt{x}$,

$(f-g)(x) = x^2 - 2 - \sqrt{x}$,

$(f \cdot g)(x) = (x^2 - 2) \cdot \sqrt{x}$,

und zwar für alle $x \in \mathbb{R}_0^+$. Der Quotient kann nicht definiert werden, da für $x = 0$ der Nenner $g(x)$ null würde. Wenn man allerdings den Definitionsbereich von f und g auf $D = \mathbb{R}^+ =]0, \infty[$ **restringiert** (einschränkt), ist auch die Division möglich. Streng genommen werden dadurch neue Funktionen definiert, denn der Definitionsbereich einer Funktion ist ein konstitutiver Bestandteil derselben. Es ist dennoch üblich, die Funktionsnamen beizubehalten.

$\left(\frac{f}{g}\right)(x) = \frac{x^2 - 2}{\sqrt{x}}$ für $x \in \mathbb{R}^+$

Zwischen Funktionen kann man eine weitere Operation erklären, die kein Äquivalent bei Zahlen hat, die sogenannte **Verkettung** (auch **Hintereinanderschaltung** oder **Komposition**).

> **MERKE ▪ Verkettung von Funktionen**
> **Die Funktionen f und g seien so bestimmt, dass der Wertebereich von g Teilmenge des Definitionsbereichs von f ist: $W_g \subseteq D_f$. Dann versteht man unter der Verkettung $f \circ g$ (lies: „f nach g") die für alle $x \in D_g$ folgendermaßen definierte Funktion: $f \circ g: x \mapsto f(g(x))$**

Was also g für den Wert x ausgibt, nimmt f als Eingabe entgegen und berechnet seinerseits die Ausgabe, und der Gesamtprozess ist die Verkettung. Die folgende Skizze mit einigen gebräuchlichen Bezeichnungen soll das veranschaulichen.

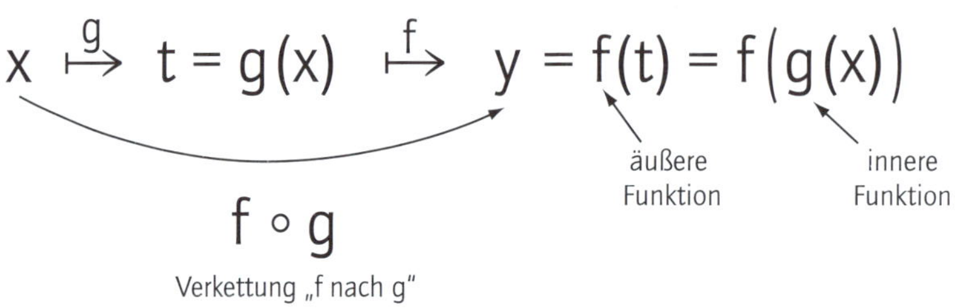

Die Präposition „nach" ist hier gewissermaßen zeitlich zu verstehen, im Sinne der Reihenfolge: zuerst wird g ausgeführt, mit dessen Ausgaben dann f (daher die Forderung $W_g \subseteq D_f$). Das Verfahren, um aus den Funktionstermen von f und g den von $f \circ g$ zu erhalten, ist die **Substitution** (Ersetzung).

BEISPIEL 8 ▪ Wir bestimmen die Verkettung der Funktionen f und g mit $f(x) = \sqrt{x}$ für $x \in D_f = \mathbb{R}^+$, $g(x) = \frac{1}{x}$ für $x \in D_g = \mathbb{R}^+$.

Zunächst stellt man fest, dass g nur positive Werte liefert (Kehrzahlen positiver Zahlen sind positiv), sodass man f auf die Ausgaben von g anwenden kann ($W_g \subseteq D_f$).

f: $y = \sqrt{x}$

$y = \sqrt{}$ ⤺ $g(x) = \frac{1}{x}$

$f \circ g$: $y = \sqrt{\frac{1}{x}}$ Es gilt damit $(f \circ g)(x) = \sqrt{\frac{1}{x}}$.

Die umgekehrte Verkettung ist ebenfalls möglich, da auch f nur positive Werte liefert (Wurzeln positiver Zahlen sind positiv), die als Eingaben für g taugen ($W_f \subseteq D_g$).

g: $y = \frac{1}{x}$

$y = \frac{1}{}$ ⤺ $f(x) = \sqrt{x}$

$g \circ f$: $y = \frac{1}{\sqrt{x}}$ Es gilt damit $(g \circ f)(x) = \frac{1}{\sqrt{x}}$.

Wegen $\sqrt{\frac{1}{x}} = \frac{1}{\sqrt{x}}$ folgt $(f \circ g)(x) = (g \circ f)(x)$ **für alle $x \in \mathbb{R}^+$**, also kurz:

$f \circ g = g \circ f$, denn zwei Funktionen, die denselben Definitionsbereich besitzen und auf allen Eingaben dieselben Wirkungen haben, gelten als gleich.

Die Gleichheit von $f \circ g$ und $g \circ f$ hier ist aber **reiner Zufall**, wie schon das nächste Beispiel lehrt.

BEISPIEL 9 ▪ Wir bestimmen die Verkettung der Funktionen f und g, wobei $f(x) = |x| + 1$ mit $D_f = \mathbb{R}$, $g(x) = \sqrt{x-1}$ mit $D_g = [1, \infty[$.

Die Verkettung $f \circ g$ ist sicher möglich, da f ja jede Eingabe akzeptiert ($D_f = \mathbb{R}$). Aber auch die umgekehrte Verkettung $g \circ f$ ist möglich, denn wegen $|x| \geq 0$ gilt $f(x) \geq 1$ für alle $x \in \mathbb{R}$, und für solche Zahlen ist g definiert.

Die Substitution ergibt für $f \circ g$:

f: $y = |x| + 1$

$y = || + 1$ ⤺ $g(x) = \sqrt{x-1}$

$f \circ g$: $y = \left|\sqrt{x-1}\right| + 1 = \sqrt{x-1} + 1$

Man beachte, dass am Schluss die Betragsstriche entfallen können, da Quadratwurzeln nie negativ sind. Es ist also $(f \circ g)(x) = \sqrt{x-1} + 1$. Und bei $g \circ f$ erhält man:

$$g\colon\ y = \sqrt{x-1}$$
$$y = \sqrt{\quad - 1} \qquad f(x) = |x| + 1$$
$$g \circ f\colon\ y = \sqrt{|x| + 1 - 1} = \sqrt{|x|}$$

Abgesehen davon, dass schon wegen der Verschiedenheit der Definitionsbereiche ($D_{f \circ g} = [1, \infty[$ und $D_{g \circ f} = \mathbb{R}$) die Funktionen nicht gleich sein können, selbst dort, wo sie beide zugleich definiert sind, stimmen sie nicht überein;
z. B. $(f \circ g)(2) = \sqrt{2-1} + 1 = 2$,
dagegen $(g \circ f)(2) = \sqrt{|2|} = \sqrt{2}$.
Es kommt bei einer Verkettung im Allgemeinen also auf die Reihenfolge der Verkettungsglieder an.
Die Verkettung von Funktionen ist nicht kommutativ.

BEISPIEL 10 ▪ **Die Verkettung $f \circ g$ der Funktionen f und g, wobei $f(x) = \sqrt{x}$ mit $D_f = \mathbb{R}_0^+$ und $g(x) = -x^4 - x^2 - 1$ mit $D_g = \mathbb{R}$,** ist nicht möglich, da g nur negative Werte ausgibt (gerade Exponenten), f aber nur Werte ≥ 0 akzeptiert. Für $g \circ f$ dagegen erhält man:

$$g\colon\ y = -x^4 - x^2 - 1$$
$$y = -(\ )^4 - (\ )^2 - 1 \qquad f(x) = \sqrt{x}$$
$$g \circ f\colon\ y = -(\sqrt{x})^4 - (\sqrt{x})^2 - 1 = -x^2 - x - 1$$

CHECKLISTE

3 Reelle Funktionen

Folgende Fragen sollten Sie nun mühelos beantworten können:

- **Wie erstellt man eine Wertetabelle einer Funktion und daraus das entsprechende Schaubild?**
- **Wie beeinflusst die Hochzahl n in $f(x) = x^n$ (mit $n \in \mathbb{Z}$) das Aussehen des zugehörigen Schaubilds?**
- **Welche allgemeine Form hat der Funktionsterm einer ganzrationalen Funktion ?**
- **Welche Eigenschaften haben abschnittsweise definierte Funk-tionen? Und wie erstellt man die entsprechenden Schaubilder?**
- **Was bedeutet die Verkettung zweier Funktionen f und g? Wie erhält man den Funktionsterm einer Verkettung $f \circ g$?**

4 Stetigkeit und Grenzwert

Für ein tieferes Verständnis der Analysis ist die Stetigkeit von Funktionen ein zentraler Begriff. Anfangs erschließt sich jedoch der tiefere Sinn dahinter oft nicht, die Beispiele für unstetige Funktionen erscheinen künstlich. Wir verzichten daher auf die strenge und nicht ganz leicht zu verstehende ε-δ-Definition der Stetigkeit und versuchen stattdessen, eine Vorstellung von Stetigkeit zu vermitteln, die den exakten Begriff hinreichend gut trifft und für die Belange der Schule vollkommen ausreicht.

4.1 Stetigkeit

Schlagwortartig könnte man sagen: Stetigkeit bedeutet „kleine Ursache, kleine Wirkung", Unstetigkeit dagegen „kleine Ursache, große Wirkung".

Beschreibung des Stetigkeitsbegriffs

Wir greifen das Beispiel 4 von → Seite 31 wieder auf:

$$f(x) = \begin{cases} -x-2 & \text{für } x < -2 \\ 4-x^2 & \text{für } -2 \le x \le 2; \quad D_f = \mathbb{R} \\ x-3 & \text{für } x > 2 \end{cases}$$

Wir interessieren uns zunächst für die Sprungstelle $x_0 = 2$. Dazu erstellen wir eine Wertetabelle mit Argumenten, die von x_0 nur eine geringe Abweichung Δx haben. Man beachte, dass rechts von 2 der Term $x - 3$ und links von und bei 2 der Term $4 - x^2$ zuständig ist.

kleine Ursache **kleine** Ursache

Δx	−0,1	−0,01	−0,001	...	0	...	+0,001	+0,01	+0,1
x	1,9	1,99	1,999	...	2	...	2,001	2,01	2,1
y	0,39	0,040	0,004	...	0	...	−0,999	−0,99	−0,9

kleine Wirkung **große** Wirkung

Geringe Abweichungen nach rechts von $x_0 = 2$ führen bei den Funktionswerten zu großen Abweichungen von $y_0 = f(2) = 0$. Der Sprung der Höhe 1 kann nicht stetig überbrückt werden (→ Seite 32). Bei Abweichungen nach links zeigt sich die Funktion jedoch „vernünftig". Geringe Abweichungen nach links von $x_0 = 2$ verursachen auch nur geringe Abweichungen von $y_0 = 0$. f ist bei $x_0 = 2$ unstetig von rechts, hingegen stetig von links. Insgesamt, sagt man, ist f unstetig bei $x_0 = 2$. Jetzt betrachten wir die Stelle $x_0 = -1$ und erstellen eine entsprechende Wertetabelle.

kleine Ursache (Δx = −0,001 … 0) kleine Ursache (Δx = 0 … +0,001)

Δx	−0,1	−0,01	−0,001	...	0	...	+0,001	+0,01	+0,1
x	−1,1	−1,01	−1,001	...	−1	...	−0,999	−0,99	−0,9
y	2,79	2,980	2,998	...	3	...	3,002	3,020	3,19

kleine Wirkung (y = 2,998 … 3) kleine Wirkung (y = 3 … 3,002)

Kleine Abweichungen von $x_0 = -1$ nach links wie nach rechts führen auch bei den y-Werten nur zu geringen Abweichungen von $y_0 = f(-1) = 3$. Die Funktion ist bei $x_0 = -1$ also stetig von links wie von rechts, und damit insgesamt stetig bei $x_0 = -1$. Auch an allen anderen Stellen x_0, für die bei der Stelle und links und rechts der Stelle nur *ein* Term zuständig ist, ist f stetig. Interessant wäre daher nur noch die Stelle $x_0 = -2$. Man überlege sich anhand einer Tabelle wie oben, dass f im Unterschied zu $x_0 = 2$ an der Stelle $x_0 = -2$ jedoch stetig ist. $x_0 = 2$ ist also die einzige Unstetigkeitsstelle von f.

MERKE ▪ Beschreibung der Stetigkeit

Die Funktion f mit Definitionsbereich D_f sei an der Stelle x_0 definiert.

- **Man nennt f stetig bei x_0, wenn beliebig kleine Abweichungen von x_0 innerhalb von D_f auch bei den Funktionswerten nur zu beliebig kleinen Abweichungen von $y_0 = f(x_0)$ führen.**
- **Wenn f bei jedem $x_0 \in D_f$ stetig ist, nennt man die Funktion als ganze stetig.**

Damit man auch beliebig kleine Abweichungen von x_0 vornehmen kann, ist es erforderlich, dass x_0 kein isolierter Punkt von D_f ist (an solchen Stellen sind Funktionen immer stetig), sondern dass D_f ein ganzes Intervall I enthält mit x_0 als innerem Punkt oder Randpunkt von I. Dieser Zusammenhang wird in der obigen Beschreibung unausgesprochen unterstellt.

Wenn man nur kleine Abweichungen von x_0 nach links (bzw. rechts) vorgibt, erhält man entsprechend den Begriff der **Stetigkeit von links** (bzw. **rechts**). Ist f rechts von x_0 gar nicht definiert, so fallen die Begriffe Stetigkeit und Stetigkeit von links zusammen. Analoges gilt umgekehrt, wenn f links von x_0 nicht definiert ist. Ansonsten bedeutet Stetigkeit so viel wie gleichzeitige Stetigkeit von rechts und links.

Sätze über stetige Funktionen

Da die Grundrechenarten unempfindlich gegenüber kleinen Änderungen der Operanden sind, gilt der Satz über die

> **SATZ ▪ Fortpflanzung von Stetigkeit bei +, −, ·, :**
> **Sind die Funktionen f und g bei x_0 stetig, so auch (sofern sie definiert sind) die Funktionen $f + g$, $f - g$, $f \cdot g$ und $\frac{f}{g}$.**

Auf Seite 25 definierten wir ganzrationale Terme und Funktionen. Wenn man in der dortigen Definition neben Addition, Subtraktion und Multiplikation auch die Division zulässt, erhält man den Begriff des **rationalen Terms** und der **rationalen Funktion**. Da die Funktion $x \mapsto x$ (**Identität**) und die konstanten Funktionen $x \mapsto c$ offensichtlich stetig sind, man die rationalen Funktion aus diesen aber durch endlichmalige Anwendung von +, −, ·, : erzeugen kann, folgt mit dem obigen Satz sofort:

> **SATZ ▪ Stetigkeit der rationalen Funktionen**
> **Alle rationalen, insbesondere also auch ganzrationalen Funktionen sind in ihrem gesamten Definitionsbereich stetig.**

Man beachte, dass z. B. die Funktion auf Seite 37 nicht ganzrational ist, obwohl sie auf ihren Teilintervallen durch ganzrationale Terme definiert ist. Es gibt aber keinen ganzrationalen Term, der für das ganze Definitionsgebiet zuständig ist.

Stetigkeit verträgt sich auch mit dem Verketten.

> **SATZ ▪ Fortpflanzung von Stetigkeit beim Verketten**
> **Ist die Funktion g stetig an der Stelle x_0 und die Funktion f stetig an der Stelle $g(x_0)$, so ist (sofern die Verkettung möglich ist) auch $f \circ g$ stetig bei x_0.**

Für den folgenden Satz geben wir zunächst eine Definition:

> **DEFINITION ▪ Nullstelle einer Funktion**
> **$c \in \mathbb{R}$ heißt Nullstelle der Funktion f, falls $f(c) = 0$ ist.**

Bei einer Nullstelle schneidet der Graph von f die Abszissenachse.

SATZ ▪ Zwischenwertsatz von Bolzano

Fassung 1

Enthält der Definitionsbereich der stetigen Funktion f das Intervall I = [a, b] und besitzen f(a) und f(b) verschiedene Vorzeichen, so hat f in I mindestens eine Nullstelle.

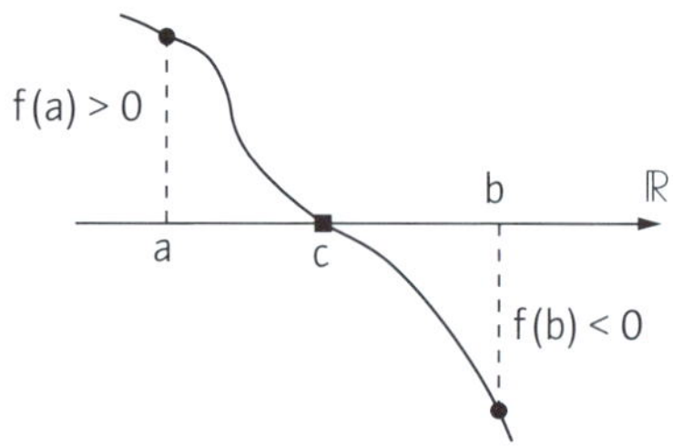

Gleichwertig damit ist die

Fassung 2

Enthält der Definitionsbereich der stetigen Funktion f das Intervall I und hat f in I keine Nullstelle, so besitzen die Funktionswerte in I alle dasselbe Vorzeichen.

BEISPIEL 1 ▪ Für die ganzrationale und damit stetige Funktion $f(x) = x^3 + 2x^2 - 3x - 6$ gilt $f(1) = -6 < 0$ und $f(2) = 4 > 0$.

Also besitzt f im Intervall [1, 2] eine Nullstelle c. (In Beispiel 4 auf Seite 20 hatten wir gesehen, dass dies $c = \sqrt{3}$ ist.)

BEISPIEL 2 ▪ −3, −1, 1, 2 sind alle Nullstellen von $f(x) = x^4 + x^3 - 7x^2 - x + 6$ (→ Seite 21; Beispiel 6).

In den Intervallen $I_1 =]-\infty, -3[$, $I_2 =]-3, -1[$, $I_3 =]-1, 1[$, $I_4 =]1, 2[$ und $I_5 =]2, \infty[$ besitzt f folglich keine Nullstellen. Als stetige Funktion ändert f in den Intervallen I sein Vorzeichen daher nicht. Um dieses zu bestimmen, genügt es, das Vorzeichen von $f(x_0)$ für ein einziges $x_0 \in I$ zu ermitteln:

Intervall	I_1	I_2	I_3	I_4	I_5
sgn(f(x))	+ 1	− 1	+ 1	− 1	+ 1

z. B. für I_2: $f(-2) = -12 < 0$

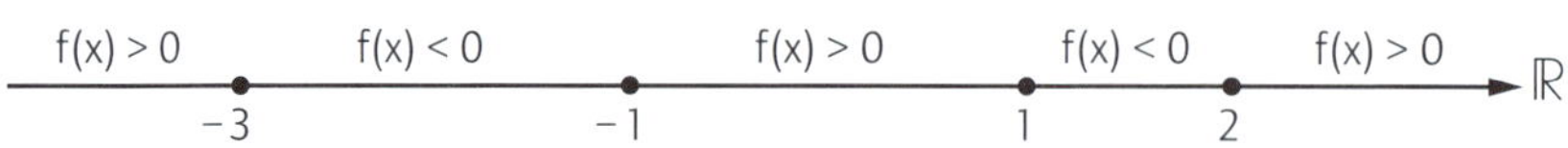

Diese Methode, das Vorzeichen einer Funktion zu bestimmen, ist entscheidend für die spätere Kurvendiskussion.

Im Zwischenwertsatz sind die Voraussetzungen „stetig" und „Intervall" wesentlich, wie die beiden folgenden Figuren zeigen.

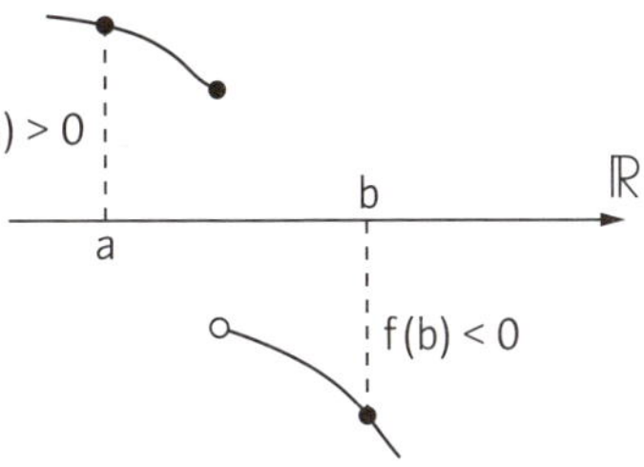

f ist im Intervall [a, b] definiert, aber nicht stetig. f besitzt keine Nullstelle.

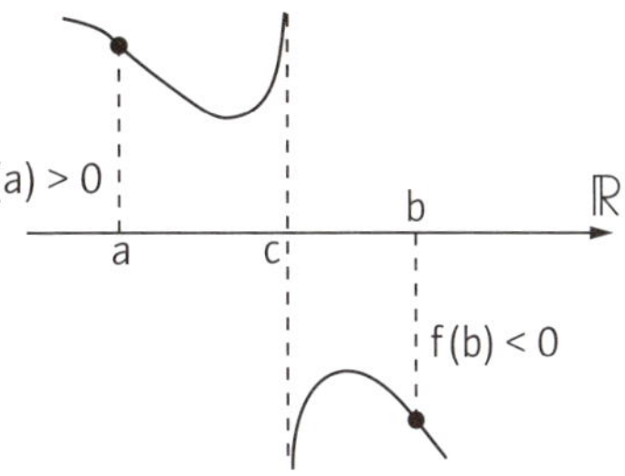

f ist stetig, aber im Intervall [a, b] bei c nicht definiert. f besitzt keine Nullstelle.

4.2 Grenzwert

Den Grenzwert (auch Limes) einer Funktion für $x \to a$ zu berechnen, bedeutet vereinfacht gesagt, den eventuell „besseren Funktionswert" zu finden, nämlich den, der die Funktion bei a stetig macht.

Grenzwerte für $x \to a$ mit $a \in \mathbb{R}$

> MERKE ▪ Eigentlicher Grenzwert für $x \to a$ mit $a \in \mathbb{R}$
>
> **$a \in \mathbb{R}$ sei Randpunkt oder innerer Punkt eines Intervalls, das zum Definitionsbereich D_f der Funktion f gehört. (An der Stelle a selbst kann die Funktion definiert sein, braucht es aber nicht.)**
>
> **Wenn es eine Zahl $b \in \mathbb{R}$ gibt, sodass die für $x \in D_f$ definierte Funktion $\hat{f}$ mit $\hat{f}(x) = \begin{cases} f(x) & \text{für } x \neq a \\ b & \text{für } x = a \end{cases}$ an der Stelle a stetig ist, so sagt man „der Grenzwert von f(x) für $x \to a$ existiert eigentlich mit Wert b" und schreibt: $\lim\limits_{x \to a} f(x) = b$ (oder: $f(x) \to b$ für $x \to a$)**
>
> **Falls f(x) bei a gar nicht definiert war, heißt $\hat{f}(x)$ *stetige Ergänzung* von f(x) bei $x = a$.**

Falls $\hat{f}$ stetig von links bzw. rechts ist, heißt b linksseitiger bzw. rechtsseitiger Grenzwert. Man schreibt:

$\lim\limits_{x \to a-0} f(x) = b$ (oder $f(x) \to b$ für $x \to a - 0$) bzw.

$\lim\limits_{x \to a+0} f(x) = b$ (oder $f(x) \to b$ für $x \to a + 0$)

Statt $x \to a - 0$ findet man auch $x \overset{<}{\to} a$ oder $x \uparrow a$;

statt $x \to a + 0$ findet man auch $x \overset{>}{\to} a$ oder $x \downarrow a$ als Schreibweisen.

Wir machen uns diese nicht einfach zu verstehende Definition an ein paar Beispielen klar. Wir verzichten dabei bewusst auf Rechnungen, damit der Blick für das Wesentliche frei ist.

BEISPIEL 3 ▪ Wir beginnen mit dem Fall, dass die Funktion f an der Stelle a stetig ist (linkes Bild). Gesucht ist nun ein Wert b, sodass die Funktion $\hat{f}$ (die für $x \neq a$ mit f übereinstimmt) mit diesem b als Funktionswert an der Stelle a stetig ist. Da aber f bei a bereits stetig ist, muss man b als f(a) wählen, und f und $\hat{f}$ stimmen auch bei $x = a$ und somit insgesamt überein: $f = \hat{f}$. Der Grenzwert von f(x) für $x \to a$ existiert und ist gleich dem Funktionswert f(a).

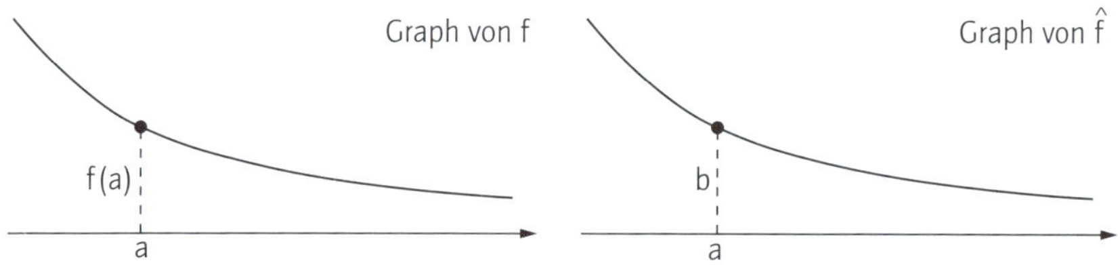

Dies erscheint recht merkwürdig. Wozu der ganze Aufwand, wenn sich sowieso nichts ändert? In der Tat ist der Fall der Stetigkeit bei a auch der uninteressante Fall. Er zeigt aber immerhin die Gültigkeit des folgenden Satzes.

> **MERKE ▪ Zusammenhang Stetigkeit – Grenzwert**
> **Eine Funktion f ist an der Stelle a dann und nur dann stetig, wenn der Grenzwert für $x \to a$ existiert und mit dem Funktionswert übereinstimmt; kurz: f ist stetig an der Stelle a $\Leftrightarrow \lim\limits_{x \to a} f(x) = f(a)$.**

In den folgenden Beispielen ist die Funktion bei $x = a$ nicht definiert.

BEISPIEL 4 ▪ **Gesucht ist in der nächsten Figur ein b, sodass $\hat{f}$ (welches für $x \neq a$ mit f übereinstimmt) mit b als Funktionswert an der Stelle a stetig wird.**
Offenbar geht das nicht. Es gelingt einem nicht, „das Loch zu stopfen" und Stetigkeit zu erzwingen. Der Grenzwert von f(x) für $x \to a$ existiert nicht.

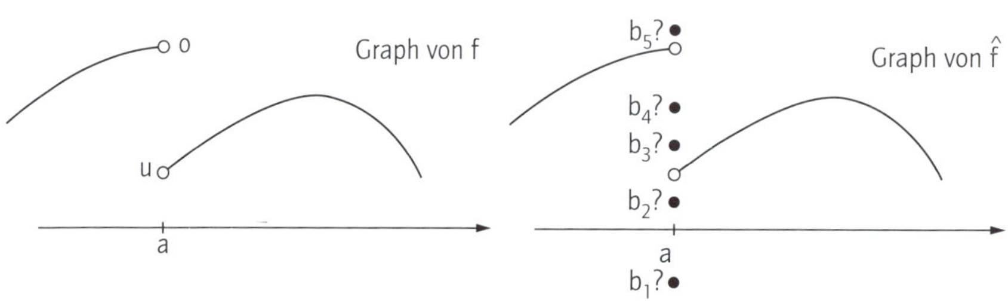

Allerdings existiert der linksseitige Grenzwert (wenn man sich nämlich für das „obere Loch" o als $\hat{f}(a)$ entscheidet, wird $\hat{f}$ stetig von links) und auch der rechtsseitige (wenn man sich für das „untere Loch" u als $\hat{f}(a)$ entscheidet, wird $\hat{f}$ stetig von rechts): $\lim\limits_{x\to a-0} f(x) = o$, $\lim\limits_{x\to a+0} f(x) = u$, aber: $o \neq u$

BEISPIEL 5 ▪ In diesem Beispiel kann man das „Loch stopfen", wenn man $\hat{f}(a) = b$ festlegt.

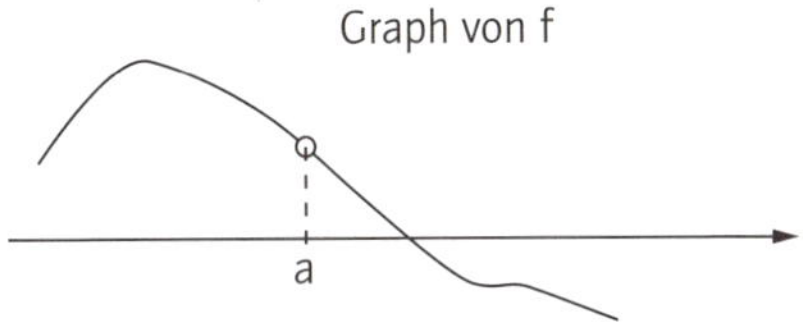

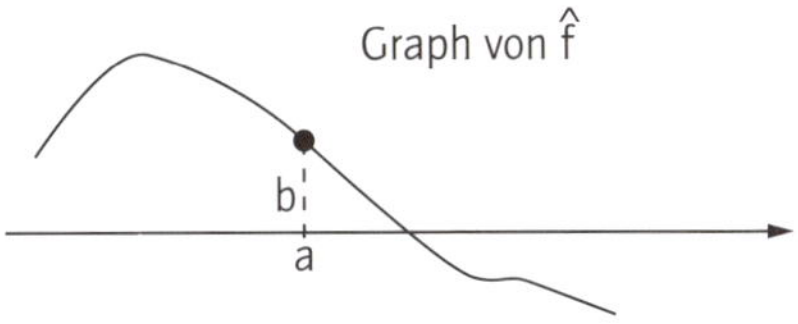

$$\lim_{x\to a} f(x) = b$$

BEISPIEL 6 ▪ Wir kehren noch einmal zurück zur Funktion von Seite 37.

$$f(x) = \begin{cases} -x-2 & \text{für } x < -2 \\ 4-x^2 & \text{für } -2 \le x \le 2; \quad D_f = \mathbb{R} \\ x-3 & \text{für } x > 2 \end{cases}$$

Dort stellten wir fest, dass f überall außer bei $x = 2$ stetig ist.

Also gilt z. B. $\lim\limits_{x\to -4} f(x) = f(-4) = 2$ oder $\lim\limits_{x\to -2} f(x) = f(-2) = 0$.

Bei $x = 2$ gilt:

$\lim\limits_{x\to 2-0} f(x) = 0$, denn $\hat{f}(x) = \begin{cases} f(x) & \text{für } x = 2 \\ 0 & \text{für } x \neq 2 \end{cases}$ ist bei 2 linksseitig stetig.

$\lim\limits_{x\to 2+0} f(x) = -1$, denn $\hat{f}(x) = \begin{cases} f(x) & \text{für } x = 2 \\ -1 & \text{für } x \neq 2 \end{cases}$ ist bei 2 rechtsseitig stetig.

Offenbar erhält man diese Grenzwerte, wenn man 2 in die Terme einsetzt, die links bzw. rechts von 2 zuständig sind (unabhängig davon, welcher Term bei 2 selber zuständig ist). Der Grenzwert für $x \to 2$ existiert natürlich nicht.

Wir kommen jetzt zu uneigentlichen Grenzwerten:

DEFINITION ▪ Uneigentlicher Grenzwert für $x \to a$ mit $a \in \mathbb{R}$

$a \in \mathbb{R}$ sei Randpunkt oder innerer Punkt eines Intervalls, das zum Definitionsbereich D_f der Funktion f gehört. (Ob f bei a definiert ist, ist unerheblich.)

Wenn bei Annäherung von x an a ($x \neq a$) die Funktionswerte f(x) dem Betrage nach über alle Grenzen ins Positive bzw. Negative anwachsen, dann, sagt man, „hat f(x) für $x \to a$ einen uneigentlichen Grenzwert mit dem Wert ∞ bzw. $-\infty$". Man schreibt:

$\lim\limits_{x\to a} f(x) = \infty$ (oder: $f(x) \to \infty$ für $x \to a$) bzw.

$\lim\limits_{x\to a} f(x) = -\infty$ (oder: $f(x) \to -\infty$ für $x \to a$)

Führt man in dieser Definition die Annäherung an a nur von links bzw. nur von rechts durch, so erhält man entsprechend einen linksseitigen bzw. rechtsseitigen uneigentlichen Grenzwert.

BEISPIEL 7 ▪ **Die einfachsten Beispiele sind die Potenzfunktionen $x \mapsto x^n$ mit negativem $n \in \mathbb{Z}$ beim Grenzübergang $x \to 0$.**
Man studiere noch einmal ihre Graphen auf Seite 28.
Es gilt z. B.
$\lim\limits_{x \to 0+0} \frac{1}{x} = \infty$, $\lim\limits_{x \to 0-0} \frac{1}{x} = -\infty$, $\lim\limits_{x \to 0+0} \frac{1}{x^2} = \infty$, $\lim\limits_{x \to 0-0} \frac{1}{x^2} = \infty$

Grenzwerte für $x \to \infty$ bzw. $x \to -\infty$

Nach der ausführlichen Einführung in den Grenzwertbegriff auf Seite 41 ff. fassen wir uns nun kürzer.

DEFINITION ▪ Grenzwert für $x \to \infty$ bzw. für $x \to -\infty$
Wenn die Funktionswerte $f(x)$ der reellen Zahl b beliebig nahekommen, sobald x über alle Grenzen ins Positiv-Unendliche wächst, so sagt man, „existiert der eigentliche Grenzwert von $f(x)$ für $x \to \infty$ mit dem Wert b" und man schreibt:

$$\lim_{x \to \infty} f(x) = b \quad (\text{oder: } f(x) \to b \text{ für } x \to \infty)$$

Die Gerade $y = b$ nennt man dann eine waagerechte Asymptote.
Wenn dagegen die Funktionswerte $f(x)$ auch über alle Grenzen ins Positive bzw. Negative anwachsen, so sagt man, „hat $f(x)$ für $x \to \infty$ den uneigentlichen Grenzwert ∞ bzw. $-\infty$" und man schreibt:

$$\lim_{x \to \infty} f(x) = \infty \quad (\text{oder: } f(x) \to \infty \text{ für } x \to \infty) \text{ bzw.}$$

$$\lim_{x \to \infty} f(x) = -\infty \quad (\text{oder: } f(x) \to -\infty \text{ für } x \to \infty)$$

Ganz entsprechend definiert man den eigentlichen bzw. uneigentlichen Grenzwert für $x \to -\infty$, indem man x über alle Grenzen ins Negativ-Unendliche gehen lässt.

BEISPIEL 8 ▪ **Wir nehmen wieder die Funktionen $x \mapsto x^n$ $(n \in \mathbb{Z})$.**

Es gilt z. B. $\lim\limits_{x \to \infty} \frac{1}{x} = 0 + 0$, $\lim\limits_{x \to -\infty} \frac{1}{x} = 0 - 0$, $\lim\limits_{x \to \infty} x^3 = \infty$, $\lim\limits_{x \to -\infty} x^3 = -\infty$

$\lim\limits_{x \to \infty} x^4 = \infty$, $\lim\limits_{x \to -\infty} x^4 = \infty$

(Mit der Schreibweise $0 + 0$ bzw. $0 - 0$ deuten wir an, dass die Annäherung an 0 aus dem Positiven bzw. Negativen erfolgt.)

Ganzrationale Funktionen für $x \to \pm\infty$

BEISPIEL 9 ▪ **Wir untersuchen das Verhalten von $f(x) = -2x^5 - x^4 + 3x^2 - 4x + 1$ im Unendlichen.**
Man klammert für $x \neq 0$ die höchste Potenz x^5 aus:

$$f(x) = x^5 \cdot \left(-2 - \frac{1}{x} + 3 \cdot \frac{1}{x^3} - 4 \cdot \frac{1}{x^4} + \frac{1}{x^5}\right)$$

Die Summanden der Klammer (außer dem ersten) werden beliebig klein für $x \to \infty$ oder $x \to -\infty$. Die Klammer strebt also gegen -2. Damit verhält sich f im Unendlichen wie die Funktion $x \mapsto -2x^5$. Ja nicht einmal der Betrag des Faktors -2 ist dabei entscheidend, sondern nur sein Signum (Vorzeichen). f verhält sich also im Unendlichen wie die Funktion $x \mapsto -x^5$:

$$f(x) \to -\infty \text{ für } x \to \infty \text{ und } f(x) \to \infty \text{ für } x \to -\infty.$$

Der Trick mit dem Ausklammern funktioniert bei ganzrationalen Funktionen immer und führt zur folgenden Regel über das

MERKE ▪ Randverhalten ganzrationaler Funktionen
Die ganzrationale Funktion

$$f(x) = a \cdot x^n + \text{niedrigere Potenzen von } x \quad (a \neq 0)$$

vom Grad n verhält sich im Unendlichen wie die Funktion $x \mapsto ax^n$

BEISPIEL 10 ▪ **Die Funktion $f(x) = 2x^6 - 3x^3 + 3x^2 - 4x + 2$**
verhält sich im Unendlichen wie $x \mapsto 2x^6$: $f(x) \to \infty$ für $x \to \infty$ und $f(x) \to \infty$ für $x \to -\infty$.

Aufgrund ihres Randverhaltens gilt für eine ganzrationale Funktion von ungeradem Grad nach dem Zwischenwertsatz (Seite 40):

MERKE
Eine ganzrationale Funktion von ungeradem Grad besitzt mindestens eine Nullstelle.

Grenzwerte bei rationalen Funktionen

Wir betrachten rationale Funktionen f(x) in der Form $f(x) = \frac{p(x)}{q(x)}$ mit Polynomen p(x), q(x) und D_f als maximalem Definitionsbereich. D_f besteht aus allen reellen Zahlen außer den Nullstellen von q(x). Nach derselben Methode wie auf Seite 45 erhält man die Regel über das

MERKE ▪ Verhalten rationaler Funktionen im Unendlichen

Die rationale Funktion

$$f(x) = \frac{a\,x^m + \text{niedrigere Potenzen von } x}{b\,x^n + \text{niedrigere Potenzen von } x} \quad (\text{mit } a, b \neq 0)$$

verhält sich im Unendlichen wie die Funktion $x \mapsto \frac{a}{b} x^{m-n}$.

BEISPIEL 11

a) Die Funktion $f(x) = \frac{2x^3 - 3x + 1}{-3x^2 + x - 5}$ verhält sich im Unendlichen wie $x \mapsto -\frac{2}{3}x$: $\lim\limits_{x \to \infty} f(x) = -\infty$, $\lim\limits_{x \to -\infty} f(x) = \infty$

b) $f(x) = \frac{2x^4 - 3x + 2}{5x^4 + 4x - 2}$ verhält sich im Unendlichen wie die konstante Funktion $x \mapsto \frac{2}{5}$: $\lim\limits_{x \to \infty} f(x) = \frac{2}{5}$, $\lim\limits_{x \to -\infty} f(x) = \frac{2}{5}$

c) $f(x) = \frac{3x^4 - 3x^2 + 2x}{x^6 - 4x^3 + 9}$ verhält sich im Unendlichen wie die Funktion $x \mapsto 3x^{-2}$: $\lim\limits_{x \to \infty} f(x) = 0$, $\lim\limits_{x \to -\infty} f(x) = 0$

Jetzt untersuchen wir den Grenzwert $\lim\limits_{x \to a} f(x)$ mit $a \in \mathbb{R}$:

Wenn $a \in D_f$ ist, gilt wegen der Stetigkeit von f: $\lim\limits_{x \to a} f(x) = f(a)$.
Es sei also $a \notin D_f$, d. h. Nullstelle von q(x).
Dann spaltet man den Linearfaktor $x - a$ so oft von q(x) ab, wie die Ordnung j der Nullstelle angibt: $q(x) = (x - a)^j \cdot q^*(x)$ mit einem Polynom $q^*(x)$, für das $q^*(a) \neq 0$ ist (→ Seite 19 f.).
Ebenso mit dem Zähler: $p(x) = (x - a)^i \cdot p^*(x)$ mit einem Polynom $p^*(x)$, für das $p^*(a) \neq 0$ ist (wenn a gar keine Nullstelle von p(x) ist, dann ist $i = 0$).
Jetzt hat man erreicht:

$$f(x) = \frac{p(x)}{q(x)} = \frac{(x-a)^i \cdot p^*(x)}{(x-a)^j \cdot q(x)} = (x-a)^k \cdot f^*(x) \quad \text{mit } k = i - j,$$

wobei $f^*(x) = \frac{p^*(x)}{q^*(x)}$ eine rationale Funktion ist, die auch bei $x = a$ definiert ist und für die $f^*(a) \neq 0$ gilt.

Nun kann man den Grenzwert von $f(x)$ für $x \to a$ ermitteln:

MERKE ▪ Grenzwerte rationaler Funktionen an Definitionslücken

Gegeben sei die rationale Funktion $f(x) = \frac{p(x)}{q(x)}$ mit Polynomen $p(x)$ und $q(x)$. a sei Definitionslücke von f, also Nullstelle von $q(x)$.
Man bestimme $k \in \mathbb{Z}$ und $f^*(x)$, wie weiter oben erklärt.

Dann gilt,

falls $k > 0$ ist: $\lim\limits_{x \to a} f(x) = 0$

falls $k = 0$ ist: $\lim\limits_{x \to a} f(x) = f^*(a)$

In diesen beiden Fällen ist f bei $x = a$ stetig ergänzbar.
Wenn $k < 0$ ist, verhält sich $f(x)$ für $x \to a$ wie die Funktion $x \mapsto (x-a)^k f^*(a)$.

Die Grenzwerte $\lim\limits_{x \to a-0} f(x)$ und $\lim\limits_{x \to a+0} f(x)$ sind dann uneigentlich (f hat bei a einen Pol).

In diesem Fall ist die Gerade $x = a$ eine senkrechte Asymptote.

BEISPIEL 12 ▪ Zu untersuchen ist das Verhalten von $f(x) = \frac{x^2 - 1}{x^2 - 3x + 2}$ für $x \to 1$.

Sowohl im Zähler als auch im Nenner kann man $x - 1$ genau einmal abspalten (Seite 19 f.):

$x^2 - 1 = (x - 1)(x + 1), x^2 - 3x + 2 = (x - 1)(x - 2)$,

also

$$\frac{x^2 - 1}{x^2 - 3x + 2} = \frac{(x-1)(x+1)}{(x-1)(x-2)} = \frac{x+1}{x-2} \to -2 \text{ für } x \to 1$$

(Im obigen Satz ist also $k = 0$ und $f^*(x) = \frac{x+1}{x-2}$ mit $f^*(1) = -2$.)

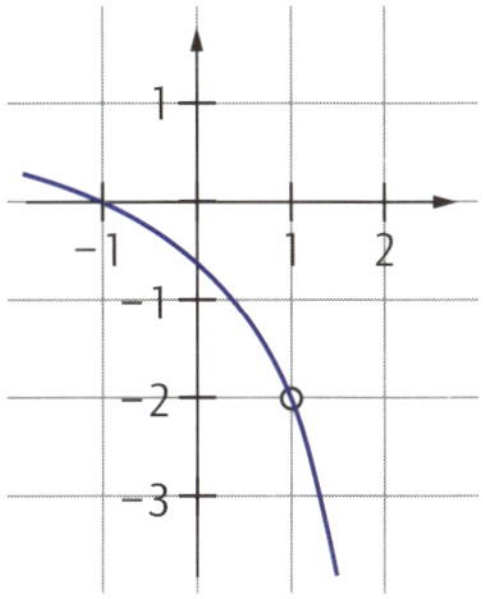

Der Graph hat im Punkt $(1\,|-2)$ ein Loch, d. h. f ist bei $x = 1$ stetig ergänzbar mit dem Wert -2.

Man beachte in der Rechnung die Schreibweise mit den Pfeilen. Keinesfalls darf man für sie „=" schreiben, denn der Ausgangsterm links ist gar nicht definiert für $x = 1$.

$$\lim_{x \to 1} \frac{x^2 - 1}{x^2 - 3x + 2} = -2$$

Das folgende Beispiel 13 ist schon recht kompliziert und rechenaufwendig. Es soll lediglich dazu dienen, zu zeigen, was alles passieren kann. Die im Abitur vorkommenden Fälle dürften in der Regel im Schwierigkeitsgrad von Beispiel 12 liegen.

BEISPIEL 13 ▪ **Man untersuche $f(x) = \frac{x^4 + x^3 - 7x^2 - x + 6}{x^4 + x^3 - 3x^2 - 5x - 2}$ für $x \to -1$ und $x \to 2$.**

Sowohl bei -1 als auch bei 2 verschwindet der Nenner. Es handelt sich also um Definitionslücken der Funktion. In den Beispielen 6 und 7 auf Seite 21 und 22 wurden das Zähler- und Nennerpolynom bereits untersucht. Danach kann man rechnen:

$$\frac{x^4 + x^3 - 7x^2 - x + 6}{x^4 + x^3 - 3x^2 - 5x - 2} = \frac{(x+3)(x+1)(x-1)(x-2)}{(x+1)^3(x-2)} = \frac{(x+3)(x-1)}{(x+1)^2}$$

Für $x \to -1$ ist der Linearfaktor $x + 1$ wesentlich:

$$\frac{(x+3)(x-1)}{(x+1)^2} = (x+1)^{-2} \cdot f^*(x) \quad \text{mit} \quad f^*(x) = (x+3)(x-1)$$

$f(x)$ verhält sich für $x \to -1$ wie $(x+1)^{-2} \cdot f^*(-1) = \frac{-4}{(x+1)^2}$, also

$$\lim_{x \to -1-0} f(x) = -\infty, \quad \lim_{x \to -1+0} f(x) = -\infty \quad \text{(f hat bei } -1 \text{ einen Pol)}$$

Für $x \to 2$ ist der Linearfaktor $x - 2$ wesentlich. Der konnte aber vollständig gekürzt werden. Es folgt:

$$\frac{(x+3)(x-1)}{(x+1)^2} \to \frac{5}{9} \quad \text{für } x \to 2$$

(Es ist hier also $k = 0$ und $f^*(x) = \frac{(x+3)(x-1)}{(x+1)^2}$ mit $f^*(2) = \frac{5}{9}$.)

$$\lim_{x \to 2} \frac{x^4 + x^3 - 7x^2 - x + 6}{x^4 + x^3 - 3x^2 - 5x - 2} = \frac{5}{9}$$

Regeln für Grenzwerte

Da Grenzwerte nicht zu existieren brauchen, darf man die folgenden Regeln nicht im Sinn einer Gleichung der Algebra lesen. Alle Regeln gelten nur unter der Voraussetzung, dass die Grenzwerte auf der rechten Seite des Gleichheitszeichens eigentlich oder uneigentlich existieren und dass dabei keine unbestimmten Ausdrücke (siehe weiter unten) entstehen. Dann existieren auch die Grenzwerte auf der linken Seite, und es gilt die angegebene Gleichheit. Beim Grenzübergang $x \to a$ darf jetzt $a \in \mathbb{R}$ oder $a = \pm\infty$ sein.

MERKE ▪ Grenzwerte bei rationalen Operationen

$$\lim_{x\to a}(f(x)+g(x)) = \lim_{x\to a} f(x) + \lim_{x\to a} g(x)$$

$$\lim_{x\to a}(f(x)-g(x)) = \lim_{x\to a} f(x) - \lim_{x\to a} g(x)$$

$$\lim_{x\to a}(f(x)\cdot g(x)) = \lim_{x\to a} f(x)\cdot \lim_{x\to a} g(x)$$

$$\lim_{x\to a}\frac{f(x)}{g(x)} = \frac{\lim_{x\to a} f(x)}{\lim_{x\to a} g(x)}$$

Analoge Regeln gelten für links- oder rechtsseitige Grenzwerte. Auf der rechten Seite können die uneigentlichen Symbole $\pm\infty$ stehen. Man beachte daher die im Folgenden vereinbarten Regeln für das Rechnen mit Unendlich:

MERKE ▪ Rechnen mit $\pm\infty$ (c stehe für eine reelle Zahl)

$\infty + \infty = \infty$	$-\infty - \infty = -\infty$
$\infty + c = c + \infty = \infty$	$-\infty + c = c - \infty = -\infty$
$\infty\cdot\infty = (-\infty)\cdot(-\infty) = \infty$	$\infty\cdot(-\infty) = (-\infty)\cdot\infty = -\infty$
$\infty\cdot c = c\cdot\infty = \begin{cases}\infty & \text{für } c>0\\ -\infty & \text{für } c<0\end{cases}$	$(-\infty)\cdot c = c\cdot(-\infty) = \begin{cases}-\infty & \text{für } c>0\\ \infty & \text{für } c<0\end{cases}$
$\frac{c}{\infty} = \begin{cases}0+0 & \text{für } c>0\\ 0-0 & \text{für } c<0\end{cases}$	$\frac{c}{-\infty} = \begin{cases}0-0 & \text{für } c>0\\ 0+0 & \text{für } c<0\end{cases}$
$\frac{c}{0+0} = \begin{cases}\infty & \text{für } c>0\\ -\infty & \text{für } c<0\end{cases}$	$\frac{c}{0-0} = \begin{cases}-\infty & \text{für } c>0\\ \infty & \text{für } c<0\end{cases}$

Diese Regeln gelten nur im Zusammenhang mit den obigen Grenzwertformeln. Mit ihnen werden ∞ und $-\infty$ keine reellen Zahlen, und es gelten für sie auch nicht die Algebra-Regeln von $\mathbb{R}$.
(Würde man z. B. bei der Regel $\infty + \infty = \infty$, wie man es sonst tut, auf beiden Seiten ∞ subtrahieren, erhielte man die unsinnige Beziehung $\infty = 0$.)

Für Ausdrücke wie z. B. $\infty - \infty$, $0\cdot\infty$, $\frac{\infty}{\infty}$, $\frac{0}{0}$ gibt es keine allgemeingültigen Regeln. Man nennt sie **unbestimmte Ausdrücke**. Wenn auf der rechten Seite einer der obigen Grenzwertregeln ein solcher unbestimmter Ausdruck entsteht, ist die Regel nicht anwendbar.

BEISPIEL 14

a) Für $f(x) = x^5$, $g(x) = x^3$ gilt: $\lim\limits_{x \to \infty} f(x) = \infty$, $\lim\limits_{x \to \infty} g(x) = \infty$

Zur Bestimmung von $\lim\limits_{x \to \infty} \big(f(x) - g(x)\big)$ kann man die Regel von oben nicht anwenden, da rechts der unbestimmte Ausdruck $\infty - \infty$ entsteht. Man erhält aber (nach Seite 45), da sich $x^5 - x^3$ im Unendlichen wie x^5 verhält:

$$\lim_{x \to \infty} \big(f(x) - g(x)\big) = \infty$$

b) Für $f(x) = x^3$, $g(x) = \frac{15x^2 - 4}{3x^2 - 1}$ gilt: $\lim\limits_{x \to -\infty} f(x) = -\infty$, $\lim\limits_{x \to -\infty} g(x) = 5$

(zu g (x) vergleiche Beispiel 11 b), Seite 46)

Dann folgt: $\lim\limits_{x \to -\infty} (f(x) \cdot g(x)) = -\infty \cdot 5 = -\infty$

c) Es gilt $\lim\limits_{x \to 1} \frac{x^2 + 2}{x^2 - x - 1} = -3$, $\lim\limits_{x \to 1} \frac{x^2 - 1}{x^2 - 3x + 2} = -2$

(beim ersten Limes wegen der Stetigkeit bei 1, beim zweiten nach Beispiel 13 Seite 48).

Dann folgt: $\lim\limits_{x \to 1} \left(\frac{x^2 + 2}{x^2 - x - 1} + \frac{x^2 - 1}{x^2 - 3x + 2}\right) = -3 - 2 = -5$

CHECKLISTE

4 Stetigkeit und Grenzwert

Folgende Fragen sollten Sie nun mühelos beantworten können:

- **Wann ist eine Funktion f an der Stelle a stetig und wie kann man das rechnerisch überprüfen?**
- **Mit welcher Regel kann man das Verhalten rationaler Funktionen im Unendlichen schnell bestimmen?**
- **Was ist eine waagrechte Asymptote?**
- **Welche Bedingung muss gelten, damit eine Funktion eine waagrechte Asymptote hat?**
- **Wie untersucht man das Verhalten einer Funktion an einer Definitionslücke?**
- **Welche Bedingung muss gelten, damit eine Funktion eine Polstelle bzw. eine senkrechte Asymptote hat?**

5 Transzendente Funktionen

Rationale Funktionen (insbesondere ganzrationale) und Wurzelfunktionen zählt man zur Klasse der algebraischen Funktionen. Nicht zu dieser Klasse gehören die trigonometrischen Funktionen (auch Winkelfunktionen) Sinus, Kosinus, Tangens, Kotangens und deren Umkehrungen, die Arcusfunktionen, ebensowenig wie die Exponentialfunktionen und deren Umkehrungen, die Logarithmusfunktionen. All diese Funktionen gehören zur Klasse der transzendenten Funktionen.

5.1 Trigonometrische Funktionen

Die trigonometrischen Funktionen sin, cos, tan, cot finden Anwendung vor allem bei der Winkelberechnung und zur Beschreibung periodischer Vorgänge (etwa Schwingungen in der Physik).

Definition und Eigenschaften

Wir definieren die Funktion $x \mapsto \cos(x)$ und $x \mapsto \sin(x)$ am Einheitskreis.

DEFINITION ▪ Die Funktionen cos und sin

Es sei $x \in \mathbb{R}$ beliebig.
Auf dem Kreis vom Radius 1 um den Ursprung eines kartesischen uv-Koordinatensystem (Einheitskreis) wird vom Punkt E(1 | 0) aus ein Bogen der Länge $|x|$ abgetragen, und zwar

- **gegen den Uhrzeigersinn (positiver Drehsinn), falls $x > 0$ ist, und**
- **im Uhrzeigersinn (negativer Drehsinn), falls $x < 0$.**

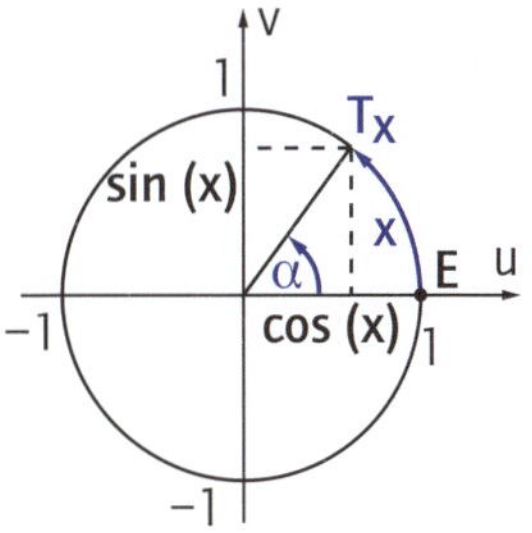

Der Endpunkt des Bogens sei $T_x(u(x) \mid v(x))$ (für $x = 0$ ist $T_x = E$). Dann heißt u(x) der Kosinus von x und v(x) der Sinus von x: $u(x) = \cos(x)$, $v(x) = \sin(x)$. Hierdurch werden zwei reelle Funktionen mit Definitionsbereich $\mathbb{R}$ definiert. Ihr Wertebereich ist $[-1, 1]$.

Beliebig kleine Änderungen von x ändern auch T_x beliebig wenig. Es gilt:

$x \mapsto \cos(x)$ und $x \mapsto \sin(x)$ sind stetige Funktionen.

Da der Kreis den Umfang 2π besitzt, wiederholen sich die Werte von cos und sin, wenn man zum Argument x ganzzahlige Vielfache von 2π addiert.

Man nennt das die **2 π-Periodizität** von cos und sin. Sie drückt sich aus in den Gleichungen

$$\cos(x + 2\pi) = \cos(x),\quad \sin(x + 2\pi) = \sin(x) \quad \text{für alle } x \in \mathbb{R}.$$

Ändert der Bogen x sein Vorzeichen, entspricht das einer Spiegelung an der u-Achse. Der Sinus ändert sein Vorzeichen, der Kosinus nicht:

$$\cos(-x) = \cos(x),\quad \sin(-x) = -\sin(x) \quad \text{für alle } x \in \mathbb{R}$$

Ändert man den Bogen x um π, so entspricht das einer Punktspiegelung am Ursprung. Beide Funktionen ändern ihr Vorzeichen:

$$\cos(x \pm \pi) = -\cos(x),\quad \sin(x \pm \pi) = -\sin(x) \quad \text{für alle } x \in \mathbb{R}$$

Ähnlich kann man weitere Beziehungen herleiten. Wir nennen noch:

$$\cos\left(x + \frac{\pi}{2}\right) = -\sin(x),\quad \sin\left(x + \frac{\pi}{2}\right) = \cos(x) \quad \text{für alle } x \in \mathbb{R}$$

$$\cos\left(\frac{\pi}{2} - x\right) = \sin(x),\quad \sin\left(\frac{\pi}{2} - x\right) = \cos(x) \quad \text{für alle } x \in \mathbb{R}$$

Und ganz wichtig der **trigonometrische Pythagoras:** $\sin^2(x) + \cos^2(x) = 1$

Zur Schreibweise: $\sin^2(x) = (\sin(x))^2$, $\cos^2(x) = (\cos(x))^2$

Die folgenden Formeln heißen **Additionstheoreme** von cos und sin.

$$\cos(x + y) = \cos(x)\cdot\cos(x) - \sin(x)\cdot\sin(x) \quad \text{für alle } x,\ y \in \mathbb{R}$$

$$\sin(x + y) = \sin(x)\cdot\cos(x) + \cos(x)\cdot\sin(x) \quad \text{für alle } x,\ y \in \mathbb{R}$$

Die Bilder zeigen die Graphen der Funktionen $y = \sin(x)$ bzw. $y = \cos(x)$ in einem x-y-Koordinatensystem.

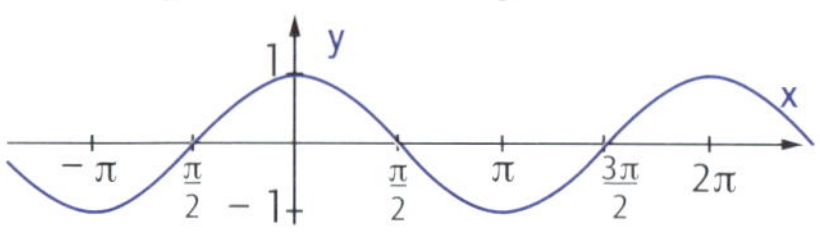

Graph von $x \mapsto \cos(x)$

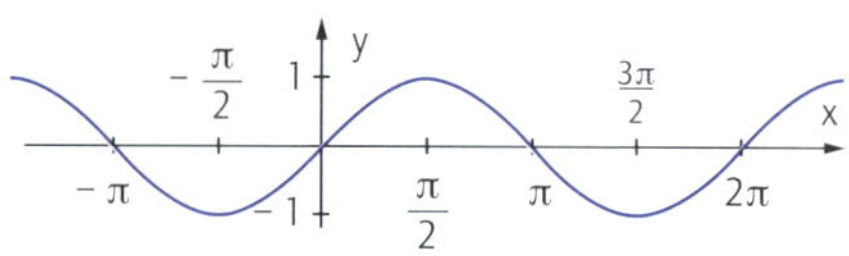

Graph von $x \mapsto \sin(x)$

Die Nullstellenmenge der Sinusfunktion ist

$$N_{\sin} = \{\ldots, -3\pi, -2\pi, -\pi, 0, \pi, 2\pi, 3\pi, \ldots\} = \{k\pi \mid k \in \mathbb{Z}\}$$

Die Nullstellenmenge der Kosinusfunktion ist

$$N_{\cos} = \left\{\ldots -\frac{5\pi}{2}, -\frac{3\pi}{2}, -\frac{\pi}{2}, \frac{\pi}{2}, \frac{3\pi}{2}, \frac{5\pi}{2}, \ldots\right\} = \left\{\frac{\pi}{2} + k\pi \mid k \in \mathbb{Z}\right\}$$

Jedem Bogen x entspricht eineindeutig ein orientierter (d. h. vorzeichenbehafteter) Winkel α. Man kann nun die Größe von α einfach als x festlegen. Dann spricht man vom Bogenmaß. In der Geometrie verwendet man daneben noch althergebracht das **Gradmaß**. Es gilt: π = **180°**

Links steht das Bogenmaß (ohne Einheit), rechts das Gradmaß (mit der Einheit °). Division durch 180 bzw. durch π liefert:

(1) $\frac{\pi}{180} = 1°$ bzw. **(2)** $1 = \frac{180°}{\pi}$

BEISPIEL 1 ▪ **Wie viel sind 142° im Bogenmaß?**

Man multipliziert (1) mit 142 und erhält $142° = \frac{\pi}{180}\cdot 142 = \frac{71}{90}\pi \approx 2{,}478$.

BEISPIEL 2 ▪ Wie viel sind −2,58 (Bogenmaß) im Gradmaß?

Man multipliziert (2) mit −2,58 und erhält $-2{,}58 = \frac{180}{\pi}\cdot(-2{,}58) \approx -147{,}8°$.

Anmerkung: Das Gradmaß ist bei Winkelberechnungen in der Geometrie üblich. In der Analysis verwendet man fast nur das Bogenmaß. Man achte beim Taschenrechner auf die richtige Einstellung. Das Gradmaß heißt dort DEG (engl. *degree*), das Bogenmaß RAD (lat./engl. *radians*). Meist stellt man mit der DRG-Taste um. Je nach Taschenrechner kann es aber auch anders gehen, z. B. über eine MODE-Funktion oder ein spezielles Menü. (Man lese die Bedienungsanleitung.)

Tangens und Kotangens führt man auf Sinus und Kosinus zurück.

> **DEFINITION ▪ Die Funktionen tan und cot**
>
> **Tangens und Kotangens definiert man durch:**
>
> $$\tan(x) = \frac{\sin(x)}{\cos(x)}, \quad \cot(x) = \frac{\cos(x)}{\sin(x)}$$
>
> **Die maximalen Definitionsmengen sind:**
>
> $$D_{\tan} = \mathbb{R}\setminus N_{\cos} = \mathbb{R}\setminus\left\{\frac{\pi}{2} + k\pi \,\middle|\, k \in \mathbb{Z}\right\}; \quad D_{\cot} = \mathbb{R}\setminus N_{\sin} = \mathbb{R}\setminus\{k\pi \mid k \in \mathbb{Z}\}$$
>
> **Beide Funktionen haben als Wertemenge ganz $\mathbb{R}$.**

Bei der Quotientenbildung bleibt die Stetigkeit erhalten, d. h.,

$$x \mapsto \tan(x) \text{ und } x \mapsto \cot(x) \text{ sind stetige Funktionen.}$$

Beide Funktionen haben die Periode π:

$$\tan(x+\pi) = \tan(x), \quad \cot(x+\pi) = \cot(x), \quad \text{für alle } x \in D_{\tan} \text{ bzw. } x \in D_{\cot}$$

Ändert das Argument das Vorzeichen, so auch tan und cot:

$$\tan(-x) = -\tan(x), \quad \cot(-x) = -\cot(x), \quad \text{für alle } x \in D_{\tan} \text{ bzw. } x \in D_{\cot}$$

Die Additionstheoreme für Tangens und Kotangens lauten:

$$\tan(x+y) = \frac{\tan(x) + \tan(y)}{1 - \tan(x)\cdot\tan(y)}, \quad \cot(x+y) = \frac{\cot(x)\cdot\cot(y) - 1}{\cot(x) + \cot(y)}$$

Die Formeln gelten mit der Maßgabe, dass alle auftretenden Terme definiert sind.

Die Graphen zeigen gut das Verhalten an den Definitionslücken.

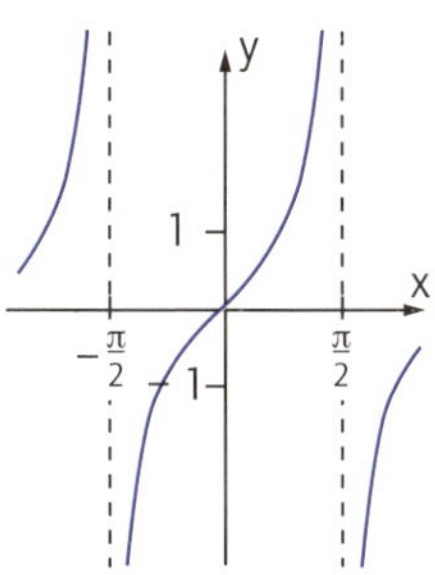

Graph von $x \mapsto \tan(x)$

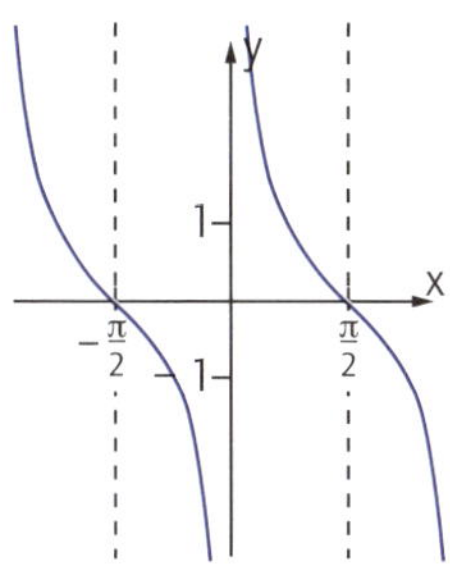

Graph von $x \mapsto \cot(x)$

$$\lim_{x \to \frac{\pi}{2} - 0} \tan(x) = \infty$$

$$\lim_{x \to \frac{\pi}{2} + 0} \tan(x) = -\infty$$

$$\lim_{x \to 0 - 0} \cot(x) = -\infty$$

$$\lim_{x \to 0 + 0} \cot(x) = \infty$$

Für einige oft vorkommende Argumente x kann man die exakten Werte der trigonometrischen Funktionen angeben.

x	0°	30°	45°	60°	90°	180°	270°	360°
	0	$\frac{\pi}{6}$	$\frac{\pi}{4}$	$\frac{\pi}{3}$	$\frac{\pi}{2}$	π	$\frac{3}{2}\pi$	2π
cos (x)	1	$\frac{\sqrt{3}}{2}$	$\frac{\sqrt{2}}{2}$	$\frac{1}{2}$	0	−1	0	1
sin (x)	0	$\frac{1}{2}$	$\frac{\sqrt{2}}{2}$	$\frac{\sqrt{3}}{2}$	1	0	−1	0
tan (x)	0	$\frac{\sqrt{3}}{3}$	1	$\sqrt{3}$	–	0	–	0
cot (x)	–	$\sqrt{3}$	1	$\frac{\sqrt{3}}{3}$	0	–	0	–

5.2 Arcusfunktionen

Definition der Arcusfunktionen

Die **Arcusfunktionen** sind die Umkehrungen der trigonometrischen Funktionen. Da wegen der Periodizität jeder Funktionswert unendlich oft vorkommt, muss man die Definitionsbereiche geeignet einschränken, damit beim Umkehren eine Funktion entsteht (Eindeutigkeit der Funktionsvorschrift).

Man legt fest

- für den Sinus: $f(x) = \sin(x)$ mit $D_f = \left[-\frac{\pi}{2}, \frac{\pi}{2}\right]$, $W_f = [-1, 1]$
- für den Kosinus: $g(x) = \cos(x)$ mit $D_g = [0, \pi]$, $W_g = [-1, 1]$
- für den Tangens: $h(x) = \tan(x)$ mit $D_h = \left]-\frac{\pi}{2}, \frac{\pi}{2}\right[$, $W_h = \mathbb{R}$

Man überzeuge sich anhand der Graphen (→ Seite 52/53) davon, dass in den angegebenen Bereichen jeder Wert aus dem Wertebereich genau einmal angenommen wird. Die bezüglich dieser Festlegungen bestimmten **stetigen** Umkehrfunktionen heißen **Arcussinus**, **Arcuskosinus**, **Arcustangens**. (Den seltenen **Arcuskotangens** übergehen wir.) Beim Umkehren werden Definitions- und Wertebereich getauscht, die Graphen sind an der Winkelhalbierenden des I. und III. Quadranten zu spiegeln, und Wertetabellen erhält man aus der Tabelle oben durch Vertauschen von Ein- und Ausgaben.

Anmerkung: Beim Taschenrechner sind die Arcusfunktionen zumeist die Zweitfunktionen über sin, cos, tan und als $\sin^{-1}$, $\cos^{-1}$, $\tan^{-1}$ bezeichnet.

Der Arcussinus $x \mapsto \arcsin(x)$

x	0	$\frac{1}{2}$	$\frac{\sqrt{2}}{2}$	$\frac{\sqrt{3}}{2}$	1
arcsin (x)	0	$\frac{\pi}{6}$	$\frac{\pi}{4}$	$\frac{\pi}{3}$	$\frac{\pi}{2}$

$D_{\arcsin} = [-1, 1]$; $W_{\arcsin} = \left[-\frac{\pi}{2}, \frac{\pi}{2}\right]$

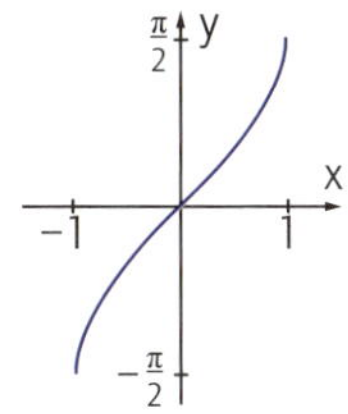

Der Arcuskosinus $x \mapsto \arccos(x)$

x	0	$\frac{1}{2}$	$\frac{\sqrt{2}}{2}$	$\frac{\sqrt{3}}{2}$	1
arccos (x)	$\frac{\pi}{2}$	$\frac{\pi}{3}$	$\frac{\pi}{4}$	$\frac{\pi}{6}$	0

$D_{\arccos} = [-1, 1]$; $W_{\arccos} = [0, \pi]$

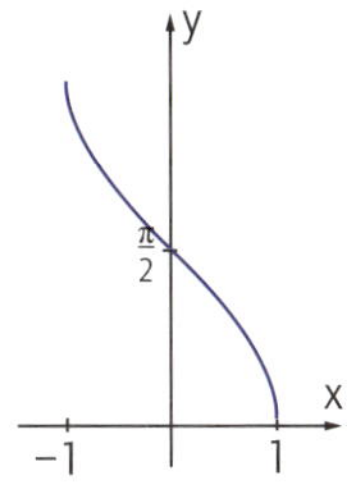

Der Arcustangens $x \mapsto \arctan(x)$

x	0	$\frac{\sqrt{3}}{3}$	1	$\sqrt{3}$	$\to \infty$
arctan (x)	0	$\frac{\pi}{6}$	$\frac{\pi}{4}$	$\frac{\pi}{3}$	$\to \frac{\pi}{2}$

$D_{\arctan} = \mathbb{R}$; $W_{\arctan} = \left]-\frac{\pi}{2}, \frac{\pi}{2}\right[$

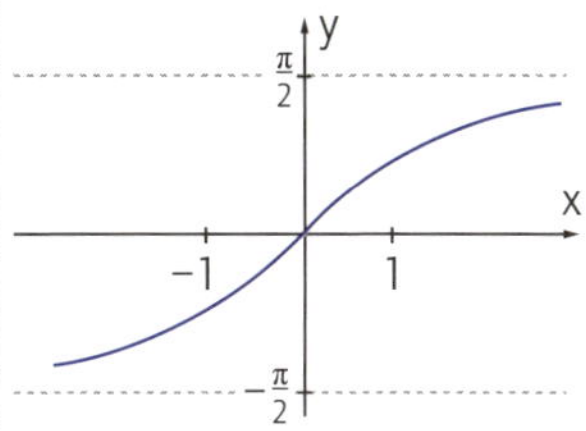

Auflösen nach dem Argument

a) Die Gleichung $\sin(x) = a$ mit $a \in [-1, 1]$ über der Grundmenge $\mathbb{R}$:
Eine Lösung ist $x_0 = \arcsin(a)$. Wegen der Periodizität sind sogar alle $x_0 + 2\pi k$ $(k \in \mathbb{Z})$ Lösungen. Für $a \neq \pm 1$ gibt es noch weitere Lösungen, nämlich alle $x_0' + 2\pi k$ $(k \in \mathbb{Z})$ mit $x_0' = \pi - x_0$.

b) Die Gleichung $\cos(x) = a$ mit $a \in [-1, 1]$ über der Grundmenge $\mathbb{R}$:
Mit $x_0 = \arccos(a)$ sind alle $x_0 + 2\pi k$ $(k \in \mathbb{Z})$ Lösungen.
Für $a \neq \pm 1$ sind aber auch die $x_0' + 2\pi k$ $(k \in \mathbb{Z})$ mit $x_0' = -x_0$ Lösungen.

c) Die Gleichung $\tan(x) = a$ mit $a \in \mathbb{R}$ über der Grundmenge $\mathbb{R}$:
Eine Lösung ist $x_0' = \arctan(a)$. Wegen der Periodizität sind dann auch alle $x_0 + \pi k$ $(k \in \mathbb{Z})$ Lösungen.

Mehr Lösungen als die jeweils angegebenen existieren nicht.

BEISPIEL 3 ▪ **Wir suchen alle Lösungen von $\sin(x) = 0{,}9$ im Intervall $[-2\pi, 2\pi]$.**
Der Taschenrechner liefert $x_0 = \arcsin(0{,}9) \approx 1{,}120$, und wir berechnen $x_0' = \pi - x_0 \approx 2{,}022$. Von den Lösungen $x_0 + 2\pi k$, $x_0' + 2\pi k$ liegen nur diejenigen mit $k = 0$ oder -1 in $[-2\pi, 2\pi]$ vor. Die Lösungsmenge der Gleichung ist also $\{-5{,}163; -4{,}261; 1{,}120; 2{,}022\}$.

5.3 Exponentialfunktionen

Viele Wachstums- und Zerfallsprozesse verlaufen exponentiell. Zu ihrer Beschreibung verwendet man Exponentialfunktionen.

DEFINITION ▪ Exponentialfunktion

Für $a > 0$, $a \neq 1$ heißt die Funktion $f: x \mapsto a^x$ mit $D_f = \mathbb{R}$ Exponentialfunktion zur Basis a. Besonders ausgezeichnet ist die natürliche Exponentialfunktion mit der Euler'schen Zahl e als Basis: $\exp: x \mapsto e^x$ mit $D_{\exp} = \mathbb{R}$. Eine Exponentialfunktion hat den Wertebereich $\mathbb{R}^+$.

WIEDERHOLUNG ▪ Potenzen bei rationalem Exponenten ($a > 0$)

$a^0 = 1$, $a^1 = a$; $a^n = a \cdot a \dots a$, (n Faktoren, $n \geq 2$ ganz)

$a^{-n} = \frac{1}{a^n}$ ($n \in \mathbb{N}$); $a^{\frac{m}{n}} = \sqrt[n]{a^m} = \left(\sqrt[n]{a}\right)^m$ ($n, m \in \mathbb{Z}$, $n > 0$)

Es ist $e = \lim\limits_{n \to \infty}\left(1 + \frac{1}{n}\right)^n = \sum\limits_{n=0}^{\infty} \frac{1}{n!} = 2{,}718\,281\,828\,459\,045\ldots$

Man kann zeigen: **Alle Exponentialfunktionen sind stetig.**

Der Verlauf einer Exponentialfunktion $f(x) = a^x$ hängt wesentlich davon ab, ob $0 < a < 1$ oder $a > 1$ gilt.

<table>
<tr><th colspan="2">ÜBERSICHT ▪ Eigenschaften von Exponentialfunktionen</th></tr>
<tr><td colspan="2">$D_f = \mathbb{R}$, $W_f =]0, \infty[= \mathbb{R}^+$ $f(0) = 1$</td></tr>
<tr><td colspan="2">Es gelten für beliebige $u, v \in \mathbb{R}$ die Funktionalgleichungen
$f(u + v) = f(u) \cdot f(v)$, $f(u - v) = \frac{f(u)}{f(v)}$, $f(u \cdot v) = \left(f(u)\right)^v$
das heißt die Potenzgesetze
$a^{u+v} = a^u \cdot a^v$, $a^{u-v} = \frac{a^u}{a^v}$, $a^{uv} = (a^u)^v$</td></tr>
<tr><td>$0 < a < 1$</td><td>$a > 1$</td></tr>
<tr><td>Je größer x, desto kleiner f(x),
d. h., f ist streng monoton fallend</td><td>Je größer x, desto größer f(x),
d. h., f ist streng monoton wachsend</td></tr>
<tr><td>$\lim\limits_{x \to \infty} a^x = 0 + 0$, $\lim\limits_{x \to -\infty} a^x = \infty$</td><td>$\lim\limits_{x \to \infty} a^x = \infty$, $\lim\limits_{x \to -\infty} a^x = 0 + 0$</td></tr>
<tr><td>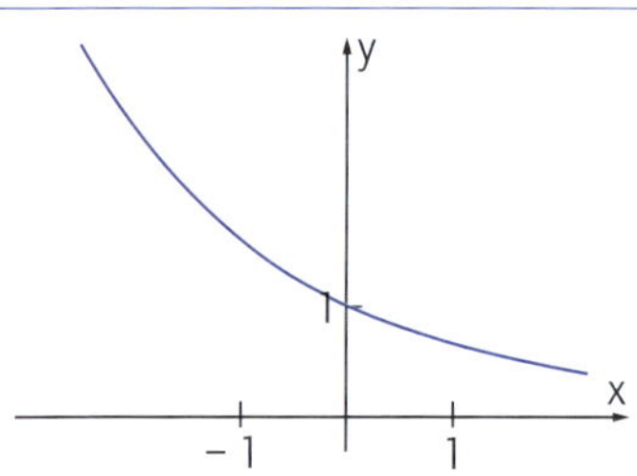</td><td>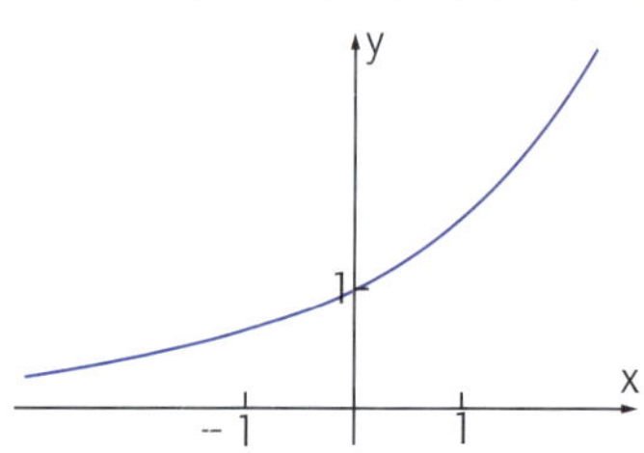</td></tr>
<tr><td>Graph von $x \mapsto a^x$ mit $0 < a < 1$</td><td>Graph von $x \mapsto a^x$ mit $a > 1$</td></tr>
</table>

SATZ ▪ Polynomiales und exponentielles Wachstum

Es sei $a > 1$, $\beta \in \mathbb{R}$. Dann gelten (insbesondere für $a = e$):

$$\lim_{x\to\infty} \frac{x^\beta}{a^x} = \lim_{x\to\infty}(x^\beta a^{-x}) = 0 \qquad \lim_{x\to\infty} \frac{a^x}{x^\beta} = \lim_{x\to\infty}(x^{-\beta} a^x) = \infty$$

Man beachte, dass, wenn $\beta > 0$ ist, die Quotienten oder Produkte für $x \to \infty$ unbestimmte Ausdrücke vom Typ $\infty:\infty$ bzw. $0\cdot\infty$ werden (→ Seite 49).
Der Satz sagt also, dass sich in solchen Situationen „die Exponentialfunktion durchsetzt", sie wächst stärker als jede Potenz.

5.4 Logarithmusfunktionen

$f(x) = a^x$ $(a > 0,\ a \neq 1)$ ist streng monoton wachsend $(a > 1)$ oder fallend $(0 < a < 1)$, also umkehrbar, da jeder Funktionswert genau einmal angenommen wird. **Die Umkehrfunktion ist stetig.**

DEFINITION ▪ Logarithmus

Für $a > 0$, $a \neq 1$ heißt die Umkehrfunktion g der Exponentialfunktion $x \mapsto a^x$ Logarithmus zur Basis a:
$g: x \mapsto \log_a(x)$ mit $D_g = \mathbb{R}^+ =]0, \infty[$
Besonders ausgezeichnet ist der natürliche Logarithmus (lat. *logarithmus naturalis*) mit e als Basis:
$\ln: x \mapsto \ln x = \log_e(x)$ mit $D_{\ln} = \mathbb{R}^+$
Der Wertebereich einer Logarithmusfunktion ist $\mathbb{R}$.

Die Umkehrungseigenschaft wird ausgedrückt durch

$\log_a(a^x) = x$ für alle $x \in \mathbb{R}$, $a^{\log_a(x)} = x$ für alle $x \in \mathbb{R}^+$

$\ln(e^x) = x$ für alle $x \in \mathbb{R}$, $e^{\ln(x)} = x$ für alle $x \in \mathbb{R}^+$

Neben dem natürlichen Logarithmus gebraucht man auch den **dekadischen Logarithmus** (10er-Logarithmus) $\log_{10}(x)$, mit lg(x) oder log(x) bezeichnet. (In der mathematischen Fachliteratur meint log x dagegen meist den natürlichen Logarithmus. Wir machen es so, wie es auf den gängigen Taschenrechnern ist: „ln(x)" für den natürlichen und „log(x)" für den dekadischen Logarithmus.)
Mit dem Taschenrechner berechnet man Logarithmen mit der Formel

$$\log_a(x) = \frac{\ln(x)}{\ln(a)} = \frac{\log(x)}{\log(a)} \quad (a > 0,\ a \neq 1;\ x > 0)$$

Anmerkung: Probieren Sie aus, dass beide Quotienten dasselbe liefern.
Mithilfe des Logarithmus löst man nach dem Exponenten auf.

BEISPIEL 4 ▪ Zu bestimmen ist die Lösung der Gleichung $e^x = 0{,}5$.

$e^x = 0{,}5 \iff x = \ln(0{,}5) \approx -0{,}6931$; (Probe: $e^{-0{,}6931} \approx 0{,}5$)

BEISPIEL 5 ▪ Zu bestimmen ist die Lösung der Gleichung $4^x = 6$:

$4^x = 6 \iff x = \log_4(6) \iff x = \dfrac{\ln(6)}{\ln(4)} \approx 1{,}2925$

(Probe: $4^{1{,}2925} \approx 6$)

BEISPIEL 6 ▪ Wir lösen $x^4 = 22$.

Hier ist nicht der Exponent gesucht, sondern die Basis. Es darf also nicht logarithmiert, sondern muss radiziert (die Wurzel gezogen) werden. Da der Exponent gerade ist, gibt es zwei Lösungen:

$$x = \pm\sqrt[4]{22} = \pm\, 22^{\frac{1}{4}} \approx \pm 2{,}1657.$$

TIPP

Exponent gesucht → Logarithmieren
Basis gesucht → Radizieren

Die Tabelle unten enthält die wichtigsten Eigenschaften von $g(x) = \log_a(x)$. Man beachte die Analogie zur Tabelle für die Exponentialfunktion (→ Seite 56) und wie sich das Umkehren darin zeigt: Vertauschen von Definitions- und Wertebereich, Spiegeln der Graphen an der Winkelhalbierenden des I. und III. Quadranten, Potenzgesetze und Logarithmengesetze usw.

Man kann sich bei den Exponentialfunktionen auf eine Basis (z. B. e) beschränken, wenn man im Exponenten einen konstanten Faktor $\lambda \in \mathbb{R}$ anbringt. Es gilt nämlich (drittes Logarithmengesetz):

$$a^x = e^{\lambda x} \iff \ln(a^x) = \ln(e^{\lambda x}) \iff x \cdot \ln(a) = \lambda x$$

Man sieht, dass man nur $\lambda = \ln(a)$ setzen muss.

ÜBERSICHT ▪ Eigenschaften von Logarithmusfunktionen	
$D_g =]0, \infty[= \mathbb{R}^+$, $W_g = \mathbb{R}$ $\quad g(1) = 0$	
Es gelten für beliebige $u, v \in \mathbb{R}^+$, $w \in \mathbb{R}$ die Funktionalgleichungen $g(u \cdot v) = g(u) + g(v)$, $g\left(\frac{u}{v}\right) = g(u) - g(v)$, $g(u^w) = w \cdot g(u)$ das heißt die **Logarithmengesetze** $\log_a(u \cdot v) = \log_a(u) + \log_a(v)$, $\log_a\left(\frac{u}{v}\right) = \log_a(u) - \log_a(v)$, $\log_a(u^w) = w \cdot \log_a(u)$	
$0 < a < 1$	$a > 1$
Je größer x, desto kleiner g (x), d. h., g ist streng monoton fallend.	Je größer x, desto größer g (x), d. h., g ist streng monoton wachsend.
$\lim\limits_{x \to 0+0} \log_a(x) = \infty$, $\lim\limits_{x \to \infty} \log_a(x) = -\infty$	$\lim\limits_{x \to 0+0} \log_a(x) = -\infty$, $\lim\limits_{x \to \infty} \log_a(x) = \infty$

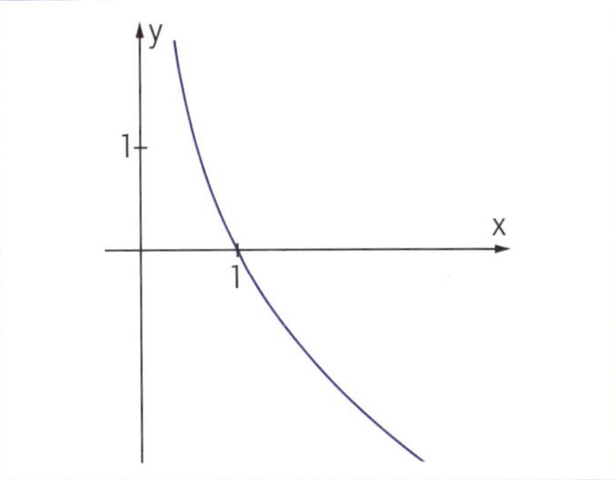

Graph von $x \mapsto \log_a(x)$ mit $0 < a < 1$

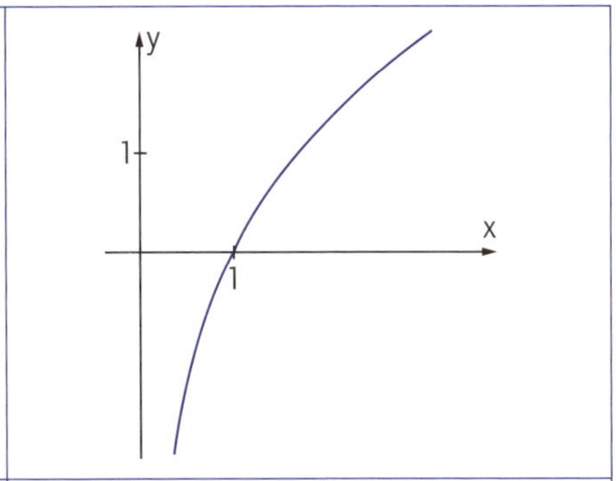

Graph von $x \mapsto \log_a(x)$ mit $a > 1$

In der Analysis verwendet man wegen der besonders einfachen Ableitungen (→ Seite 62) fast nur die natürliche Exponentialfunktion („e-Funktion") und den natürlichen Logarithmus, gelegentlich sind auch die Basen 2, $\frac{1}{2}$ oder 10 noch in Gebrauch, vor allem in Anwendungen aus den Naturwissenschaften.

CHECKLISTE

5 Transzendente Funktionen

Folgende Fragen sollten Sie nun mühelos beantworten können:

- **Wie sehen die Schaubilder der Funktionen f und g mit $f(x) = \sin(x)$ und $g(x) = \cos(x)$ aus?**
- **Welche Lösungen haben die Gleichungen $\sin(x) = 0$ und $\cos(x) = 0$?**
- **Wie bestimmt man alle Lösungen der Gleichungen $\sin(x) = a$ bzw. $\cos(x) = a$ (mit $a \in \mathbb{R}$ und $|a| < 1$)?**
- **Was versteht man unter einer Exponentialfunktion und welche Eigenschaften haben Exponentialfunktionen?**
- **Was versteht man unter einer Logarithmusfunktion und welche Eigenschaften haben Logarithmusfunktionen?**
- **Wie bestimmt man die Lösung der Gleichung $e^x = a$ (mit $a \in \mathbb{R}$)?**
- **Wie bestimmt man die Lösung der Gleichung $x^n = a$ (mit $a \in \mathbb{R}$ und $n \in \mathbb{Z}$)?**

6 Differenzialrechnung

Aufbauend auf den Vorarbeiten anderer haben unabhängig voneinander Gottfried Wilhelm Leibniz (1646 – 1716) und Isaac Newton (1643 – 1727) die Differenzial- und Integralrechnung entwickelt. Der Ausbau der modernen Naturwissenschaften, besonders der Physik, ist ohne Differenzial- und Integralrechnung nicht denkbar.

6.1 Die Ableitung

Die Ableitung einer Funktion ist ein Maß für die Stärke der momentanen Änderung.

Begriff der Ableitung

Ziel ist es, den Steigungsbegriff von Geraden auf Krummes zu übertragen. Schaut man sich den Graphen einer „vernünftigen" Funktion in der Nähe eines Punktes $P_0(x_0 | f(x_0))$ unter der Lupe an, so erscheint er bei starker Vergrößerung „fast gerade". Mit einem in P_0 angehefteten winzigen Steigungsdreieck ermittelt man einen ungefähren Wert für die Steigung im Punkt P_0. Bei fortwährender Verkleinerung des Steigungsdreiecks wird der Wert immer besser. Im Limes erhält man dann die **Steigung des Graphen** im Punkt P_0 oder, um es in Fachsprache auszudrücken, die **Ableitung von f an der Stelle x_0**. Wir präzisieren dies in der folgenden Definition.

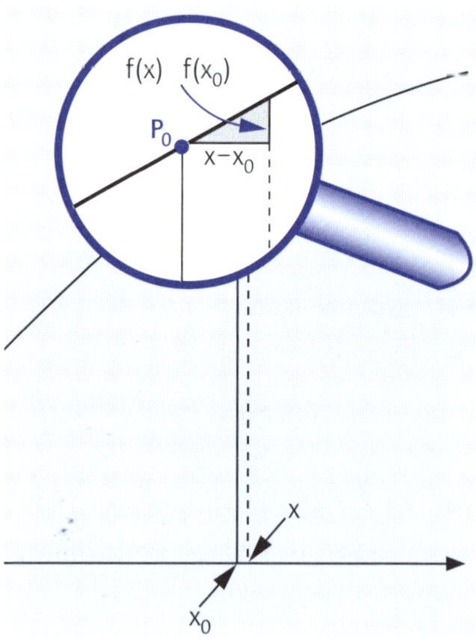

DEFINITION ▪ Ableitung

x_0 sei innerer Punkt oder Randpunkt eines Intervalls, das mit x_0 zum Definitionsbereich D_f der Funktion f gehört.

1. **Der Term $\frac{f(x) - f(x_0)}{x - x_0} = \frac{f(x_0 + h) - f(x_0)}{h}$ (mit $h = x - x_0$) heißt Differenzenquotient von f bezüglich x_0. Er ist definiert für alle $x \in D_f$, $x \neq x_0$, die nahe genug bei x_0 liegen ($h \neq 0$ liegt dann nahe 0) und bestimmt die Steigung einer Geraden durch die Punkte $P_0(x_0 | f(x_0))$ und $P(x | f(x))$, einer sogenannten Sekanten.**
2. **Falls der Limes des Differenzenquotienten für $x \to x_0$ ($h \to 0$) existiert, heißt f differenzierbar an der Stelle x_0, der Grenzwert selbst heißt Ableitung von f an der Stelle x_0 und wird mit $f'(x_0)$ bezeichnet:**
   $$f'(x_0) = \lim_{x \to x_0} \frac{f(x) - f(x_0)}{x - x_0} = \lim_{h \to 0} \frac{f(x_0 + h) - f(x_0)}{h}$$
   Anschaulich ist $f'(x_0)$ die Steigung der Tangenten an den Graphen von f in P_0.
3. **Alle Stellen, an denen f differenzierbar ist, werden zur Menge $D_{f'}$ zusammengefasst. Die Funktion $f': x \mapsto f'(x)$ für $x \in D_{f'}$ heißt Ableitung(sfunktion) von f.**

BEISPIEL 1 ▪ Man bestimme $f'(-2)$ für die Funktion $f(x) = x^3$ und stelle die Gleichung der Tangenten an den Graphen von f bei $x = -2$ auf.

Wir gehen vor wie auf Seite 46 ff. erwähnt. Der Zähler des Differenzenquotienten wird 0 für $x = -2$, also kann man $x + 2$ abspalten (Polynomdivision):

$$\frac{x^3 + 8}{x + 2} = \frac{(x + 2)(x^2 - 2x + 4)}{(x + 2)} = x^2 - 2x + 4 \to 12 \text{ für } x \to -2$$

Damit ist $f'(-2) = 12$.

Wenn man die lästige Polynomdivision vermeiden will, kann man auch die h-Variante verwenden. Der Preis besteht in der Anwendung der binomischen Formel $(a + b)^3 = a^3 + 3a^2b + 3ab^2 + b^3$:

$$\frac{(-2 + h)^3 + 8}{h} = \frac{-8 + 12h - 6h^2 + h^3 + 8}{h} = \frac{h(12 - 6h + h^2)}{h} = 12 - 6h + h^2$$

Und mit $h \to 0$ erhält man $f'(-2) = 12$.

Die Tangente im Kurvenpunkt $(-2 | f(-2))$ hat also die Steigung 12. Mit der Punkt-Steigungs-Formel von Seite 9 erhält man $y = 12(x - (-2)) - 8$, also $y = 12x + 16$ als Tangentengleichung.

Ableitungsregeln

Mithilfe der Definition auf Seite 61 kann man Regeln herleiten, die einem das Berechnen der Ableitung (das sogenannte Ableiten oder Differenzieren) erleichtern.

a) Ableitungen von Grundfunktionen

f(x)	D_f	f′(x)	$D_{f'}$	Bemerkung
c	$\mathbb{R}$	0	$\mathbb{R}$	$c \in \mathbb{R}$ konstant
x	$\mathbb{R}$	1	$\mathbb{R}$	
x^n	$\mathbb{R}$	$n x^{n-1}$	$\mathbb{R}$	$n \in \mathbb{Z},\ n > 0$
x^n	$\mathbb{R} \setminus \{0\}$	$n x^{n-1}$	$\mathbb{R} \setminus \{0\}$	$n \in \mathbb{Z},\ n < 0$
$\sqrt{x}$	$\mathbb{R}_0^+$	$\frac{1}{2\sqrt{x}}$	$\mathbb{R}^+$	
x^β	abhängig von β, mindestens $\mathbb{R}^+$	$\beta x^{\beta-1}$	abhängig von β, mindestens $\mathbb{R}^+$	$\beta \in \mathbb{R}$
$\lvert x \rvert$	$\mathbb{R}$	$\operatorname{sgn}(x)$	$\mathbb{R} \setminus \{0\}$	
$\sin(x)$	$\mathbb{R}$	$\cos(x)$	$\mathbb{R}$	
$\cos(x)$	$\mathbb{R}$	$-\sin(x)$	$\mathbb{R}$	
$\tan(x)$	$\mathbb{R} \setminus N_{\cos}$	$\frac{1}{\cos^2(x)}$	$\mathbb{R} \setminus N_{\cos}$	$\frac{1}{\cos^2(x)} = 1 + \tan^2(x)$
$\arcsin(x)$	$[-1, 1]$	$\frac{1}{\sqrt{1-x^2}}$	$]-1, 1[$	
$\arccos(x)$	$[-1, 1]$	$\frac{-1}{\sqrt{1-x^2}}$	$]-1, 1[$	
$\arctan(x)$	$\mathbb{R}$	$\frac{1}{1+x^2}$	$\mathbb{R}$	
e^x	$\mathbb{R}$	e^x	$\mathbb{R}$	
$\ln(x)$	$\mathbb{R}^+$	$\frac{1}{x}$	$\mathbb{R}^+$	
a^x	$\mathbb{R}$	$a^x \cdot \ln(a)$	$\mathbb{R}$	$a \in \mathbb{R}^+,\ a \neq 1$
$\log_a(x)$	$\mathbb{R}^+$	$\frac{1}{x \cdot \ln(a)}$	$\mathbb{R}^+$	$a \in \mathbb{R}^+,\ a \neq 1$

b) Allgemeine Ableitungsregeln

Die allgemeinen Ableitungsregeln beschreiben, wie sich das Differenzieren mit den Operationen auf Funktionen (→ Seite 33 ff.) verträgt.

MERKE

$c \in \mathbb{R}$ sei konstant; u, v seien für $x \in D$ differenzierbare Funktionen. Dann gelten für alle $x \in D$:

- **Faktorregel** $(c \cdot u)'(x) = c \cdot u'(x)$
  Ein konstanter Faktor bleibt beim Differenzieren erhalten.
- **Summenregel** $(u \pm v)'(x) = u'(x) \pm v'(x)$
  Eine Summe darf summandenweise differenziert werden.
- **Produktregel** $(u \cdot v)'(x) = u'(x) \cdot v(x) + u(x) \cdot v'(x)$
- **Quotientenregel** $\left(\frac{u}{v}\right)'(x) = \frac{u'(x) \cdot v(x) - u(x) \cdot v'(x)}{(v(x))^2}$ **$(v(x) \neq 0$ für $x \in D)$**

BEISPIEL 2 ▪ Die Faktorregel liefert z. B. für $f(x) = 2\cos(x)$, $g(x) = 3x^4$ die Ableitungen $f'(x) = -2\sin(x)$, $g'(x) = 3 \cdot 4x^3 = 12x^3$.

Polynome kann man nach der Summen- und Faktorregel differenzieren. Man erhält etwa für $h(x) = -2x^5 + 3x^2 - 4x - 7$ die Ableitung

$$h'(x) = -10x^4 + 6x - 4.$$

(Beim Differenzieren verschwindet der konstante Summand −7 gemäß Summenregel und der ersten Regel in a). Konstante Faktoren bleiben dagegen erhalten.)

BEISPIEL 3 ▪ Sind beide Faktoren von x abhängig, so ist die Produktregel anzuwenden. Bei $f(x) = \sqrt{x} \cdot \sin(x)$ etwa rechnet man so $(x > 0)$:

$u(x) = \sqrt{x}$ ⟷ $u'(x) = \frac{1}{2\sqrt{x}}$

$v(x) = \sin(x)$ ⟷ $v'(x) = \cos(x)$

$$f'(x) = \frac{\sin(x)}{2\sqrt{x}} + \sqrt{x} \cdot \cos(x)$$

BEISPIEL 4 ▪ Ein Beispiel für die Quotientenregel ist $f(x) = \frac{e^x}{x^2 + 1}$
Man achte im Zähler auf die richtige Reihenfolge der Summanden.

$u(x) = e^x$ ⟷ $u'(x) = e^x$

$v(x) = x^2 + 1$ ⟷ $v'(x) = 2x$

$$f'(x) = \frac{e^x(x^2 + 1) - e^x \cdot 2x}{(x^2 + 1)^2} = \frac{e^x(x - 1)^2}{(x^2 + 1)^2}$$

BEISPIEL 5 ▪ Hier könnte man auch nach der Quotientenregel differenzieren. Es ist aber geschickter, den Funktionsterm erst umzuformen:

$$f(x) = \frac{2x^3 - 4}{x^2} = 2x - 4x^{-2}, \quad f'(x) = 2 + 8x^{-3} = 2 \cdot \frac{x^3 + 4}{x^3} \quad (x \neq 0)$$

INSIDER-TIPP

Oft erleichtert das vorherige Umformen des Funktionsterms das Berechnen der Ableitung.

Auch für die Verkettung von Funktionen existiert eine Ableitungsregel, die nicht ganz einfach zu verstehende sogenannte Kettenregel:

MERKE ▪ Kettenregel

Die Verkettung $u \circ v$ der differenzierbaren Funktionen u, v sei definiert. Dann ist auch $u \circ v$ differenzierbar, und es gilt:
$(u \circ v)'(x) = u'(v(x)) \cdot v'(x)$

u ist hier die äußere, v die innere Funktion *(→ Seite 34)*. Man differenziert also zunächst die äußere Funktion: $u'(\ldots)$ und setzt die innere ein: $u'(v(x))$; dann multipliziert man mit der Ableitung der inneren Funktion (auch als **Nachdifferenzieren** bezeichnet): $u'(v(x)) \cdot v'(x)$

BEISPIEL 6 ▪ $f(x) = \sqrt{16 - x^2}$ soll differenziert werden.
Für die innere Funktion $v(x)$ führt man geschickterweise eine neue Variable t ein: $f(x) = u(t)$ mit $u(t) = \sqrt{t}$ und $t = v(x) = 16 - x^2$
(Probe: Substituiert man t in $u(t)$ durch $v(x)$, erhält man $f(x)$.)
$u'(t) = \frac{1}{2\sqrt{t}}$; innere Funktion einsetzen: $u'(v(x)) = \frac{1}{2\sqrt{16 - x^2}}$
$v'(x) = -2x$; nachdifferenzieren: $u'(v(x)) \cdot v'(x) = \frac{1}{2\sqrt{16 - x^2}} \cdot (-2x)$
Damit gilt: $f'(x) = -\frac{x}{\sqrt{16 - x^2}}$ $(-4 < x < 4)$

INSIDER-TIPP

Nicht ganz korrekt (aber einprägsam) formuliert man:
Ableitung einer Verkettung = Ableitung der äußeren mal Ableitung der inneren Funktion

Weitere Beispiele zur Kettenregel folgen im nächsten Abschnitt.

Die Kettenregel im Leibniz'schen Kalkül

Leibniz schrieb für die Ableitung einer Funktion $y = f(x)$ noch $\frac{dy}{dx} = f'(x)$ (lies: „dy nach dx") und nannte die Symbole dx, dy **Differenziale**. Statt Ableitung sprach er vom **Differenzialquotienten**. Dabei stehen Differenziale für etwas vom Betrage her unendlich Kleines, was dennoch nicht 0 ist. Der Differenzialquotient würde damit zu einem „unendlich kleinen" Steigungsdreieck mit dx als waagerechter und dy als senkrechter Kathete gehören (→ Figur auf Seite 60).
In späterer Zeit wurde, da unendlich kleine Größen wie dx, dy in $\mathbb{R}$ nicht existieren, die Leibniz'sche Auffassung verworfen, man führte die Ableitung als Grenzwert des Differenzenquotienten ein. Geblieben ist die Schreibweise als Differenzialquotient, aber eben als **rein formale Schreibweise**. So werden auch wir im Folgenden Differenzialquotienten verwenden, ohne dass wir in ihnen wirkliche Quotienten sähen. (Erst in jüngerer Zeit kehrten die Differenziale im Rahmen der sogenannten **Non-Standard-Analysis** $^*\mathbb{R}$ wieder in die Mathematik zurück. In der **klassischen Analysis** $\mathbb{R}$ bleiben sie undefiniert.)

BEISPIEL 7 ▪ Für $y = 2x^3 - x^2 + 3x - 9$ bekommt man $\frac{dy}{dx} = 6x^2 - 2x + 3$.
Wenn man die unabhängige Variable t, die abhängige z nennt, dann schreibt man etwa bei $z = \sin(t) \cdot \cos(t)$ nach der Produktregel:

$$\frac{dz}{dt} = \cos(t) \cdot \cos(t) + \sin(t) \cdot (-\sin(t)) = \cos^2(t) - \sin^2(t)$$

Außer einer anderen Schreibweise für Ableitungen bieten die Differenzialquotienten zunächst nichts Neues. Erst bei der Formulierung der Kettenregel erweisen sie ihre Nützlichkeit.
Wir gehen von differenzierbaren Funktionen u, v aus, deren Verkettung $f = u \circ v$ definiert ist:

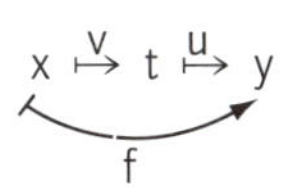

Bei f ist x die unabhängige, y die abhängige Variable: $f'(x) = \frac{dy}{dx}$

Bei u ist t die unabhängige, y die abhängige Variable: $u'(t) = \frac{dy}{dt}$

Bei v ist x die unabhängige, t die abhängige Variable: $v'(x) = \frac{dt}{dx}$

Die Ableitung von f erhält man gemäß Kettenregel als „Ableitung der äußeren mal Ableitung der inneren Funktion", also

$$\frac{dy}{dx} = \frac{dy}{dt} \cdot \frac{dt}{dx}$$ **(Kettenregel im Leibniz-Kalkül).**

(Hierbei wird in der Schreibweise unterdrückt, dass man beim ersten Faktor für t noch v(x) einsetzen muss.)
Wären Differenzialquotienten echte Quotienten, so würde es sich hier um nichts anderes als das Kürzen von Brüchen handeln. Und über diese Analogie mit echten Zahlenbrüchen kann man sich die Kettenregel leicht merken. Wie man sie anwendet, zeigen folgende Beispiele.

BEISPIEL 8 ▪ Man bestimme die Ableitung von
$f(x) = \ln(x^2 - 1) \quad (|x| > 1)$.

Wir schreiben $y = \ln(x^2 - 1)$ und führen für die innere Funktion („was lästig ist") eine neue Variable t ein: $t = x^2 - 1$.

$y = \ln(t)$ mit $t = x^2 - 1$

$\frac{dy}{dt} = \frac{1}{t}, \ \frac{dt}{dx} = 2x; \ \frac{dy}{dx} = \frac{dy}{dt} \cdot \frac{dt}{dx} = \frac{1}{t} \cdot 2x = \frac{1}{x^2 - 1} \cdot 2x = \frac{2x}{x^2 - 1},$ also $f'(x) = \frac{2x}{x^2 - 1}$

BEISPIEL 9 ▪ Man bestimme die Ableitung von $f(x) = e^{\sin(x)}$

$y = e^t$ mit $t = \sin(x)$

$\frac{dy}{dt} = e^t, \ \frac{dt}{dx} = \cos(x)$

$\frac{dy}{dx} = \frac{dy}{dt} \cdot \frac{dt}{dx} = e^t \cdot \cos(x) = e^{\sin(x)} \cdot \cos(x),$ also $f'(x) = e^{\sin(x)} \cdot \cos(x)$

6.2 Monotonie

DEFINITION ▪ Monotonie

Ist f(x) in einem Intervall I desto größer (bzw. kleiner), je größer x ist, dann heißt f streng monoton wachsend (bzw. fallend) in I.

Über das Monotonieverhalten in Intervallen gilt der folgende Satz:

SATZ ▪ Monotoniesatz

f sei im Intervall I stetig und im Innern von I differenzierbar.
Ist $f'(x) > 0$ (bzw. $f'(x) < 0$) im Innern von I, so ist f in I streng monoton wachsend (bzw. streng monoton fallend).

Ob f′ auch an den Randpunkten von I existiert und welchen Wert es gegebenenfalls hat, ist unerheblich.

BEISPIEL 10 ▪ **Wir betrachten** $g(x) = \frac{1}{20}x^5 + \frac{1}{16}x^4 - \frac{7}{12}x^3 - \frac{1}{8}x^2 + \frac{3}{2}x.$

Es ist $g'(x) = \frac{1}{4}(x^4 + x^3 - 7x^2 - x + 6) = \frac{1}{4}\cdot(x+3)(x+1)(x-1)(x-2).$

In der folgenden nicht maßstäblichen Skizze beschreiben wir das Monotonieverhalten von g (zur Herleitung → Beispiel 2, Seite 40).

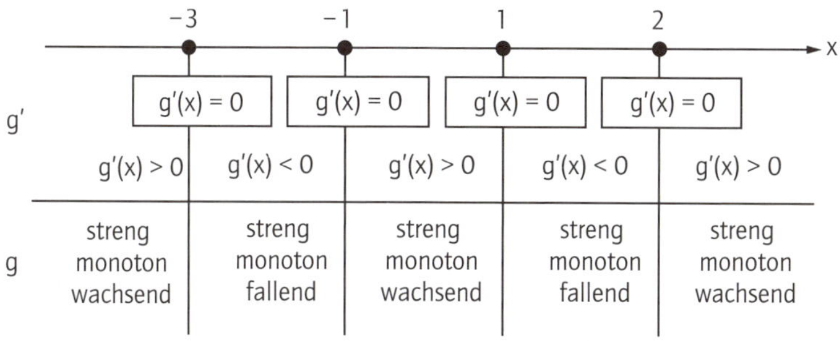

Die Graphen zeigen den Zusammenhang zwischen dem Vorzeichen von g' und dem Monotonieverhalten von g:

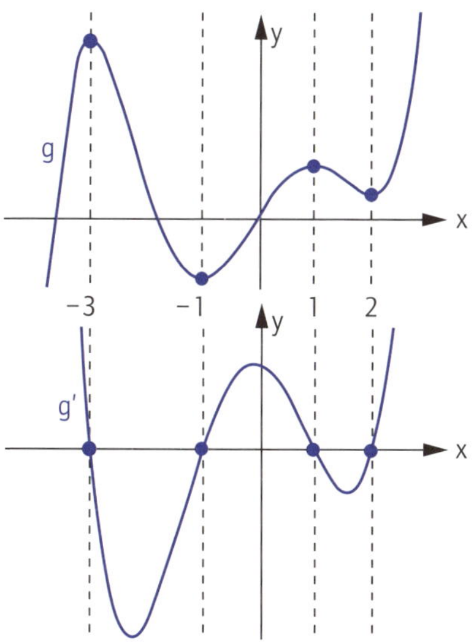

DEFINITION ▪ **Lokales Extremum**

Ist $f(x_0)$ der größte (bzw. kleinste) Wert von f in einem gewissen Intervall, das x_0 als inneren Punkt enthält, so sagt man, hat f bei x_0 ein lokales Maximum (Minimum), der Graph von f einen Hochpunkt (Tiefpunkt).

Lokale Minima und Maxima bezeichnet man zusammen als **lokale Extrema**, die Stelle x_0 als **Extremstelle**; $f(x_0)$ ist dann der Wert des Extremums. Ist f differenzierbar, so hat man die folgende Bedingung:

> MERKE ▪ Notwendige Bedingung für ein lokales Extremum
> **Der Definitionsbereich von f enthalte ein Intervall I, das x_0 als inneren Punkt enthält.**
> **Ist f differenzierbar in I und besitzt f bei x_0 ein lokales Extremum, so ist $f'(x_0) = 0$.**

Die Funktion g aus Beispiel 10 besitzt bei −3 und 1 lokale Maxima und bei −1 und 2 lokale Minima. Bei all diesen Stellen hat der Graph die Steigung 0. Das folgende Beispiel zeigt aber, dass man aus $f'(x_0) = 0$ nicht notwendigerweise auf ein lokales Extremum bei x_0 schließen kann.

BEISPIEL 11 ▪ **$f(x) = x^3$ hat die Ableitung $f'(x) = 3x^2$, und es ist $f'(0) = 0$.**
Dennoch hat der Graph von f bei 0 keinen Hoch- oder Tiefpunkt (→ Grafik Seite 28).

Offenbar kommt es auf das Monotonieverhalten links und rechts der Stelle x_0 an. Das sagt auch die folgende

> MERKE ▪ Hinreichende Bedingung für ein lokales Extremum (1)
> **Der Definitionsbereich von f enthalte ein Intervall I, das x_0 als inneren Punkt enthält. f sei in ganz I stetig und außer eventuell bei x_0 differenzierbar.**
> **Hat f' bei x_0 von links nach rechts gesehen einen Vorzeichenwechsel $+|-$ (bzw. $-|+$), so hat f bei x_0 ein lokales Maximum (bzw. Minimum).**

Ist $f'(x_0) = 0$ und zeigt f' bei x_0 das Vorzeichenverhalten $+|+$ bzw. $-|-$, so nennt man den Punkt $(x_0 | f(x_0))$ einen **Sattelpunkt** (auch **Terrassenpunkt**). Man mache sich diese hinreichende Bedingung am Beispiel 10 klar. In Beispiel 11 hat f' bei 0 das Vorzeichenverhalten $+|+$, der Graph also den Sattelpunkt $(0|0)$.

BEISPIEL 12 ▪ $f(x) = |x|$ hat für $x \neq 0$ als Ableitung $f'(x) = \operatorname{sgn}(x)$, bei $x = 0$ ist f nicht differenzierbar.
Da f′ bei 0 den Vorzeichenwechsel $-|+$ aufweist, hat der Graph von f bei 0 einen Tiefpunkt (→ Seite 33, rechts oben).
Ein weiteres Kriterium verwendet die zweite Ableitung f″. Dies ist die Ableitung der (ersten) Ableitung:

$$f'' = (f')'.$$

Entsprechend definiert man höhere Ableitungen:

$$f''' = (f'')', \quad f^{(4)} = (f''')', \quad f^{(5)} = (f^{(4)})', \ldots$$

f selbst nennt man die 0-te Ableitung: $f^{(0)} = f$.

MERKE ▪ Hinreichende Bedingung für ein lokales Extremum (2)
Der Definitionsbereich von f enthalte ein Intervall I, das x_0 als inneren Punkt enthält. f sei in I zweimal differenzierbar.
Ist $f'(x_0) = 0$ und $f''(x_0) > 0$ (bzw. < 0), so hat f bei x_0 ein lokales Minimum (bzw. Maximum).

BEISPIEL 13 ▪ (Fortführung von Beispiel 10)
In Beispiel 10 gilt:
$g''(x) = \frac{1}{4}(4x^3 + 3x^2 - 14x - 1)$. Es war $g'(2) = 0$, und man rechnet
$g''(2) = \frac{15}{4} > 0$.
Also besitzt der Graph von g den Tiefpunkt $\left(2 \mid g(2)\right) = \left(2 \,\middle|\, \frac{13}{30}\right)$.

Die Kriterien (1) und (2) sind hinreichend, aber **nicht notwendig**. Bei (2) nehme man $f(x) = x^4$ als Gegenbeispiel. Der Graph hat den Tiefpunkt $(0|0)$, obwohl $f''(0) = 0$ ist.
Gegenbeispiele zur Nichtnotwendigkeit in (1) sind ziemlich pathologisch. Man konsultiere das Schulbuch oder die Fachliteratur.

6.3 Krümmung

Die erste Ableitung f′ beschreibt das Änderungsverhalten von f. Entsprechend beschreibt die zweite Ableitung f″ das Änderungsverhalten von f′. Am Graphen von f spiegelt sich dies als Krümmungsverhalten wider.

DEFINITION ▪ Krümmung und Wendepunkt

f sei eine differenzierbare Funktion. Ist f′ im Innern des Intervalls I streng monoton wachsend (bzw. streng monoton fallend), so heißt der Graph von f linksgekrümmt oder konvex (bzw. rechtsgekrümmt oder konkav) über I. Eine Stelle, an der sich das Krümmungsverhalten ändert, heißt Wendestelle der Funktion, der zugehörige Punkt des Graphen von f Wendepunkt.

Da Krümmung über die Monotonie von f′ definiert ist, kann man die Sätze aus dem vorherigen Teilkapitel übernehmen, wenn man sie auf f′ statt f anwendet.

SATZ ▪ Krümmungsverhalten

f sei im Innern des Intervalls I zweimal differenzierbar, f′ existiere in ganz I und sei stetig. Ist $f''(x) > 0$ (bzw. $f''(x) < 0$) im Innern von I, so ist der Graph von f über I linksgekrümmt (bzw. rechtsgekrümmt).

MERKE ▪ Notwendige Bedingung für eine Wendestelle

Der Definitionsbereich von f enthalte ein Intervall I, das x_0 als inneren Punkt enthält. Ist f zweimal differenzierbar in I und besitzt f bei x_0 eine Wendestelle, so ist $f''(x_0) = 0$.

MERKE ▪ Hinreichende Bedingung für eine Wendestelle (1)

Der Definitionsbereich von f enthalte ein Intervall I, das x_0 als inneren Punkt enthält. f′ existiere in ganz I und sei stetig. Ferner sei f in I außer eventuell bei x_0 zweimal differenzierbar.
Hat f″ bei x_0 einen Vorzeichenwechsel, so hat f bei x_0 eine Wendestelle.

Hinreichende Bedingung für eine Wendestelle (2)

Der Definitionsbereich von f enthalte ein Intervall I, das x_0 als inneren Punkt enthält. f sei in I dreimal differenzierbar.
Ist $f''(x_0) = 0$ und $f'''(x_0) \neq 0$, so ist x_0 Wendestelle von f.

BEISPIEL 14 ▪ Es sei $f(x) = \frac{1}{\sqrt{1+x^2}} = (1+x^2)^{-\frac{1}{2}}$, also

$f'(x) = -x(1+x^2)^{-\frac{3}{2}}$ und

$$f''(x) = -(1+x^2)^{-\frac{3}{2}} + 3x^2 \cdot (1+x^2)^{-\frac{5}{2}} = \frac{-(1+x^2)+3x^2}{(1+x^2)^{\frac{5}{2}}} = \frac{2x^2-1}{(1+x^2)^{\frac{5}{2}}}$$

Zur Berechnung von f′ braucht man die Kettenregel und zu der von f″ Produkt- und Kettenregel. f″ wird 0 nur bei $\pm\sqrt{0{,}5}$ (Zähler null setzen).

Wie auf → Seite 40, Beispiel 2 bestimmen wir das Vorzeichen in den Teilintervallen.

Aus $f''(-1) = f''(1) > 0$ und $f''(0) < 0$ (Vorzeichen des Zählers entscheidet, der Nenner ist positiv) folgt:

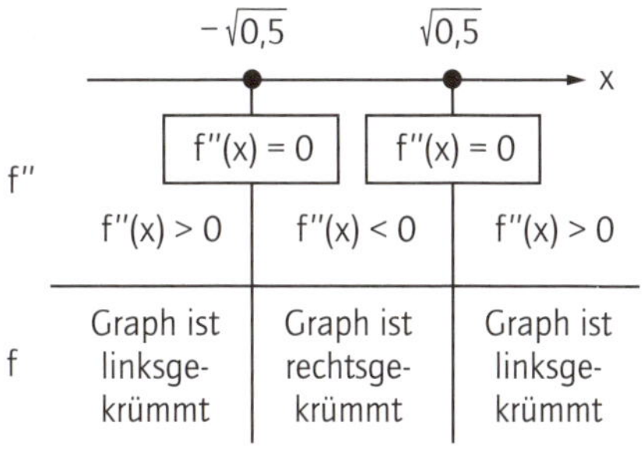

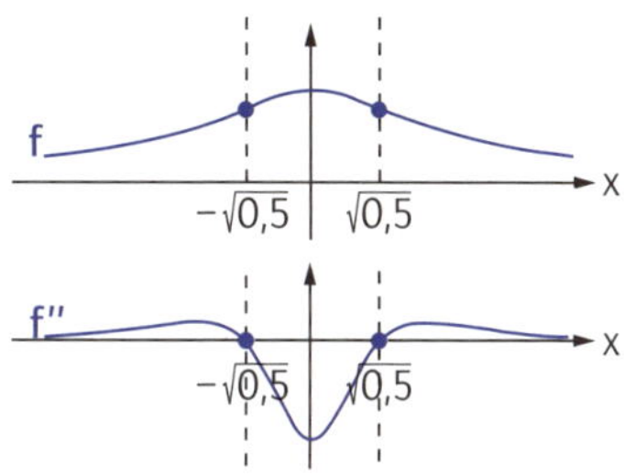

Da f″ an seinen Nullstellen das Vorzeichen ändert, sind diese Wendestellen und $\left(\pm\sqrt{\frac{1}{2}} \,\middle|\, \sqrt{\frac{2}{3}}\right)$ Wendepunkte. Wegen $f(-x) = f(x)$ und $f''(-x) = f''(x)$ sind die Graphen symmetrisch zur y-Achse.

6.4 Die Ableitung der Umkehrfunktion

Eine Funktion ist umkehrbar, wenn jeder Funktionswert nur einmal angenommen wird. Die Umkehr**funktion** von f wird mit f^{-1} bezeichnet (man unterscheide das von der Hochzahl −1 bei einer **Variablen**: $x^{-1} = \frac{1}{x}$). Wenn f aus der Eingabe x die Ausgabe y berechnet: $y = f(x)$, so gibt f^{-1}, auf y angewandt, x zurück: $x = f^{-1}(y)$, ebenso umgekehrt. Ein- und Ausgaben tauschen also ihre Rollen, insbesondere ist $D_{f^{-1}} = W_f$, $W_{f^{-1}} = D_f$. Den Graphen von f^{-1} erhält man aus dem von f durch Spiegelung an der Winkelhalbierenden des I. und III. Quadranten. Wir hatten das schon bei den Wurzel-, Arcus- und Logarithmusfunktionen so gemacht. Es ist plausibel, dass aus der Differenzierbarkeit von f die von f^{-1} folgt (bei der Spiegelung der Graphen werden auch die Tangenten an den Graphen gespiegelt). Ausnahmen sind die Stellen, bei denen $f'(x) = 0$ ist: Aus einer waagerechten Tangente beim Graphen von f wird eine senkrechte (unendliche Steigung) beim Graphen von f^{-1}. Die Verkettung $f^{-1} \circ f$ ist die Identität $\mathrm{id}(x) = x$:

Wegen $id'(x) = 1$ folgt aus der Kettenregel der folgende Satz:

SATZ ▪ Ableitungen von Funktion und Umkehrfunktion

f sei im Intervall I differenzierbar und streng monoton wachsend bzw. streng monoton fallend.

Dann ist f umkehrbar, und es gilt für alle $x \in I$ mit $f'(x) \neq 0$:

$$(f^{-1})'(y) \cdot f'(x) = 1,$$

wobei x, y durch $y = f(x)$ oder gleichbedeutend $x = f^{-1}(y)$ aneinander gebunden sind.

(Die Monotoniebedingung garantiert die Umkehrbarkeit von f.)

BEISPIEL 15 ▪ Wir greifen das Beispiel 10 von Seite 67 wieder auf. g war in $[-3, -1]$ streng monoton fallend, ist dort also umkehrbar. Die Werte von g über $[-3, -1]$ liegen zwischen den Ordinaten von Tief- und Hochpunkt, also in $\left[-\frac{247}{240}, \frac{243}{80}\right]$. Wir schränken g entsprechend ein:

$$y = g(x) = \frac{1}{20}x^5 + \frac{1}{16}x^4 - \frac{7}{12}x^3 - \frac{1}{8}x^2 + \frac{3}{2}x$$

mit $D_g = [-3, -1]$, $W_g = \left[-\frac{247}{240}, \frac{243}{80}\right]$

Es existiert jetzt die Umkehrfunktion $x = g^{-1}(y)$ mit $D_{g^{-1}} = \left[-\frac{247}{240}, \frac{243}{80}\right]$, $W_{g^{-1}} = [-3, -1]$

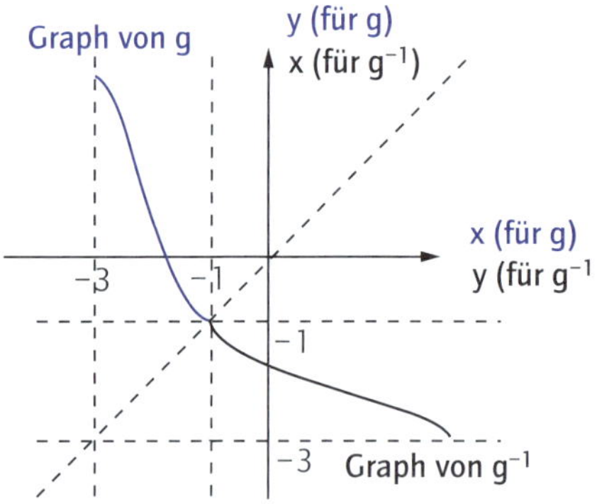

$g^{-1}(y)$ kann nicht durch algebraische Umformungen bestimmt werden. Den Graphen bekommt man dennoch leicht durch Spiegeln.

(Es irritiert vielleicht, dass bei g^{-1} die Eingaben y und die Ausgaben x heißen: y ist auf der Abszissen- und x auf der Ordinatenachse abzutragen. Das ist ungewöhnlich, aber korrekt. Man sollte halt doch nicht, wie wir es meist getan haben, „x-Achse" und „y-Achse" sagen! Vielfach werden, um den Anschluss an das Gewohnte zu bekommen, die Variablen umbenannt ($x \leftrightarrow y$). Nach getaner Arbeit darf man dies tun, aber nicht, solange man mit g und g^{-1} im selben Kontext, z. B. mit der Gleichung des Satzes „Ableitungen von Funktion und Umkehrfunktion", siehe oben, arbeitet.)

Es ist $g'(x) = \frac{1}{4}(x^4 + x^3 - 7x^2 - x + 6)$, also z. B. $g'(-2) = -3$.
Zu $x = -2$ korrespondiert $y = g(-2) = \frac{17}{30}$.

Es gilt daher:

$$(g^{-1})'\left(\frac{17}{30}\right)\cdot g'(-2) = 1 \;\Leftrightarrow\; (g^{-1})'\left(\frac{17}{30}\right) = \frac{1}{g'(-2)} \;\Leftrightarrow\; (g^{-1})'\left(\frac{17}{30}\right) = -\frac{1}{3}$$

Im Leibniz'schen Kalkül schreibt sich der Satz über die Ableitungen von Funktion und Umkehrfunktion besonders elegant:

$$\frac{dx}{dy}\cdot\frac{dy}{dx} = 1 \quad \left(\frac{dy}{dx} = f'(x),\; \frac{dx}{dy} = (f^{-1})'(y)\right)$$

BEISPIEL 16 ▪ Wir bestimmen die Ableitung des Arcussinus.

Dieser ist die Umkehrfunktion des Sinus bezüglich $\left[-\frac{\pi}{2}, \frac{\pi}{2}\right]$:

$y = \sin(x)$ mit $D_{sin} = \left[-\frac{\pi}{2}, \frac{\pi}{2}\right]$ $W_{sin} = [-1, 1]$

$x = \arcsin(y)$ mit $D_{arcsin} = [-1, 1]$, $W_{arcsin} = \left[-\frac{\pi}{2}, \frac{\pi}{2}\right]$

Für $x \in \left]-\frac{\pi}{2}, \frac{\pi}{2}\right[$ ist $y \in \left]-1, 1\right[$ und $\frac{dy}{dx} = \cos(x) > 0$, also gilt:

$$\frac{dx}{dy}\cdot\frac{dy}{dx} = 1 \;\Leftrightarrow\; \frac{dx}{dy}\cdot\cos(x) = 1$$

$$\Leftrightarrow\; \frac{dx}{dy}\cdot\sqrt{1-\sin^2(x)} = 1 \qquad \text{trigonometrischer Pythagoras}$$

$$\Leftrightarrow\; \frac{dx}{dy}\cdot\sqrt{1-y^2} = 1 \;\Leftrightarrow\; \frac{dx}{dy} = \frac{1}{\sqrt{1-y^2}}$$

Die Arbeit ist getan, jetzt benennen wir um und stellen fest:

$f(x) = \arcsin x$ hat die Ableitung $f'(x) = \frac{1}{\sqrt{1-x^2}}$ $(-1 < x < 1)$

6.5 Das Newton-Verfahren

Nullstellen allein durch algebraische Umformungen zu bestimmen, ist, von einfachen Fällen abgesehen, nicht möglich. Ein gutes Mittel zur Nullstellenbestimmung ist das

MERKE ▪ Newton-Verfahren

f sei in $I = [a, b]$ zweimal differenzierbar und für alle $x \in I$ gelte entweder $f''(x) > 0$ oder $f''(x) < 0$. Haben f(a) und f(b) unterschiedliche Vorzeichen, so besitzt f in I genau eine Nullstelle. Man erhält diese als Grenzwert der Folge $x_0, x_1, x_2, \ldots$ mit $x_{k+1} = x_k - \frac{f(x_k)}{f'(x_k)}$ für $k \geq 0$

Für den (ansonsten beliebigen) Startwert $x_0 \in I$ ist $\operatorname{sgn}(f''(x_0)) = \operatorname{sgn}(f(x_0))$ vorauszusetzen.

BEISPIEL 17 ▪ **Wir bestimmen die Nullstellen von $f(x) = e^x + x$.**

$f(-1) \approx -0{,}6$ und $f(0) = 1$ zeigen, dass in $I = [-1; 0]$ eine Nullstelle liegt (Zwischenwertsatz).

Für alle $x \in \mathbb{R}$ ist $f'(x) = e^x + 1 > 0$ (denn $e^x > 0$), also ist f in ganz $\mathbb{R}$ streng monoton wachsend (Monotoniesatz).

Es gibt daher genau eine Nullstelle, und zwar in I.

Wegen $f''(x) = e^x > 0$ sind alle Voraussetzungen des Satzes erfüllt.

$x_0 = 0$ ist ein erlaubter Startwert (Signumbedingung, oben) und man berechnet mit

$$x_{k+1} = x_k - \frac{e^{x_k} + x_k}{e^{x_k} + 1}$$

$x_1 = -0{,}5$; $x_2 = -0{,}5663\ldots$, $x_3 = -0{,}5671\ldots$; $x_4 = -0{,}5671\ldots$ usw.

$-0{,}5671\ldots$ ist damit die einzige Nullstelle von f.

CHECKLISTE

6 Differenzialrechnung

Folgende Fragen sollten Sie nun mühelos beantworten können:

- **Welche Bedeutung hat die erste Ableitung einer Funktion?**
- **Wie lauten die Ableitungen der „geläufigsten" Funktionen?**
- **Wie lautet die Kettenregel der Ableitung und wann muss man sie anwenden?**
- **Wie lautet die Produktregel der Ableitung und wann muss man sie anwenden?**
- **Wie lautet die Quotientenregel der Ableitung und wann muss man sie anwenden?**
- **Wie bestimmt man das Monotonieverhalten einer Funktion f?**
- **Wie berechnet man ein lokales Extremum einer Funktion?**
- **Wie kann man das Krümmungsverhalten einer Funktion bestimmen?**
- **Wie untersucht man eine Funktion auf Wendepunkte?**
- **Wie kann man mithilfe des Newton-Verfahrens die Nullstellen einer Funktion bestimmen?**

7 Integralrechnung

Mit der Integralrechnung bestimmt man Inhalte von krummlinig Begrenztem, z. B. Flächeninhalte oder Rauminhalte.

7.1 Das bestimmte Integral

Wir betrachten endliche Flächen, die durch einfache Kurvenstücke (wie z. B. Graphen differenzierbarer Funktionen) begrenzt werden, und gehen davon aus, dass diesen ein Flächeninhalt ≥ 0 zukommt. Zerfällt eine Fläche in sich nicht überlappende Teilflächen, so erhält man ihren Inhalt als Summe der Inhalte der Teilflächen. Kurven sehen wir als entartete Flächen mit Flächeninhalt 0 an.

Begriff des bestimmten Integrals

Wir geben eine anschauliche, allerdings nicht ganz präzise Definition des bestimmten Integrals.

> DEFINITION ▪ **Bestimmtes Integral**
>
> **f sei im Intervall $I = [a, b]$ stetig. Der Graph von f, die Abszissenachse und die vertikalen Geraden bei $x = a$ und $x = b$ begrenzen eine Fläche A. Dann definiert man das bestimmte Integral über $f(x)\,dx$ in den Grenzen von a (untere Grenze) bis b (obere Grenze) durch**
>
> $$\int_a^b f(x)\,dx = \begin{cases} \text{Summe der Inhalte aller Flächenstücke von A,} \\ \text{die oberhalb der Abszissenachse liegenden positiv,} \\ \text{die unterhalb der Abszissenachse liegenden negativ gerechnet} \end{cases}$$
>
> **Man setzt noch $\int_a^a f(x)\,dx = 0$ und für $a > b$: $\int_a^b f(x)\,dx = -\int_b^a f(x)\,dx$**

f könnte in I unendlich viele Nullstellen haben, sodass in der Definition eine Summe mit unendlich vielen Summanden aufträte (unendliche Reihe). Wir werden diesen Fall außer Acht lassen.

In $f(x)\,dx$ ist dx ein **Leibniz'sches Differenzial**. Es wird wie ein Faktor hinter f(x), dem sogenannten **Integranden**, behandelt und hat zunächst keine tiefere Bedeutung, als die unabhängige Variable von f (die **Integrationsvariable**) anzugeben. Erst im Zusammenhang mit der Substitutionsregel (→ Seite 82 f.) erweist sich seine Nützlichkeit.

BEISPIEL 1 ▪ $\int_{-2}^{1} x\,dx = -\frac{3}{2}$

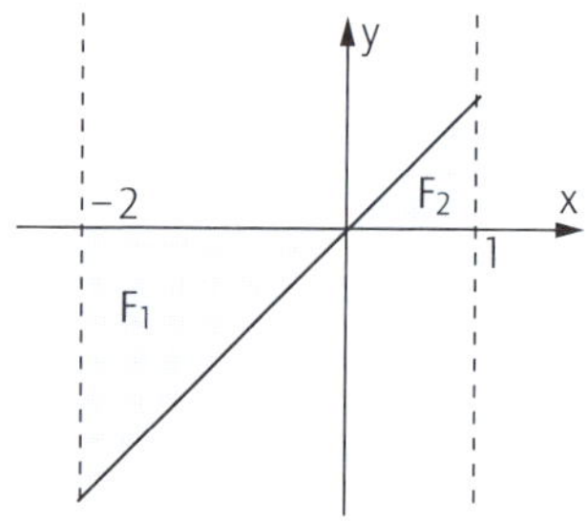

Die in der Definition genannte Fläche A setzt sich aus zwei Dreiecken zusammen mit den Inhalten

$F_1 = \frac{1}{2}\cdot 2 \cdot 2 = 2,\ F_2 = \frac{1}{2}\cdot 1 \cdot 1 = \frac{1}{2}.$

Der Wert des Integrals ist daher

$-F_1 + F_2 = -2 + \frac{1}{2} = -\frac{3}{2}$

BEISPIEL 2 ▪ $\int_{a}^{b} c\,dx = c\cdot(b-a)$

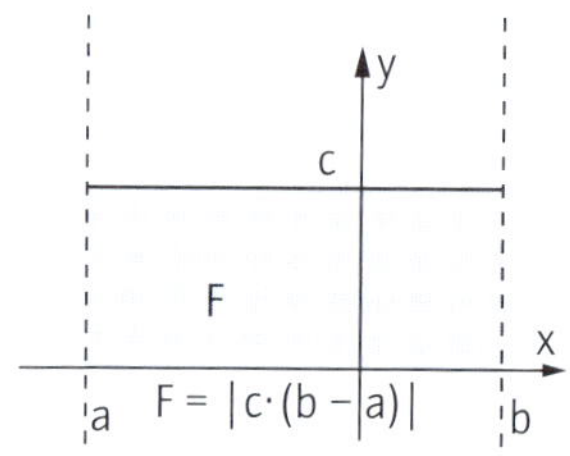

Das Differenzial gibt x als Integrationsvariable an, c ist daher eine Konstante. Hier ist nur eine Rechtecksfläche zu berechnen. Man überlege sich, warum die Formel auch für $c \le 0$ oder $a \ge b$ richtig ist.

BEISPIEL 3 ▪ $\int_{-\pi}^{\pi} \sin(x)\,dx = 0$

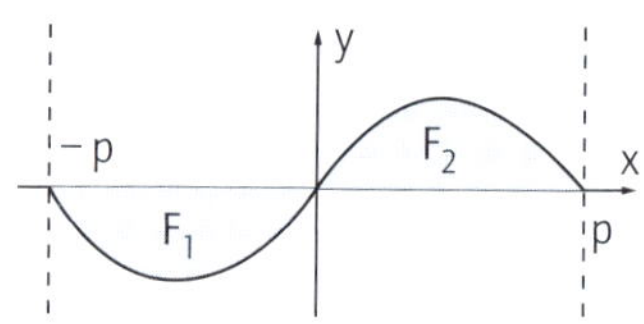

Aus der Symmetrie des Sinusgraphen folgt die Kongruenz der Teilflächen, sodass $F_1 = F_2$ gilt. Ohne diesen Wert zu kennen, berechnet man den Wert des Integrals als $-F_1 + F_2 = 0$

Die Beispiele sind nicht typisch, sie dienen nur dazu, sich mit dem Integralbegriff vertraut zu machen. Es sollen ja nicht Integrale mittels Flächen, sondern Flächen mittels Integralen berechnet werden.

Regeln für das bestimmte Integral

Bei den folgenden Regeln sind f, g stetige Funktionen, die auf den vorkommenden Intervallen definiert seien, $\lambda \in \mathbb{R}$ ist eine Konstante.

a) Intervall-Additivität

$$\int_a^c f(x)\,dx + \int_c^b f(x)\,dx = \int_a^b f(x)\,dx$$

Die Regel gilt bei jeder Lage von a, b, c auf dem Zahlenstrahl.

BEISPIEL 4 ▪ (vgl. Beispiel 1)

$$\int_{-2}^{1} x\,dx = \int_{-2}^{0} x\,dx + \int_{0}^{1} x\,dx = -2 + \frac{1}{2} = -\frac{3}{2}$$

b) Linearität

- Ein konstanter Faktor darf vor das Integral gezogen werden.
  $$\int_{a}^{b} \lambda \cdot f(x)\,dx = \lambda \cdot \int_{a}^{b} f(x)\,dx$$
- Eine Summe (Differenz) darf gliedweise integriert werden.
  $$\int_{a}^{b} \big(f(x) \pm g(x)\big)\,dx = \int_{a}^{b} f(x)\,dx \pm \int_{a}^{b} g(x)\,dx$$

BEISPIEL 5 ▪ (vgl. Beispiele 2 und 3)

$$\int_{-\pi}^{\pi} \big(5 + 2\sin(x)\big)\,dx = \int_{-\pi}^{\pi} 5\,dx + \int_{-\pi}^{\pi} 2\sin(x)\,dx = \int_{-\pi}^{\pi} 5\,dx + 2\int_{-\pi}^{\pi} \sin(x)\,dx$$
$$= 5\cdot\big(\pi - (-\pi)\big) + 2\cdot 0 = 10\pi$$

c) Monotonie

Ist $a < b$ und $f(x) \le g(x)$ für $x \in [a, b]$, so gilt: $\int_{a}^{b} f(x)\,dx \le \int_{a}^{b} g(x)\,dx$

7.2 Der Hauptsatz der Differenzial- und Integralrechnung

Der **Hauptsatz der Differenzial- und Integralrechnung** (HDI) ist der zentrale Satz der Analysis. Integration und Differentiation erweisen sich gewissermaßen als Umkehrungen voneinander.

Stammfunktion und Integralfunktion

DEFINITION ▪ **Stammfunktion**

Gibt es zu einer Funktion f eine differenzierbare Funktion F, sodass $F'(x) = f(x)$ für alle $x \in D_f$ gilt, so nennt man F eine Stammfunktion von f.

Offenbar ist der Begriff *Stammfunktion* ein Begriff der Differenzialrechnung, denn von Integralen ist hier nirgendwo die Rede.

BEISPIEL 6 ▪ $F(x) = \frac{1}{3}x^3$ und $\bar{F}(x) = \frac{1}{3}x^3 - \frac{3}{3002}$ sind Stammfunktionen von $f(x) = x^2$, denn $F'(x) = \bar{F}'(x) = x^2$.

Man hat offenbar die Freiheit, bei F eine beliebige Konstante zu addieren. Wenn D_f ein Intervall ist, ist das auch die einzige Freiheit.

MERKE ▪ Freiheit bei Stammfunktionen

Ist F eine feste Stammfunktion von f im Intervall I, so erhält man jede mögliche Stammfunktion von f in I, indem man zu F eine beliebige Konstante addiert.

Der Satz wird falsch, wenn man die Voraussetzung „Intervall" fallen lässt. So sind z. B. die Funktionen F, $\bar{F}$ mit $F(x) = \begin{cases} 2 - x^{-1} & \text{für } x < 0 \\ 15 - x^{-1} & \text{für } x > 0 \end{cases}$, $\bar{F}(x) = -x^{-1}$ für $x \neq 0$ beide Stammfunktionen von $f(x) = x^{-2}$ in $\mathbb{R}\setminus\{0\}$. Es gibt aber keine für ganz $\mathbb{R}\setminus\{0\}$ gültige Konstante, um die sich F, $\bar{F}$ unterscheiden.

DEFINITION ▪ Integralfunktion

**f sei stetig im Intervall I und $a \in I$ fest gewählt.
Dann heißt die für $x \in I$ definierte Funktion $F_a\colon x \mapsto \int_a^x f(t)\,dt$ Integralfunktion von f (zur unteren Grenze a).**

Integralfunktion ist ein Begriff der Integralrechnung. Beim Integral ist die obere Grenze x variabel, dadurch wird F_a zu einer Funktion von x. Da der Name x jetzt vergeben ist, wird die Integrationsvariable umbenannt (z. B. hier in t).

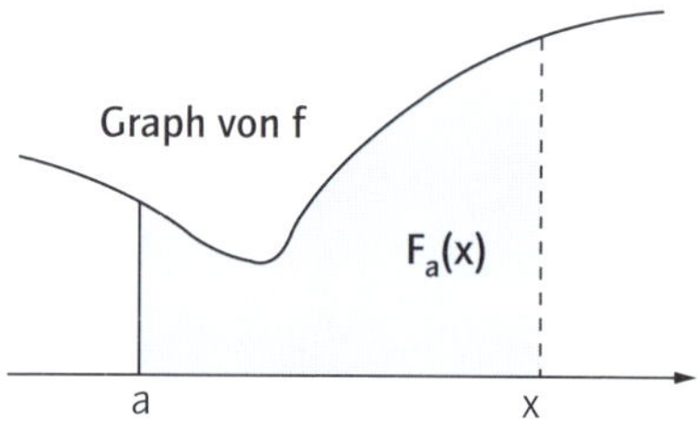

Der HDI stellt den Zusammenhang zwischen Integral- und Stammfunktion her.

MERKE ▪ Hauptsatz der Differenzial- und Integralrechnung (HDI)

Jede Integralfunktion ist eine Stammfunktion des Integranden:

Für $F_a(x) = \int_a^x f(t)\,dt$ gilt also $F_a'(x) = f(x)$

(mit einem in einem Intervall I stetigen f und $a, x \in I$).

Unter allen Stammfunktionen von f ist F_a diejenige Funktion mit a als Nullstelle. Der HDI ermöglicht die Berechnung bestimmter Integrale mit Stammfunktionen:

MERKE ▪ Berechnung bestimmter Integrale mit Stammfunktionen
Ist F eine Stammfunktion der stetigen Funktion f im Intervall I, so gilt für a, b ∈ I: $\int_a^b f(x)\,dx = F(b) - F(a)$

Man schreibt $[F(x)]_{x=a}^{x=b} = F(b) - F(a)$ oder, falls die unabhängige Variable von F zweifelsfrei feststeht, kürzer $[F(x)]_a^b = F(b) - F(a)$.

BEISPIEL 7 ▪ $\int_{-2}^{2} \frac{e^x}{e^x + 1}\,dx$

Eine Stammfunktion des Integranden ist $y = F(x) = \ln(e^x + 1)$.
Denn mit $y = \ln t$, wobei $t = e^x + 1$ ist, gilt: $\frac{dy}{dt} = \frac{1}{t}$ und $\frac{dt}{dx} = e^x$,
also $F'(x) = \frac{dy}{dt} \cdot \frac{dt}{dx} = \frac{e^x}{e^x + 1}$ (→ Beispiel 13). Es folgt:

$$\int_{-2}^{2} \frac{e^x}{e^x + 1}\,dx = [\ln(e^x + 1)]_{-2}^{2} = \ln(e^2 + 1) - \ln(e^{-2} + 1) = \ln(e^2 + 1) - \ln\left(\frac{e^2 + 1}{e^2}\right)$$
$$= \ln\left(\frac{e^2 + 1}{\frac{e^2 + 1}{e^2}}\right) = \ln(e^2) = 2 \quad \text{(2. Logarithmusgesetz)}$$

Das unbestimmte Integral

Motiviert durch den HDI führt man das unbestimmte Integral

$\int f(x)\,dx$ (Integralzeichen ohne Integrationsgrenzen)

als Befehl im Sinne von „bestimme eine Stammfunktion von f" ein. Da man nach dem Satz über die Freiheit von Stammfunktionen (→ Seite 78) die Freiheit hat, eine beliebige Konstante zu addieren, ist das unbestimmte Integral einer Funktion **nicht eindeutig bestimmt**. Wir erläutern dies an Beispielen.

BEISPIEL 8 ▪ $\int \sin(x)\,dx = 1 - \cos(x=$ oder ebensogut: $\int \sin(x)\,dx = -\cos(x)$
Die rechten Seiten sind nämlich Stammfunktionen des Integranden, wie man durch Differenzieren bestätigt. Man darf jedoch nicht den Schluss ziehen, dass deshalb $1 - \cos(x) = -\cos(x)$ gilt, was auf den Widerspruch $1 = 0$ führen würde.

Bei unbestimmten Integralen wird das Gleichheitszeichen nicht wie üblich gebraucht. Vielmehr gilt:
Steht auf der rechten oder linken Seite eines Gleichheitszeichens ein unbestimmtes Integral, so gilt an dieser Stelle nur Gleichheit bis auf eine additive Konstante, d. h., gilt bezüglich eines Intervalls

$$\int f(x)\,dx = F(x) \quad \text{und} \quad \int f(x)\,dx = \bar{F}(x),$$

so folgt hieraus nur $F(x) = \bar{F}(x) + C$ mit einer Konstanten C.

BEISPIEL 9 ▪ Für die Funktionen $F(x) = \sin^2(x)$ und $\bar{F}(x) = -\cos^2(x)$ gilt gemäß Kettenregel $F'(x) = \bar{F}'(x) = 2\sin(x)\cdot\cos(x)$, sodass man

$\int 2\sin(x)\cdot\cos(x)\,dx = \sin^2(x)$ oder $\int 2\sin(x)\cdot\cos(x)\,dx = -\cos^2(x)$ hat.

Man darf hier nicht auf die Gleichheit der rechten Seiten schließen, sondern nur auf $\sin^2 x = -\cos^2(x) + C$.
Setzt man $x = 0$ ein, so folgt $0 = -1 + C$, also $C = 1$. Es gilt daher: $\sin^2(x) + \cos^2(x) = 1$, und das ist der trigonometrische Pythagoras!

Dass man bei unbestimmten Integralen das Gleichheitszeichen verwendet, ist historisch bedingt, wenn auch, wie die Beispiele zeigen, nicht ungefährlich. Passieren kann nichts, solange man sich an die Abmachung vor Beispiel 9 hält.

Die Regeln aus → Seite 62 kann man jetzt andersherum als Regeln für unbestimmte Integrale lesen. Sie gelten in jedem Intervall, in dem der jeweilige Integrand stetig ist. Selbstverständlich kann man bei der angegebenen Stammfunktion eine beliebige Konstante addieren.

f(x)	**$F(x) = \int f(x)\,dx$**
c ($c \in \mathbb{R}$ konstant)	cx
x^β ($\beta \in \mathbb{R}\setminus\{-1\}$)	$\frac{1}{\beta+1}x^{\beta+1}$
$\frac{1}{x}$ ($x > 0$)	$\ln(x)$
$\frac{1}{x}$ ($x < 0$)	$\ln(-x)$
$\sin(x)$	$-\cos(x)$
$\cos(x)$	$\sin(x)$

f(x)	**$F(x) = \int f(x)\,dx$**
$\tan(x)$	$-\ln\lvert\cos(x)\rvert$
e^x	e^x
$\ln(x)$	$-x + x\cdot\ln(x)$
a^x ($a \in \mathbb{R}^+, a \neq 1$)	$\frac{a^x}{\ln a}$
$\frac{1}{\sqrt{1-x^2}}$	$\arcsin(x)$
$\frac{1}{1+x^2}$	$\arctan(x)$

7.3 Integrationsmethoden

Wie man Summen integriert und einen konstanten Faktor behandelt, wurde schon auf Seite 76 behandelt. Die dortigen Regeln gelten auch für unbestimmte Integrale. Schwieriger ist es mit Produkten, Quotienten und Verkettungen. Schon relativ einfach aussehende Integrale können nicht mehr elementar integriert werden. Man ist zur Bestimmung einer Stammfunktion auf numerische Verfahren angewiesen. Mit der partiellen Integration und der Substitutionsregel kann man Integrale ineinander umrechnen. Bei geschickter Anwendung ist das neue Integral einfacher zu berechnen als das alte.

Partielle Integration

Wir setzen voraus, dass die Funktionen u, v in einem Intervall I (mit $a, b \in I$) differenzierbar und ihre Ableitungen stetig sind. Dann gilt in diesem Intervall die folgende Regel:

> **MERKE ▪ Partielle Integration**
>
> $$\int u'(x) \cdot v(x)\,dx = u(x) \cdot v(x) - \int u(x) \cdot v'(x)\,dx$$
>
> **Entsprechend für bestimmte Integrale:**
>
> $$\int_a^b u'(x) \cdot v(x)\,dx = [u(x) \cdot v(x)]_a^b - \int_a^b u(x) \cdot v'(x)\,dx$$

Die Regel kann nur angewandt werden, wenn man von einem Faktor $(u'(x))$ bereits eine Stammfunktion $(u(x))$ kennt.

BEISPIEL 10 ▪ $\int e^{-x} \sin(x)\,dx$

Mit $u'(x) = e^{-x}$, $u(x) = -e^{-x}$ und $v(x) = \sin(x)$, $v'(x) = \cos(x)$ gilt:

$$\int e^{-x}\sin(x)\,dx = -e^{-x}\sin(x) - \int -e^{-x}\cos(x)\,dx = -e^{-x}\sin(x) + \int e^{-x}\cos(x)\,dx$$

Mit $u'(x) = e^{-x}$, $u(x) = -e^{-x}$ und $v(x) = \cos(x)$, $v'(x) = -\sin(x)$ gilt ferner:

$$\int e^{-x}\cos(x)\,dx = -e^{-x}\cos(x) - \int -e^{-x}(-\sin(x))\,dx$$

$$-e^{-x}\cos(x) - \int e^{-x}\sin(x)\,dx$$

Damit rechnet man oben weiter und bekommt:

$$\int e^{-x}\sin(x)\,dx = -e^{-x}(\sin(x) + \cos(x)) - \int e^{-x}\sin(x)\,dx$$

Da rechts wieder das gesuchte Integral steht, addiert man dieses auf beiden Seiten der Gleichung, dividiert dann durch 2 und erhält:

$$\int e^{-x}\sin(x)\,dx = -\frac{1}{2}e^{-x}(\sin(x) + \cos(x))$$

BEISPIEL 11 ▪ $\int_1^3 2x \cdot \ln(x)\,dx$

Wir nehmen $u'(x) = 2x$, also $u(x) = x^2$ und $v(x) = \ln x$, also $v'(x) = \frac{1}{x}$ und erhalten:

$$\int_1^3 2x \cdot \ln(x)\,dx = [x^2 \ln(x)]_1^3 - \int_1^3 x^2 \cdot \frac{1}{x}\,dx = 9\ln(3) - \ln(1) - \int_1^3 x\,dx$$

$$= 9\ln(3) - \left[\frac{1}{2}x^2\right]_1^3 = 9\ln(3) - \left(\frac{9}{2} - \frac{1}{2}\right) = 9\ln(3) - 4 \approx 5{,}89$$

Substitutionsregel

Die Funktion u sei in einem Intervall I (mit $a, b \in I$) differenzierbar, und ihre Ableitung sei stetig. Dann gelten (bei der zweiten Formel sei zusätzlich $u(x) \neq 0$ für $x \in I$) die folgenden zwei Spezialfälle:

MERKE ▪ **Spezialfälle der Substitutionsregel**

$$\int u'(x) \cdot u(x)\,dx = \frac{1}{2}(u(x))^2 \qquad \int \frac{u'(x)}{u(x)}\,dx = \ln|u(x)|$$

Entsprechend für bestimmte Integrale:

$$\int_a^b u'(x) \cdot u(x)\,dx = \left[\frac{1}{2}(u(x))^2\right]_b^a \qquad \int_a^b \frac{u'(x)}{u(x)}\,dx = [\ln|u(x)|]_a^b$$

BEISPIEL 12 ▪ $\int_1^e \frac{\ln(x)}{x}\,dx$

Mit $u(x) = \ln(x)$ gilt $u'(x) \cdot u(x) = \frac{\ln(x)}{x}$, also

$$\int_1^e \frac{\ln(x)}{x}\,dx = \left[\frac{1}{2}(\ln(x))^2\right]_1^e = \frac{1}{2}\left((\ln(e))^2 - (\ln 1)^2\right) = \frac{1}{2}(1 - 0) = \frac{1}{2}$$

BEISPIEL 13 ▪ $\int \frac{e^x}{e^x + 1}\,dx$

Mit $u(x) = e^x + 1$ ist $\frac{u'(x)}{u(x)} = \frac{e^x}{e^x + 1}$, also $\int \frac{e^x}{e^x + 1}\,dx = \ln(e^x + 1)$

(wegen $e^x + 1 > 0$ ohne Betragsstriche)

u, v seien in Intervallen definierte stetige Funktionen, deren Verkettung $u \circ v$ möglich ist. Ferner sei v differenzierbar mit stetiger Ableitung. Dann gilt:

MERKE ▪ Substitutionsregel (1)

$$\int u(v(t))\cdot v'(t)\,dt = \int u(x)\,dx, \text{ wobei } x = v(t) \text{ zu setzen ist.}$$

Entsprechend für bestimmte Integrale (mit $a, b \in D_v$):

$$\int_a^b u(v(t))\cdot v'(t)\,dt = \int_{v(a)}^{v(b)} u(x)\,dx$$

Ist zusätzlich v umkehrbar, so gilt auch die

MERKE ▪ Substitutionsregel (2)

$$\int u(x)\,dx = \int u(v(t))\cdot v'(t)\,dt, \text{ wobei } t = v^{-1}(x) \text{ zu setzen ist.}$$

Entsprechend für bestimmte Integrale (mit $\alpha, \beta \in D_u$):

$$\int_\alpha^\beta u(x)\,dx = \int_{v^{-1}(\alpha)}^{v^{-1}(\beta)} u(v(t))\cdot v'(t)\,dt \quad (\alpha, \beta \in D_u)$$

Schreibt man für die Ableitung von $x = v(t)$ nach Leibniz (☐1) $\frac{dx}{dt} = v'(t)$, so sieht man, dass man bei der Substitutionsregel (1) im linken Integral $v(t)$ durch x und $v'(t)\,dt$ durch dx ersetzen muss, um das rechte Integral zu bekommen (entsprechend umgekehrt bei der Substitutionsregel (2).
$dx = v'(t)\,dt$ erhält man aber aus (☐1) durch **formale Multiplikation** mit dt, indem man also so tut, als wären die Differenziale dx und dt gewöhnliche reelle Variable. Ob dabei diesen Zeichen eine wirkliche Bedeutung zukommt und gegebenenfalls welche, ist unerheblich für die Anwendung der Regel.

Die Integralschreibweise ist historisch entstanden aus der Vorstellung, man würde den Funktionswert f(x) mit einer positiven Größe dx von unendlich kleinem Betrag multiplizieren, sodass das Produkt $f(x)\,dx$ den Flächeninhalt eines unendlich schmalen Rechtecks der Höhe f(x) darstellte. Durch Aufsummieren all dieser Inhalte zwischen a und b ($\int$ für Summe) erhält man den Inhalt der Fläche unter dem Graphen.

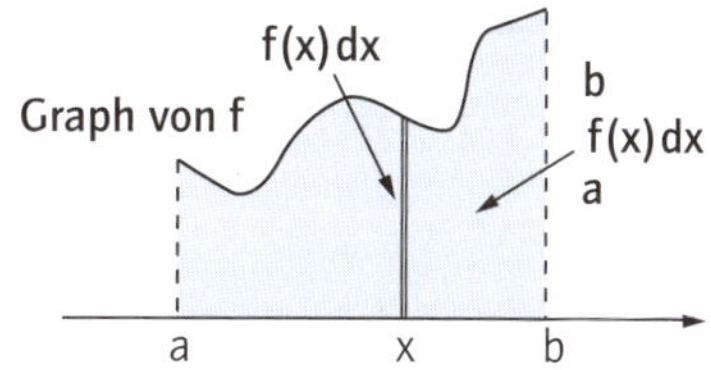

Es folgen Beispiele zur Substitutionsregel.

BEISPIEL 14 ▪ $\int \frac{e^{\sqrt{t}}}{\sqrt{t}}\,dt$

Mit $x = \sqrt{t}$ ist $\frac{dx}{dt} = \frac{1}{2\sqrt{t}}$, also $\frac{dt}{\sqrt{t}} = 2\,dx$: $\int \frac{e^{\sqrt{t}}}{\sqrt{t}}\,dt = \int 2\,e^x\,dx = 2\,e^x = 2\,e^{\sqrt{t}}$

BEISPIEL 15 ▪ Für feste $a,\ b > 0$ stellt der Graph der Funktion $y = \frac{b}{a}\sqrt{a^2 - x^2}$ (mit $-a \le x \le a$) die obere Hälfte einer Ellipse um $O(0|0)$ mit den Halbachsen a und b dar.

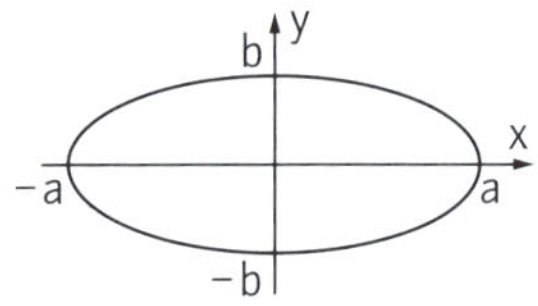

Das folgende Integral wird mithilfe der Substitution

$$x = v(t) = a \cdot \sin(t), \text{ also } dx = a \cdot \cos(t)\,dt \quad \left(-\frac{\pi}{2} \le t \le \frac{\pi}{2}\right)$$

$$v\left(-\frac{\pi}{2}\right) = -a, \text{ also } v^{-1}(-a) = -\frac{\pi}{2}; \qquad v\left(\frac{\pi}{2}\right) = a, \text{ also } v^{-1}(a) = \frac{\pi}{2}$$

berechnet. Man erhält so den Flächeninhalt A der Ellipse:

$$A = 2\int_{-a}^{a} \frac{b}{a}\sqrt{a^2 - x^2}\,dx = \frac{2b}{a}\int_{-\frac{\pi}{2}}^{\frac{\pi}{2}} \sqrt{a^2 - a^2\sin^2(t)} \cdot a \cdot \cos(t)\,dt$$

$$= 2ab\int_{-\frac{\pi}{2}}^{\frac{\pi}{2}} \sqrt{1 - \sin^2(t)} \cdot \cos(t)\,dt \overset{\text{t.P.*}}{=} ab\int_{-\frac{\pi}{2}}^{\frac{\pi}{2}} 2\cos^2(t)\,dt$$

$$\overset{\text{t.P.*}}{=} ab\int_{-\frac{\pi}{2}}^{\frac{\pi}{2}} \left(\cos^2(t) - \sin^2(t)\right) + 1\,dt$$

$$= ab\int_{-\frac{\pi}{2}}^{\frac{\pi}{2}} \underbrace{\left(\cos(t) - \sin(t)\right)}_{w'(t)}\underbrace{\left(\cos(t) + \sin(t)\right)}_{w(t)}dt + ab\int_{-\frac{\pi}{2}}^{\frac{\pi}{2}} dt$$

$$= \frac{1}{2}ab\left[\left(\sin(t) + \cos(t)\right)^2\right]_{-\frac{\pi}{2}}^{\frac{\pi}{2}} + \pi ab = \frac{1}{2}ab(1 - 1) + \pi ab$$

$$= \pi ab$$

Dabei wurde der Spezialfall vom Anfang des Abschnitts (Seite 82) verwendet.

* t.P. = trigonometrischer Pythagoras

7.4 Uneigentliche Integrale

Von einem **uneigentlichen** Integral spricht man, wenn das Integrationsintervall I unendlich ist (als Integrationsgrenzen sind also auch $\pm\infty$ zulässig) oder der Integrand f an einer der beiden Integrationsgrenzen einen uneigentlichen Grenzwert hat. Im Innern von I muss f definiert und stetig sein. Ist das Integral etwa bezüglich der oberen Grenze b uneigentlich, so heißt es **konvergent**, wenn der Grenzwert $\lim\limits_{\beta \to b} \int_a^{\beta} f(x)\,dx$ (Annäherung von β an b aus dem Innern von I) als eigentlicher Grenzwert existiert, andernfalls heißt es **divergent**.

Bei Konvergenz legt man $\int_a^b f(x)\,dx = \lim_{\beta \to b} \int_a^\beta f(x)\,dx$ als Wert des uneigentlichen Integrals fest.
(Entsprechend geht es bei Uneigentlichkeit bezüglich der unteren Grenze.)

BEISPIEL 16 ▪ $\int_0^\infty e^{-x} \sin(x)\,dx$

Das Integral ist an der oberen Grenze uneigentlich. Eine Stammfunktion kennen wir bereits aus Beispiel 10 Daher gilt:

$$\int_0^\beta e^{-x} \sin(x)\,dx = \left[-\tfrac{1}{2} e^{-x}(\sin(x) + \cos(x))\right]_0^\beta = \tfrac{1}{2} - \underbrace{\tfrac{1}{2} e^{-\beta}(\sin(\beta) + \cos(\beta))}_{\to 0 \text{ für } \beta \to \infty}$$

($\sin(\beta)$ und $\cos(\beta)$ schwanken zwischen -1 und 1, während $e^{-\beta}$ für $\beta \to \infty$ gegen 0 strebt.)
Das uneigentliche Integral ist konvergent: $\int_0^\infty e^{-x} \sin(x)\,dx = \frac{1}{2}$

BEISPIEL 17 ▪ $\int_0^1 \frac{e^{\sqrt{x}}}{\sqrt{x}}\,dx$

Das Integral ist an der unteren Grenze uneigentlich: der Integrand strebt gegen ∞ für $x \to 0 + 0$. Nach Beispiel 14 gilt für $\alpha \in]0, 1[$:

$$\int_\alpha^1 \frac{e^{\sqrt{x}}}{\sqrt{x}}\,dx = \left[2 e^{\sqrt{x}}\right]_\alpha^1 = 2e - 2e^{\sqrt{\alpha}} \;\to\; 2e - 2 \text{ für } \alpha \to 0 + 0$$

Auch hier ist das Integral also konvergent: $\int_0^1 \frac{e^{\sqrt{x}}}{\sqrt{x}}\,dx = 2e - 2$

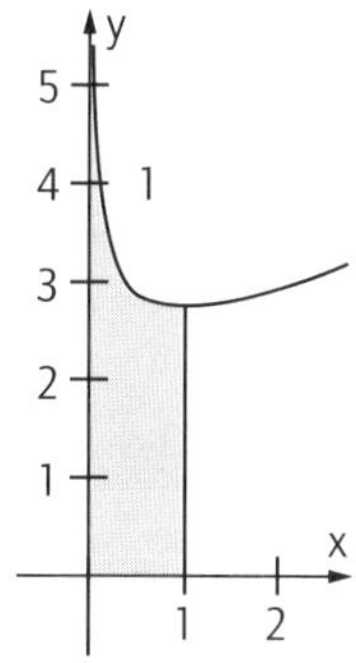

Der Graph schmiegt sich so schnell an die y-Achse an, dass der farbige Flächeninhalt endlich ist.

BEISPIEL 18 ▪ $\int_1^\infty \frac{dx}{\sqrt{x}}$

Es gilt mit einem $\beta > 1$: $\int_1^\beta \frac{dx}{\sqrt{x}} = \int_1^\beta x^{-\frac{1}{2}}\,dx = \left[2x^{\frac{1}{2}}\right]_1^\beta = 2\sqrt{\beta} - 2 \to \infty$ für $\beta \to \infty$.

Das uneigentliche Integral ist divergent.
Der Graph schmiegt sich so langsam an die x-Achse an, dass der farbige Flächeninhalt unendlich ist.

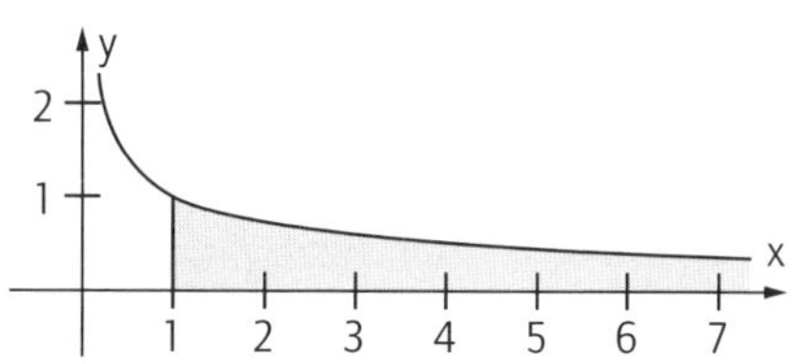

7.5 Anwendungen der Integralrechnung

Das Integral gibt die Flächenbilanz der Fläche zwischen dem Graphen der Funktion und der x-Achse an, d. h., es bewertet Flächen oberhalb positiv und unterhalb negativ. Ist man daher am eigentlichen Flächeninhalt interessiert, muss man beim Integranden zum Betrag übergehen. So ist es auch bei dem folgenden Satz:

SATZ ▪ Flächeninhalt zwischen Graphen

f, g seien in [a, b] stetig. Dann hat die Fläche, die durch die Graphen von f, g und die Geraden $x = a$, $x = b$ begrenzt wird, den Inhalt

$$A = \int_a^b |f(x) - g(x)|\,dx.$$

Um ohne die lästigen Betragsstriche auszukommen, bestimmt man die Teilintervalle, in denen $f(x) \geq g(x)$ bzw. $g(x) \geq f(x)$ ist, und integriert intervallweise über $f(x) - g(x)$ bzw. $g(x) - f(x)$.

BEISPIEL 19 ▪ Es soll der Flächeninhalt A zwischen den Graphen von $f(x) = \sin x$ und $g(x) = \cos x$ über $I = [0, \pi]$ bestimmt werden.

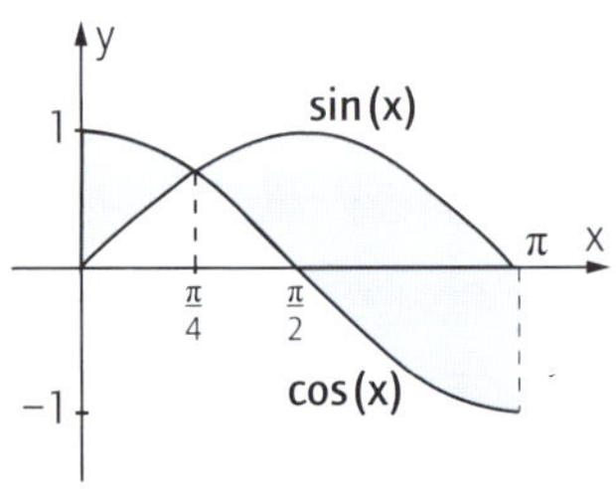

Die Graphen schneiden sich in I genau einmal: Aus $\sin(x) = \cos(x)$ folgt (Division durch $\cos(x)$) $\tan(x) = 1$, also $x = \frac{\pi}{4}$ (→ Seite 54 ff.).

Im Intervall $\left[0; \frac{\pi}{4}\right]$ gilt $\cos(x) \geq \sin(x)$, in $\left[\frac{\pi}{4}; \pi\right]$ dagegen $\sin(x) \geq \cos(x)$:

$$A = \int_0^{\frac{\pi}{4}} (\cos(x) - \sin(x))\,dx + \int_{\frac{\pi}{4}}^{\pi} (\sin(x) - \cos(x))\,dx$$

$$= [\sin(x) + \cos(x)]_0^{\frac{\pi}{4}} + [-\cos(x) - \sin(x)]_{\frac{\pi}{4}}^{\pi}$$

$$= \left(2 \cdot \frac{\sqrt{2}}{2} - 1\right) + \left(1 + 2 \cdot \frac{\sqrt{2}}{2}\right) = 2\sqrt{2}$$

Die Integralrechnung kann auch bei der Volumenberechnung eingesetzt werden. Besonders einfach wird es beim

MERKE ▪ Volumen von Rotationskörpern

f sei in [a, b] stetig mit $f(x) \geq 0$. Durch Rotation des Graphen von f um die x-Achse entsteht ein Rotationskörper.

Er hat das Volumen $V = \pi \cdot \int_a^b (f(x))^2 \, dx$.

BEISPIEL 20 ▪ Durch Rotation des Graphen von

$$y = f(x) = \frac{1}{2}\sqrt{4x^3 + \frac{5}{4}x + \frac{9}{8}}$$

für $x \in [-0{,}5;\ 1]$ um die x-Achse (x, y Längenangaben in Metern) entsteht eine Glocke der Höhe $h = 1{,}5\,\text{m}$ vom Durchmesser $d \approx 2{,}52\,\text{m}$ an der Öffnung.

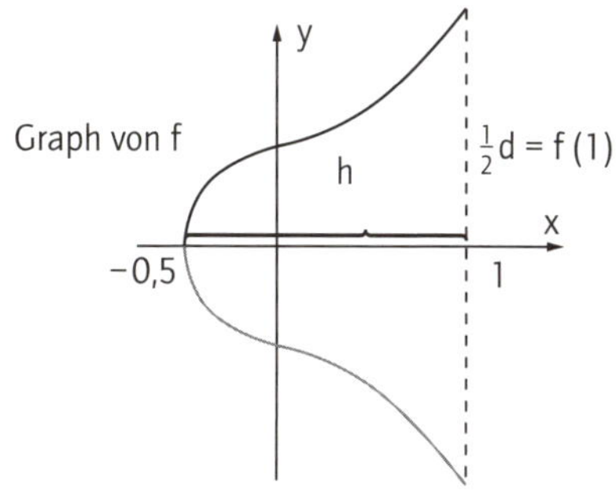

Man berechnet

$$\pi \int_{-0{,}5}^{1} \frac{1}{4}\left(4x^3 + \frac{5}{4}x + \frac{9}{8}\right) dx = \frac{\pi}{4}\left[x^4 + \frac{5}{8}x^2 + \frac{9}{8}x\right]_{-0{,}5}^{1} = \frac{99}{128}\pi \approx 2{,}4298$$

als Volumen in m^3: $V_{Glocke} \approx 2{,}4298\,m^3 \approx 2430$ Liter.

CHECKLISTE

7 Integralrechnung

Folgende Fragen sollten Sie nun mühelos beantworten können:

- **Welche Eigenschaft hat die Stammfunktion einer Funktion f?**
- **Wie berechnet man $\int_a^b f(x)\,dx$ mithilfe einer Stammfunktion?**
- **Was versteht man unter einer Integralfunktion?**
- **Was sind uneigentliche Integrale und wie berechnet man sie?**
- **Wie geht man vor, um den Flächeninhalt zu berechnen, der von zwei Schaubildern begrenzt wird?**
- **Wie berechnet man das Volumen eines Rotationskörpers, der durch Rotation eines Graphen um die x-Achse entsteht?**

8 Kurvendiskussion

Die in den vorigen Kapiteln beschriebenen Methoden stellen Verfahren bereit, um den Verlauf eines Funktionsgraphen zu beschreiben. Ein weiterer wichtiger Aspekt ist dabei das Symmetrieverhalten eines Graphen.

8.1 Symmetrie des Graphen

MERKE ▪ Symmetrie zur y-Achse bzw. zum Ursprung

Der Graph einer Funktion ist genau dann symmetrisch zur y-Achse, falls gilt:

$$f(-x) = f(x) \quad \text{für alle } x \in D_f$$

Der Graph einer Funktion ist genau dann punktsymmetrisch zum Ursprung, falls gilt:

$$f(-x) = -f(x) \quad \text{für alle } x \in D_f$$

(Der Definitionsbereich D_f von f muss dabei symmetrisch bezüglich der Null sein.)

Funktionen mit $f(-x) = f(x)$ heißen **gerade**, solche mit $f(-x) = -f(x)$ **ungerade**. So ist z. B. der Kosinus gerade, der Sinus oder Tangens ungerade (→ Seite 52 ff.). Ganzrationale Funktionen, deren definierendes Polynom nur gerade (bzw. ungerade) Potenzen enthält, sind gerade (bzw. ungerade). Eine Funktion braucht natürlich weder gerade noch ungerade zu sein (z. B. die e-Funktion).

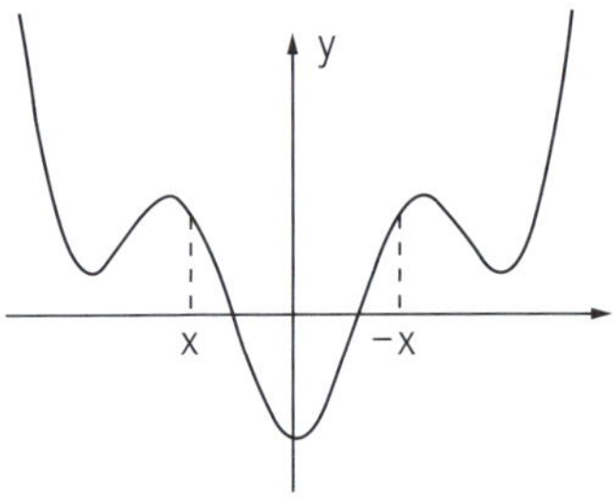

$f(-x) = f(x)$
gerade Funktion
Symmetrie zur y-Achse

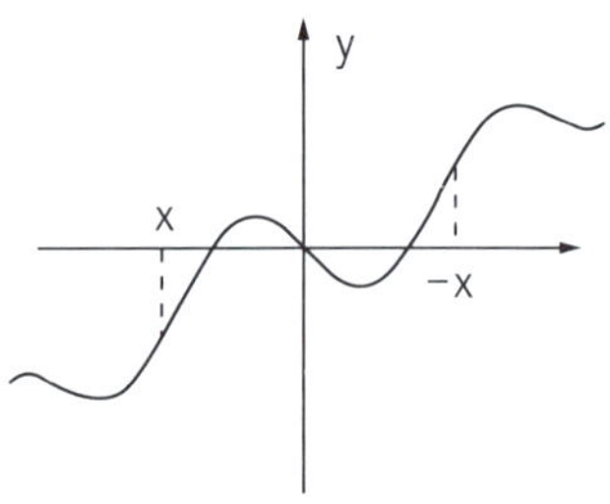

$f(-x) = -f(x)$
ungerade Funktion
Punktsymmetrie zum Ursprung

Man kann auch leicht Kriterien zur Symmetrie bezüglich der Geraden $x = a$ bzw. zur Punktsymmetrie bezüglich S angeben.

MERKE ▪ Symmetrie zur Geraden $x = a$ bzw. zum Punkt S

Der Graph einer Funktion ist genau dann symmetrisch zur Geraden $x = a$, falls gilt:

$$f(a - x) = f(a + x) \quad \text{für alle } a - x,\ a + x \in D_f$$

Der Graph einer Funktion ist genau dann punktsymmetrisch zum Punkt $S(a\,|\,b)$, falls gilt:

$$b - f(a - x) = f(a + x) - b \quad \text{für alle } a - x,\ a + x \in D_f$$

(Der Definitionsbereich D_f von f muss dabei symmetrisch bezüglich der Stelle a sein.)

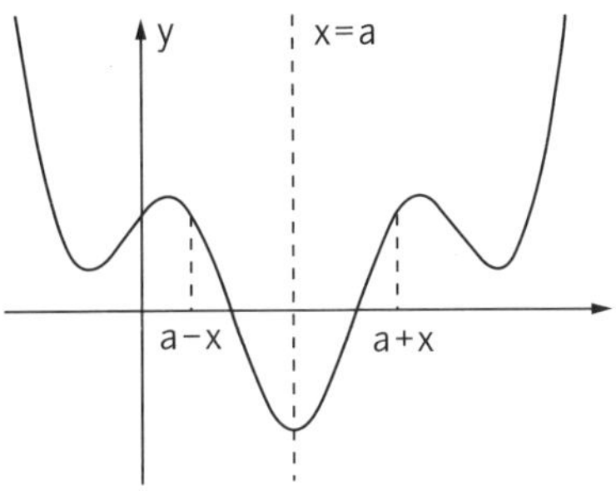

$f(a - x) = f(a + x)$
Symmetrie zur Geraden $x = a$

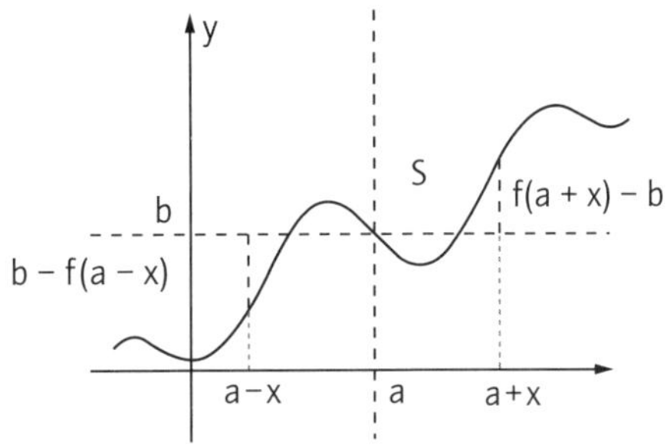

$b - f(a - x) = f(a + x) - b$
Punktsymmetrie zum Punkt $S(a\,|\,b)$

BEISPIEL 1 ▪ Man zeige, dass der Graph von $f(x) = \frac{5x - 2x^2 - 1}{2x - x^2}$ zu $S(1\,|\,2)$ symmetrisch ist.

Wir formen die zu überprüfende Bedingung äquivalent um:

Zu zeigen: $f(a + x) + f(a - x) = 2b$ (mit $a = 1$; $b = 2$)

$$f(1 + x) + f(1 - x) = \frac{5(1 + x) - 2(1 + x)^2 - 1}{2(1 + x) - (1 + x)^2} + \frac{5(1 - x) - 2(1 - x)^2 - 1}{2(1 - x) - (1 - x)^2}$$

$$= \frac{2 + x - 2x^2}{1 - x^2} + \frac{2 - x - 2x^2}{1 - x^2} = \frac{4 - 4x^2}{1 - x^2} = \frac{4(1 - x^2)}{1 - x^2} = 4$$

Die rechte Seite entspricht 2 b, damit ist der Nachweis erbracht.

8.2 Elemente der Kurvendiskussion

Welche Aspekte bei einer Funktion f von Interesse sind, hängt wesentlich vom Typ ab. So wird man, wenn trigonometrische Funktionen involviert sind, nach Periodizität fragen und bei Exponentialfunktionen vielleicht eher das Wachstum studieren. Die folgende Aufstellung bietet daher nur eine Auswahl der Möglichkeiten dar.

a) Symmetrie

Stellt man eine Symmetrie fest, so braucht man im Folgenden bei symmetrisch liegenden Fällen nur einen Fall durchzugehen.

b) Randverhalten

Man untersucht, wie f sich an den Rändern des Definitionsbereichs verhält (dazu zählen auch die Definitionslücken). Bei einer ganzrationalen Funktion etwa ist dies das Verhalten für $x \to \pm\infty$, bei einer gebrochenrationalen Funktion das Verhalten für $x \to \pm\infty$ sowie an den Definitionslücken.

c) Nullstellen von f, Vorzeichenbereiche

Die Nullstellen von f zusammen mit dem Zwischenwertsatz (→ Seite 40) erlauben es, die Vorzeichenbereiche von f zu ermitteln. Sehr oft kann man mit b), c) den Graphen qualitativ schon recht gut skizzieren.

d) Bestimmen der Extrempunkte, Monotonieverhalten

Die ungefähre Lage von Hoch- und Tiefpunkten folgt oft schon aus b) und c). Um Genaueres zu erfahren, bestimmt man die Nullstellen von f' und eventuell das Monotonieverhalten von f (→ Seite 66 ff.).

e) Bestimmen der Wendepunkte, Krümmungsverhalten

Für die „Feinzeichnung" untersucht man das Krümmungsverhalten des Graphen. Der Weg führt über die Nullstellen von f'' (→ Seite 70 f.).

8.3 Kurvendiskussion am Beispiel einer gebrochenrationalen Funktion

Wir gehen die Punkte aus dem vorigen Kapitel am Beispiel einer gebrochenrationalen Funktion durch und bringen noch ein paar Ergänzungen.

MERKE ▪ Rationale Funktionen

Entsteht ein Term aus dem Grundterm x und reellen Zahlen durch endlichmalige Anwendung der *rationalen Operationen* Addition, Subtraktion, Multiplikation und Division, so nennt man diesen Term einen rationalen Term in x über ℝ. Jeder solche Term kann auf die Form

$(\boxed{1})\quad f(x) = \frac{p(x)}{q(x)}$ **mit Polynomen p(x), q(x)**

gebracht werden.

Kann eine Funktion f durch einen rationalen Term ($\boxed{1}$) definiert werden, so heißt sie *rationale Funktion*. (Sie heißt *gebrochenrational*, wenn sie nicht ganzrational und auch nicht zu einer ganzrationalen Funktion stetig fortsetzbar ist.) Ist der Grad von q(x) größer als der von p(x), so heißt f *echt gebrochen*.

Jede rationale Funktion f kann eindeutig in der Form

$(\boxed{2})\quad f(x) = g(x) + r(x)$

mit *ganzrationalem g* und *echt gebrochenem r* geschrieben werden.

BEISPIEL 2 ▪ Es ist eine Kurvendiskussion der Funktion f mit

(①) $f(x) = \frac{x^5 - 4x^4 - 2x^3 + 8x^2 + 5x - 4}{4(x^2-1)^2}$ **für $x \in \mathbb{R} \setminus \{-1; 1\}$ durchzuführen.**

Wenn man den Nenner ausmultipliziert, erhält man die Darstellung ($\boxed{1}$).

Da der Nennergrad 4 kleiner als der Zählergrad 5 ist, ist f nicht echt gebrochen. Mithilfe der Polynomdivision

$$\begin{array}{rrrrrrl}
x^5 & -4x^4 & -2x^3 & +8x^2 & +5x & -4 & = \underbrace{(x^4 - 2x^2 + 1)}_{(x^2-1)^2}(x-4) + 4x \\
-(x^5 & & -2x^3 & & +x &) & \\
\hline
 & -4x^4 & & +8x^2 & +4x & -4 & \\
 & -(-4x^4 & & +8x^2 & & -4) & \\
\hline
 & & & & 4x & &
\end{array}$$

kann man ($\boxed{2}$) aus ($\boxed{1}$) herstellen:

(②) $f(x) = \frac{(x^2-1)^2 \cdot (x-4) + 4x}{4(x^2-1)^2} = \underbrace{\frac{1}{4}x - 1}_{g(x)} + \underbrace{\frac{x}{(x^2-1)^2}}_{r(x)}$

mit ganzrationalem g und echt gebrochenem r. Für später berechnen wir die Ableitungen von f. Dafür ist (②) geeigneter als (①):

$$f'(x) = \frac{1}{4} + \frac{1 \cdot (x^2-1)^2 - x \cdot 2(x^2-1) \cdot 2x}{(x^2-1)^4} = \frac{1}{4} + \frac{x^2 - 1 - 4x^2}{(x^2-1)^3} = \frac{1}{4} - \frac{3x^2+1}{(x^2-1)^3}$$

$$f''(x) = -\frac{6x \cdot (x^2-1)^3 - (3x^2+1) \cdot 3(x^2-1)^2 \cdot 2x}{(x^2-1)^6} = -\frac{6x \cdot (x^2-1) - (3x^2+1) \cdot 6x}{(x^2-1)^4}$$
$$= \frac{12x \cdot (x^2+1)}{(x^2-1)^4}$$

Wir beginnen nun die Kurvendiskussion mit dem Punkt a) von Seite 90:

a) Untersuchung auf Symmetrie

In der Darstellung (②) ändern die Summanden (außer dem konstanten -1) ihr Vorzeichen, wenn x das Vorzeichen ändert. Es liegt daher in Erinnerung an das Beispiel 1 von Seite 89 nahe, $f(-x)$ und $f(x)$ zu addieren, damit sich die Glieder gegenseitig wegheben:

$$f(-x) + f(x) = -\frac{1}{4}x - 1 - \frac{x}{(x^2-1)^2} + \frac{1}{4}x - 1 + \frac{x}{(x^2-1)^2} = -2$$

Es gilt somit

$$f(0-x) + f(0+x) = 2 \cdot (-1),$$

was zeigt, dass der Graph von f bezüglich $S(0|-1)$ **punktsymmetrisch** ist.
Es folgt die

b) Bestimmung des Randverhaltens

Wir beginnen mit $x \to \pm\infty$. Der echt gebrochene Summand $r(x)$ in (②) strebt für $x \to \pm\infty$ gegen 0, also gilt:

$f(x) - g(x) \to 0$ für $x \to \pm\infty$ (→ Beispiel 11 c von Seite 46)

Damit schmiegt sich der Graph von f für $x \to \pm\infty$ an die Gerade $y = \frac{1}{4}x - 1$ an. Diese ist eine schräge Asymptote des Graphen von f für $x \to \pm\infty$.
Dies ist auch allgemein richtig:

> **MERKE ▪ Asymptoten rationaler Funktionen für $x \to \pm\infty$**
> **In der Darstellung (②) schmiegt sich für $x \to \pm\infty$ der Graph von f an den Graphen von g an. Ist g linear, so ist der Graph von g eine Gerade. Sie heißt waagerechte Asymptote, falls g konstant ist, und schräge Asymptote, falls g den Grad 1 hat.**

Im konkreten Fall (②) kann man noch mehr sagen: Wegen $r(x) > 0$ für $x \to \infty$ schmiegt sich der Graph von f von oben an die schräge Asymptote an und für $x \to -\infty$ aufgrund der Punktsymmetrie von unten.

Wir untersuchen nun $f(x)$ an den **Definitionslücken**.
$g(x)$ ist endlich für $x \to 1$, und es gilt $r(x) \to \infty$ für $x \to 1-0$ wie auch für $x \to 1+0$.
Damit hat f bei $x = 1$ einen Pol ohne Vorzeichenwechsel vom Typ +|+. Die Gerade $x = 1$ ist eine senkrechte Asymptote des Graphen von f. Wegen der Punktsymmetrie bezüglich S ist auch $x = -1$ eine senkrechte Asymptote und der Pol bei $x = -1$ ist vom Typ −|−.

Schon jetzt kann man sich eine ungefähre Vorstellung vom Verlauf des Graphen machen. Mehr noch: Es ist klar, dass der Graph von f in $]-\infty, -1[$ einen Hoch- und in $]1, \infty[$ einen Tiefpunkt besitzen muss. Ferner schneidet er in $]-1, 1[$ die x-Achse. Dagegen ist noch nicht entschieden, ob, wie es die Skizze suggeriert, f in $]1, \infty[$ Nullstellen hat. Denn der Graph könnte ja hier ganz oberhalb der x-Achse verlaufen.

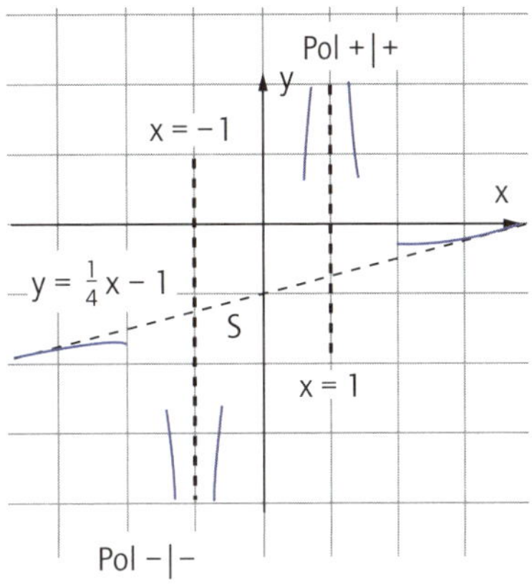

Es gilt allgemein:

> **MERKE ▪ Pole und senkrechte Asymptoten**
> **Ist $x = a$ Definitionslücke der rationalen Funktion f und hat f für $x \to a$ einen uneigentlichen Grenzwert, so, sagt man, besitzt f einen Pol bei $x = a$. Die Gerade $x = a$ ist dann senkrechte Asymptote des Graphen.**

Gemäß c) wären jetzt die Nullstellen von f an der Reihe. Dafür ist (①) günstiger als (②). Man muss ja nur den Zähler gleich 0 setzen. Dieser ist jedoch ein Polynom 5. Grades, und eine Nullstelle ist nicht unmittelbar zu sehen. Wegen dieser rechnerischen Schwierigkeiten übergehen wir diesen Punkt erst einmal und widmen uns der

d) Untersuchung des Monotonieverhaltens

Wir bestimmen die Nullstellen von f′. Dazu substituieren wir $x^2 = t$:

$$\frac{1}{4} - \frac{3x^2+1}{(x^2-1)^3} = 0 \Leftrightarrow (t-1)^3 - 12t - 4 = 0 \Leftrightarrow t^3 - 3t^2 - 9t - 5 = 0$$

Man findet $t = 5$ als Lösung und kann daher $t - 5$ abspalten:

$$\begin{array}{rrrrl} t^3 & -3t^2 & -9t & -5 & = (t-5)(t^2+2t+1) \\ -(t^3 & -5t^2 & &) & \\ \hline & 2t^2 & -9t & -5 & \\ & -(2t^2 & -10t &) & \\ \hline & & t & -5 & \\ & & -(t & -5) & \\ \hline & & & 0 & \end{array}$$

$$(t-5)(t+1)^2 = 0 \Leftrightarrow (x^2-5)(x^2+1)^2 = 0$$

Nur der erste Faktor wird 0, und zwar für $x = \pm\sqrt{5}$. Da wir schon wissen, dass f in $]1, \infty[$ ein lokales Minimum hat, bei einem solchen aber die Ableitung verschwinden muss (notwendige Bedingung von Seite 68), $\sqrt{5}$ hinwieder die einzige Stelle x in $]1, \infty[$ mit $f'(x) = 0$ ist, muss sich bei $\sqrt{5}$ das **lokale Minimum** befinden. (Die Überprüfung einer hinreichenden Bedingung von Seite 68 erübrigt sich also hier.)

Wegen der Punktsymmetrie ist bei $-\sqrt{5}$ das lokale Maximum in $]-\infty, -1[$. Im Intervall $]-1, 1[$ besitzt f′ keine Nullstelle und hat als stetige Funktion daher ein festes Vorzeichen, und zwar wegen $f'(0) = \frac{5}{4} > 0$ ein positives.

Daher ist f in $]-1, 1[$ **streng monoton wachsend**.

Das Monotonieverhalten von f ist jetzt vollständig bekannt:

Wenn man von links nach rechts schaut, so verläuft der Graph zunächst unterhalb der schrägen Asymptote, steigt an bis zum Hochpunkt $HP\left(-\sqrt{5} \,|\, \approx -1{,}7\right)$ und fällt dann nach $-\infty$ (Pol bei -1). In $]-1, 1[$ wächst f streng monoton von $-\infty$ bis ∞ (Pol bei 1). Folglich hat f in $]-1, 1[$ genau eine Nullstelle.

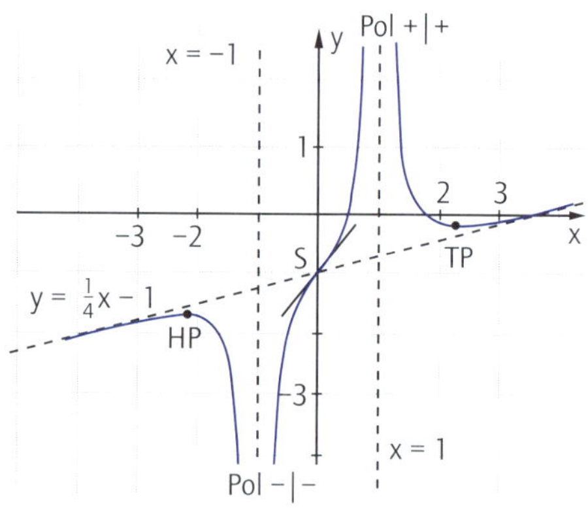

Rechts der Polstelle 1 fällt der Graph von ∞ bis zum Tiefpunkt $TP\left(\sqrt{5} \,|\, \approx -0{,}3\right)$ und steigt danach wieder, jetzt oberhalb der schrägen Asymptote verlaufend. f hat daher für $x > 1$ genau zwei Nullstellen, und damit insgesamt genau **drei Nullstellen**. Diese kann man etwa mit dem Newton-Verfahren (→ Seite 73), auf den Zähler in (①) vom Beginn des Beispiels angewandt, ermitteln: Man findet 0,50; 1,63 und 3,92 als Näherungswerte. Wir beschließen die Kurvendiskussion mit der

e) Untersuchung des Krümmungsverhaltens

Offenbar gilt für alle $x \neq \pm 1$: $f''(x) = 12x \cdot \frac{(x^2+1)}{(x^2-1)^4} \begin{cases} > 0 & \text{für } x > 0 \\ = 0 & \text{für } x = 0 \\ < 0 & \text{für } x < 0 \end{cases}$

In allen Teilintervallen von D_f links von 0 ist der Graph von f daher rechtsgekrümmt und rechts von 0 linksgekrümmt. Insbesondere ist der Punkt S ein Wendepunkt. Im Punkt S hat der Graph die Steigung $f'(0) = \frac{5}{4}$, die Tangente also die Gleichung $y = \frac{5}{4}(x-0) - 1$ (Punkt-Steigungs-Form, Seite 9), d.h. $y = \frac{5}{4}x - 1$. Diese Tangente ist eine sogenannte **Wendetangente**: Der Graph von f läuft in S von einer Seite in die Wendetangente hinein und auf der andern Seite aus der Wendetangente heraus.

Der Graph von f scheint sich sehr rasch der schrägen Asymptote anzuschmiegen.

Wir untersuchen daher das uneigentliche Integral $\int_2^\infty \left(f(x) - \left(\frac{1}{4}x - 1\right)\right)dx$,

das den Flächeninhalt zwischen dem Graphen und der Asymptote rechts der Stelle 2 angibt. Mit $\beta > 2$ und der Substitution $t = x^2 - 1$, $x\,dx = \frac{1}{2}dt$ ($x = 2 \mapsto t = 3$ und $x = \beta \mapsto t = \beta^2 - 1$) rechnet man:

$$\int_2^\beta \left(f(x) - \left(\frac{1}{4}x - 1\right)\right)dx = \int_2^\beta \frac{x}{(x^2-1)^2}dx = \frac{1}{2} \cdot \int_3^{\beta^2-1} \frac{dt}{t^2} = \frac{1}{2} \cdot \left[-\frac{1}{t}\right]_3^{\beta^2-1} = \frac{1}{2} \cdot \left(\frac{1}{3} - \frac{1}{\beta^2-1}\right)$$

$$= \frac{1}{6} - \frac{1}{2(\beta^2-1)} \to \frac{1}{6} \quad \text{für } \beta \to \infty$$

Also gilt $\int_2^\infty \left(f(x) - \left(\frac{1}{4}x - 1\right)\right)dx = \frac{1}{6}$, und der geringe Wert zeigt, wie schnell sich der Graph von f der schrägen Asymptote nähert.

CHECKLISTE

8 Kurvendiskussion

Folgende Fragen sollten Sie nun mühelos beantworten können:

- **Wie prüft man, ob der Graph einer Funktion f symmetrisch zur y-Achse oder symmetrisch zum Ursprung verläuft?**
- **Wie untersucht man den Graphen einer Funktion auf waagrechte, senkrechte und schiefe Asymptoten?**
- **Wie bestimmt man Nullstellen, Extrem- und Wendepunkte einer Funktion?**
- **Wie untersucht man Monotonie- und Krümmungsverhalten?**

9 Lineare Gleichungssysteme

Mithilfe linearer Gleichungssysteme lassen sich praktische Probleme beschreiben und berechnen. In der analytischen Geometrie spielen sie dann eine große Rolle, wenn Vektoren auf lineare Unabhängigkeit untersucht werden sollen oder die Schnittmenge von Ebenen bestimmt werden soll.

9.1 Lineare Gleichungssysteme

Das Merkmal linearer Gleichungen ist, dass in ihnen die Variablen weder mit sich selbst noch mit anderen Variablen multipliziert werden. Beispielsweise sind die Gleichungen $3x + 7 = 13$ oder $4x_1 + 3x_2 = 16$ linear. Die Zahl der Variablen in linearen Gleichungen kann beliebig groß sein. Die **allgemeine Form** linearer Gleichungen ist $a_1 x_1 + a_2 x_2 + ... + a_n x_n = b$ mit $a_1, a_2, ..., a_n, b \in \mathbb{R}$. Eine **Lösung einer linearen Gleichung** ist jedes Set von reellen Zahlen für $x_1, x_2, ..., x_n$ (ein sogenanntes „n-Tupel"), das die lineare Gleichung erfüllt. Beispielsweise hat die obige Gleichung $3x + 7 = 13$ genau eine Lösung, nämlich $x = 2$. Dagegen wird die Gleichung $4x_1 + 3x_2 = 16$ von unendlich vielen Zahlenpaaren $(x_1; x_2)$ erfüllt. Das Zahlenpaar (1; 4) ist eines davon. Mehrere lineare Gleichungen bilden ein sogenanntes **lineares Gleichungssystem** (kurz **LGS**). Wie man die Lösungsmenge linearer Gleichungssysteme bestimmt, wird im folgenden Abschnitt vorgestellt.

> **MERKE ▪ Lineares Gleichungssystem (LGS)**
>
> **Ein LGS setzt sich aus mehreren linearen Gleichungen zusammen. Die Zahl der Variablen und die Zahl der Gleichungen, aus denen ein LGS besteht, sind unabhängig voneinander und können beliebig groß sein. Eine Lösung eines LGS ist jedes n-Tupel von reellen Zahlen für $x_1, x_2, ..., x_n$, das alle Gleichungen des Gleichungssystems erfüllt.**
> **Die allgemeine Form linearer Gleichungssysteme ist:**
>
> $$\begin{array}{l} a_{11}x_1 + a_{12}x_2 + ... + a_{1n}x_n = b_1 \\ a_{21}x_1 + a_{22}x_2 + ... + a_{2n}x_n = b_2 \\ \vdots \\ a_{m1}x_1 + a_{m2}x_2 + ... + a_{mn}x_n = b_m \quad \text{mit } m, n \in \mathbb{N}^+. \end{array}$$

Wenn alle Koeffizienten der rechten Seite gleich null sind ($b_1 = b_2 = ... = b_m = 0$), ist das LGS **homogen**, ansonsten bezeichnet man es als **inhomogen**.

9.2 Das Gaußverfahren zur Lösung linearer Gleichungssysteme

Gleichungen mit einer Variablen löst man, indem man sie so lange in äquivalente Gleichungen umformt, bis man ihre Lösung direkt ablesen kann. Beispielsweise erhält man die Lösung der Gleichung $5x + 17 = 572$ durch die Umformungsschritte:

$$\begin{aligned} 5x + 17 &= 572 \quad &| -17 \\ 5x &= 555 \quad &| :5 \\ x &= 111 \end{aligned}$$

Ganz entsprechend wird auch ein lineares Gleichungssystem gelöst – allerdings mit anderen Regeln der Äquivalenzumformung.

Wie ein Gleichungssystem aussehen muss, damit man die Lösung leicht ablesen kann, veranschaulicht folgendes Beispiel. Dem LGS

$$\begin{aligned} 4x_1 + 5x_2 - 3x_3 &= 5 \quad &\boxed{1} \\ 2x_1 + 4x_2 - 5x_3 &= 0 \quad &\boxed{2} \\ 4x_1 + 8x_2 - 9x_3 &= 2 \quad &\boxed{3} \end{aligned}$$

sieht man ganz offensichtlich nicht an, welche Lösung es hat.

Ein dazu äquivalentes Gleichungssystem lautet:

$$\begin{aligned} 4x_1 + 5x_2 - 3x_3 &= 5 \quad &\boxed{4} \\ 3x_2 - 7x_3 &= -5 \quad &\boxed{5} \\ 2x_3 &= 4 \quad &\boxed{6} \end{aligned}$$

Ein solches Gleichungssystem, in dem von Zeile zu Zeile jeweils die linke Variable wegfällt, ist immer das Ziel der Äquivalenzumformung. Man nennt diese Form eines LGS **Stufenform**. Anhand dieser Stufenform kann die Lösungsmenge leicht bestimmt werden:

- Dazu beginnt man in der Fußzeile $\boxed{6}$, aus der sich der x_3-Wert ergibt: $\mathbf{x_3 = 2}$.
- Indem man anschließend diesen Wert in Zeile $\boxed{5}$ einsetzt, erhält man eine Gleichung, mit der man die x_2-Variable berechnen kann:
  Aus $3x_2 - 7 \cdot 2 = -5$ folgt durch Umformen: $\mathbf{x_2 = 3}$.
- Den Wert für x_1 erhält man durch Einsetzen von $x_3 = 2$ und $x_2 = 3$ in Zeile $\boxed{4}$: $4x_1 + 5 \cdot 3 - 3 \cdot 2 = 5$.
- Durch Umformen folgt: $\mathbf{x_1 = -1}$.

Das LGS hat also die Lösung: $\mathbf{L = \{(-1; 3; 2)\}}$

Wie man selbst leicht nachprüfen kann, ist dies auch die Lösung des oberen LGS (Zeilen $\boxed{1}$, $\boxed{2}$, $\boxed{3}$).

Die Zahl der Zeilen und die Zahl der Variablen eines LGS bestimmen, wie eine Stufenform im Einzelnen aussieht. Die folgende Darstellung zeigt drei verschiedene Stufenformen. Alle Koeffizienten, die von der Treppe verdeckt werden, sind 0. Besteht ein LGS aus mehr Variablen als Zeilen (Fall b), tauchen in der unteren Zeile noch mehrere Variablen auf. Hat ein Gleichungssystem mehr Zeilen als Variablen (Fall c), erhält die Treppe noch einen Sockel.

Verschiedene Stufenformen

a) gleich viele Zeilen wie Variablen:

$$\begin{aligned} 4x_1 + 5x_2 - 3x_3 &= 5 \\ 3x_2 - 7x_3 &= -5 \\ 2x_3 &= 4 \end{aligned}$$

b) mehr Variablen als Zeilen:

$$\begin{aligned} 4x_1 + 5x_2 - 3x_3 + 2x_4 &= 5 \\ 3x_2 - 7x_3 + 4x_4 &= -5 \end{aligned}$$

c) mehr Zeilen als Variablen:

$$\begin{aligned} 4x_1 + 5x_2 + 2x_3 &= 5 \\ -2x_2 + 4x_3 &= -5 \\ 5x_3 &= 4 \\ &= . \\ &= . \\ &= . \end{aligned}$$

MERKE ▪ Das Gaußverfahren zur Lösung eines LGS

Beim sogenannten Gaußverfahren wird ein LGS so umgeformt, dass von Zeile zu Zeile jeweils die linke Variable wegfällt. Man nennt diese Form die Stufenform eines LGS. Anhand der Stufenform können die Variablen des LGS „von unten nach oben" leicht berechnet werden.

Bei der Äquivalenzumformung eines LGS sind folgende Rechenoperationen erlaubt:

1. **Zwei Zeilen dürfen miteinander vertauscht werden.**
2. **Eine Gleichung darf mit einer beliebigen Zahl $\neq 0$ multipliziert bzw. durch diese dividiert werden.**
3. **Eine Gleichung des LGS darf durch die Summe bzw. Differenz zweier Gleichungen ersetzt werden.**

Bei der Addition zweier Gleichungen werden jeweils die entsprechenden Koeffizienten addiert. Bei der Multiplikation einer Gleichung mit einer reellen Zahl ($\neq 0$) muss man jeden Koeffizienten der Gleichung und die Zahl rechts vom Gleichheitszeichen mit der reellen Zahl multiplizieren.

Bevor nun das Gaußverfahren an drei Beispielen demonstriert wird, noch ein **Hinweis zur Schreibweise**: Um unnötige Schreibarbeit zu sparen, stellt man Gleichungssysteme gewöhnlich in einem Schema dar, in dem die Variablen weggelassen sind. In dieser Kurzschreibweise sieht beispielsweise das LGS:

$$\begin{aligned} 2x_1 - 3x_2 + 4x_3 &= -1 \\ 4x_1 + 6x_2 - 8x_3 &= 2 \\ -x_1 + 9x_2 - 2x_3 &= 2 \end{aligned} \quad \text{so aus:} \quad \left(\begin{array}{ccc|c} 2 & -3 & 4 & -1 \\ 4 & 6 & -8 & 2 \\ -1 & 9 & -2 & 2 \end{array}\right)$$

Ein LGS kann entweder genau eine Lösung oder gar keine Lösung oder unendlich viele Lösungen haben, wie folgende Beispiele zeigen:

BEISPIEL 1 ▪ LGS mit genau einer Lösung

Bestimmen Sie die Lösungsmenge des Gleichungssystems:

$$\begin{array}{rrr|r} 2 & -3 & 4 & -1 \\ 4 & 6 & -8 & 2 \\ -1 & 9 & -2 & 2 \end{array} \quad \begin{array}{l} \boxed{1} \\ \boxed{2} \\ \boxed{3} \end{array}$$

1. Schritt: Umformen zur Stufenform

Zunächst eliminiert man in der ersten Spalte alle Koeffizienten außer dem oberen. Durch Multiplikation der ersten Gleichung mit (−2) und Addition mit der zweiten Gleichung verschwindet in Gleichung $\boxed{2}$ die Zahl 4:

$$\begin{array}{rrr|rl} -4 & 6 & -8 & 2 & (-2)\cdot\boxed{1} \\ \downarrow & \downarrow & \downarrow & & \\ 4 & 6 & -8 & 2 & \boxed{2} \\ \hline 0 & 12 & -16 & 4 & (-2)\cdot\boxed{1} + \boxed{2} \end{array}$$

Entsprechend kann man den Koeffizienten −1 in Gleichung $\boxed{3}$ eliminieren, indem man Gleichung $\boxed{3}$ mit 2 multipliziert und die Gleichung $\boxed{1}$ addiert:

$$\begin{array}{rrr|rl} 2 & -3 & 4 & -1 & \boxed{4} \\ 0 & 12 & -16 & 4 & \boxed{5} = (-2)\cdot\boxed{1} + \boxed{2} \\ 0 & 15 & 0 & 3 & \boxed{6} = 2\cdot\boxed{3} + \boxed{1} \end{array}$$

Um schließlich auf die Stufenform zu kommen, muss man nur noch den unteren Koeffizienten in der zweiten Spalte eliminieren – in diesem Beispiel also die Zahl 15. Dies gelingt, indem man Gleichung $\boxed{5}$ mit $-\frac{15}{12}$ multipliziert und zur Gleichung $\boxed{6}$ addiert.

Das neue Gleichungssystem lautet dann:

$$\begin{array}{rrr|rl} 2 & -3 & 4 & -1 & \boxed{7} \\ 0 & 12 & -16 & 4 & \boxed{8} \\ 0 & 0 & 20 & -2 & \boxed{9} = \left(-\frac{15}{12}\right)\cdot\boxed{5} + \boxed{6} \end{array}$$

2. Schritt: Bestimmen der Lösungsmenge

Ausgeschrieben lautet Gleichung $\boxed{9}$ $20x_3 = -2$. Daraus folgt sofort: $\mathbf{x_3 = -0{,}1}$. Durch Einsetzen in Gleichung $\boxed{8}$ erhält man: $12x_2 + 1{,}6 = 4$. Auflösen nach x_2 ergibt $\mathbf{x_2 = 0{,}2}$. Indem man $x_3 = -0{,}1$ und $x_2 = 0{,}2$ in Gleichung $\boxed{7}$ einsetzt, erhält man: $2x_1 - 0{,}6 - 0{,}4 = -1$ und $\mathbf{x_1 = 0}$.

Ergebnis:

Das Gleichungssystem hat genau eine Lösung – nämlich:

L = {(0; 0,2; −0,1)}

BEISPIEL 2 ▪ LGS ohne Lösung

Bestimmen Sie die Lösungsmenge des Gleichungssystems:

$$\begin{array}{ccc|cl} 0 & 1 & -2 & 12 & \boxed{1} \\ 2 & 7 & -3 & 10 & \boxed{2} \\ 2 & 5 & 1 & 1 & \boxed{3} \end{array}$$

1. Schritt: Umformen zur Stufenform

Zunächst vertauscht man die Gleichung $\boxed{2}$ mit der Gleichung $\boxed{1}$:

$$\begin{array}{ccc|cl} 2 & 7 & -3 & 10 & \boxed{4} \\ 0 & 1 & -2 & 12 & \boxed{5} \\ 2 & 5 & 1 & 1 & \boxed{6} \end{array}$$

Den vorderen Koeffizient in Gleichung $\boxed{6}$ eliminiert man, indem man Gleichung $\boxed{4}$ von Gleichung $\boxed{6}$ abzieht. Das neue Gleichungssystem lautet:

$$\begin{array}{ccc|cl} 2 & 7 & -3 & 10 & \boxed{7} \\ 0 & 1 & -2 & 12 & \boxed{8} \\ 0 & -2 & 4 & -9 & \boxed{9} = \boxed{6} - \boxed{4} \end{array}$$

Den Koeffizienten −2 in Gleichung $\boxed{9}$ kann man eliminieren, indem man zu Gleichung $\boxed{9}$ das Doppelte von Gleichung $\boxed{8}$ addiert. Man erhält:

$$\begin{array}{ccc|cl} 2 & 7 & -3 & 10 & \boxed{10} \\ 0 & 1 & -2 & 12 & \boxed{11} \\ 0 & 0 & 0 & 15 & \boxed{12} = \boxed{9} + 2\cdot\boxed{8} \end{array}$$

2. Schritt: Bestimmen der Lösungsmenge

Ausgeschrieben lautet Gleichung $\boxed{12}$: $\mathbf{0 \cdot x_3 = 15}$

Für diese Gleichung gibt es keine Lösung. Damit hat auch das ganze LGS keine Lösung.

Ergebnis: Das Gleichungssystem hat keine Lösung: $L = \{\ \}$

BEISPIEL 3 ▪ LGS mit unendlich vielen Lösungen

Bestimmen Sie die Lösungsmenge des Gleichungssystems:

$$\begin{array}{ccc|cl} 3 & 10 & -5 & 7 & \boxed{1} \\ 9 & 25 & -5 & 13 & \boxed{2} \\ 3 & 5 & 5 & -1 & \boxed{3} \end{array}$$

1. Schritt: Umformen zur Stufenform

Den ersten Koeffizient der Gleichung $\boxed{2}$ eliminiert man, indem man das Dreifache der Gleichung $\boxed{1}$ von Gleichung $\boxed{2}$ abzieht. Der erste Koeffizient von Gleichung $\boxed{3}$ verschwindet, wenn man von Gleichung $\boxed{3}$ die Gleichung $\boxed{1}$ abzieht. Man erhält:

$$\begin{array}{ccc|cl} 3 & 10 & -5 & 7 & \boxed{4} \\ 0 & -5 & 10 & -8 & \boxed{5} = \boxed{2} - 3\cdot\boxed{1} \\ 0 & -5 & 10 & -8 & \boxed{6} = \boxed{3} - \boxed{1} \end{array}$$

Den zweiten Koeffizienten in Gleichung [6] (also die Zahl −5) eliminiert man, indem man Gleichung [5] mit (−1) multipliziert und zu Gleichung [6] addiert. Das neue Gleichungssystem lautet:

3	10	−5	7	[7]
0	−5	10	−8	[8]
0	0	0	0	[9] = (−1)·[5] + [6]

2. Schritt: Bestimmen der Lösungsmenge

Ausgeschrieben lautet Gleichung [9]: $\mathbf{0 \cdot x_3 = 0}$

Diese Gleichung hat unendlich viele Lösungen für x_3. Um die Lösungsmenge angeben zu können, führt man die Hilfsvariable t ein und setzt $\mathbf{x_3 = t}$. Anschließend drückt man die beiden anderen x-Variablen in Abhängigkeit von t aus:

Durch Einsetzen von $x_3 = t$ in Gleichung [8] folgt:

$$-5x_2 + 10t = -8 \quad | -10t$$
$$-5x_2 = -8 - 10t \quad | :(-5)$$
$$x_2 = 1{,}6 + 2t$$

Einsetzen von $\mathbf{x_3 = t}$ und $\mathbf{x_2 = 1{,}6 + 2t}$ in Gleichung [7] ergibt:

$$3x_1 + 10 \cdot (\mathbf{1{,}6 + 2t}) - 5\mathbf{t} = 7$$
$$3x_1 + 16 + 20t - 5t = 7$$
$$3x_1 + 16 + 15t = 7 \quad | -16 - 15t$$
$$3x_1 = -9 - 15t \quad | :3$$
$$x_1 = -3 - 5t$$

Ergebnis:

Das Gleichungssystem hat unendlich viele Lösungen:

$\mathbf{L = \{(-3 - 5t;\ 1{,}6 + 2t;\ t) \text{ mit } t \in \mathbb{R}\}}$

CHECKLISTE

9 Lineare Gleichungssysteme

Folgende Fragen sollten Sie nun mühelos beantworten können:

- **Wie bestimmt man mit dem Gaußverfahren die Lösungsmenge eines linearen Gleichungssystems?**
- **Welche drei Fälle können bei der Lösung eines LGS auftreten und woran erkennt man sie?**
- **Wie beschreibt man die Lösungsmenge eines LGS, wenn es unendlich viele Lösungen gibt?**

10 Punkte und Vektoren im kartesischen Koordinatensystem

Lage und Ortsänderungen von Körpern werden in der analytischen Geometrie mit Punktkoordinaten und Vektoren beschrieben. Ein Vektor hat in der analytischen Geometrie die anschauliche Bedeutung eines Pfeils (lateinisch: *vector* = Träger, Fahrer). Wie man mit Punkten und Vektoren rechnet und welche Regeln dabei gelten, ist Thema des folgenden Kapitels.

10.1 Grundlegende Begriffe

Um die genaue Lage eines Punktes im Raum bzw. in der Ebene zu beschreiben, benötigt man ein Koordinatensystem. Das **kartesische Koordinatensystem** besteht aus zueinander senkrecht stehenden Achsen, auf denen jeweils im gleichen Abstand (der sogenannten Längeneinheit LE) die Achsenkoordinaten vorgegeben sind. Der Schnittpunkt der Achsen ist der Ursprung O des Koordinatensystems. In der Ebene besteht das kartesische Koordinatensystem aus zwei, im Raum aus drei Achsen. Die Bezeichnung der Achsen kann man der Abbildung entnehmen.

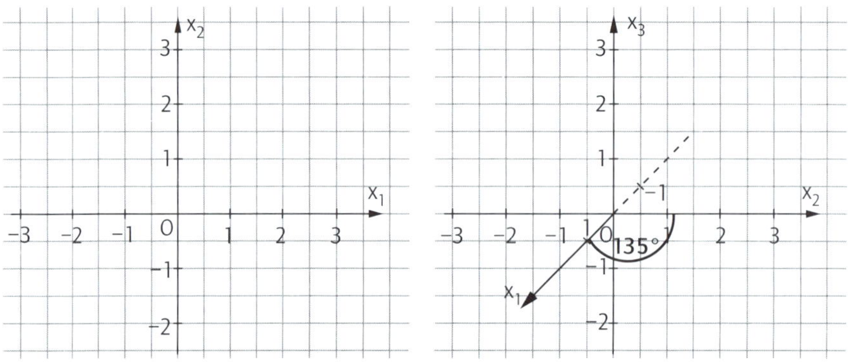

Koordinatensystem der Ebene (links) und des Raums (rechts).
Im Schrägbild des Koordinatensystems des Raums zeichnet man die x_1-Achse in einem Winkel von 135° zur x_2-Achse, die Längeneinheit wird um den Faktor $\frac{\sqrt{2}}{2}$ verkürzt dargestellt.

Die **Punktkoordinaten** legen den genauen Ort eines Punktes im Koordinatensystem fest. Sie werden nebeneinander in eine Klammer geschrieben und sind durch einen Strich getrennt: $A(a_1 | a_2 | a_3)$, mit $a_1, a_2, a_3 \in \mathbb{R}$. Die linke Koordinate ist die x_1-Koordinate, die mittlere die x_2- und die rechte die x_3-Koordinate. In der Ebene gibt es nur die x_1- und die x_2-Koordinate.

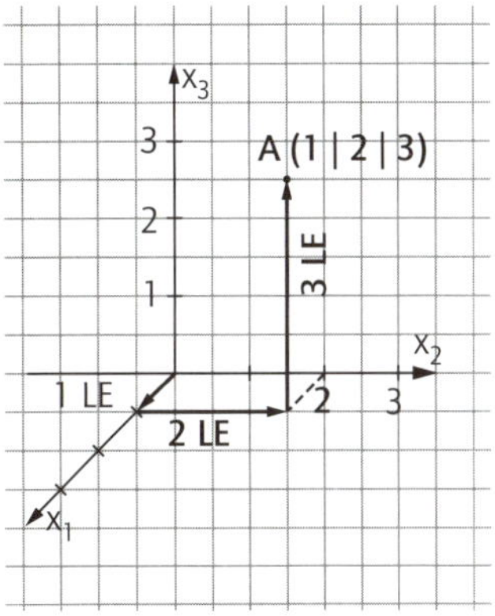

Wie man anhand der Koordinaten einen Punkt in ein Koordinatensystem einträgt, zeigt die Zeichnung am Beispiel des Punktes A(1 | 2 | 3). Zunächst geht man vom Ursprung aus eine Längeneinheit (LE) entlang der x_1-Achse, dann zwei LE parallel zur x_2-Achse und schließlich drei LE in Richtung der x_3-Achse. Bei negativen Koordinaten trägt man die Längeneinheiten in die entgegengesetzte Achsenrichtung ab.

Ortsänderungen von einem Punkt zu einem anderen werden in der analytischen Geometrie mit einem Pfeil dargestellt. Die Pfeillänge gibt an, um welche Strecke ein Punkt oder eine ganze Figur in die vorgegebene Richtung verschoben werden soll. Die Menge aller Pfeile, die in dieselbe Richtung zeigen und dieselbe Länge haben, bezeichnet man als **Vektor**. Da alle Pfeile eines Vektors dieselbe Richtung und Länge haben, stellt man einen Vektor gewöhnlich nur durch einen einzigen Pfeil dar.

Figur A:

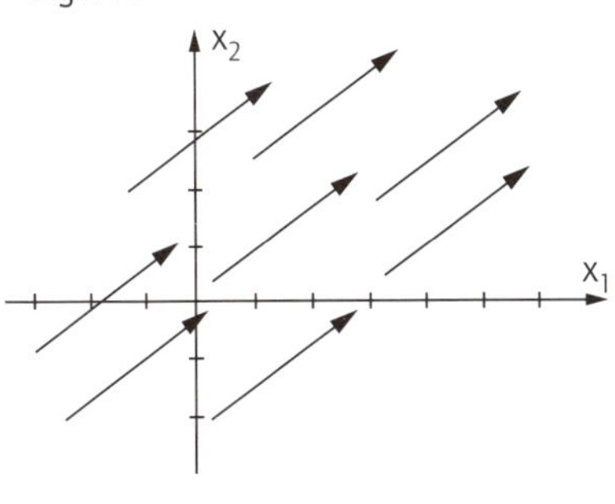

Figur B:

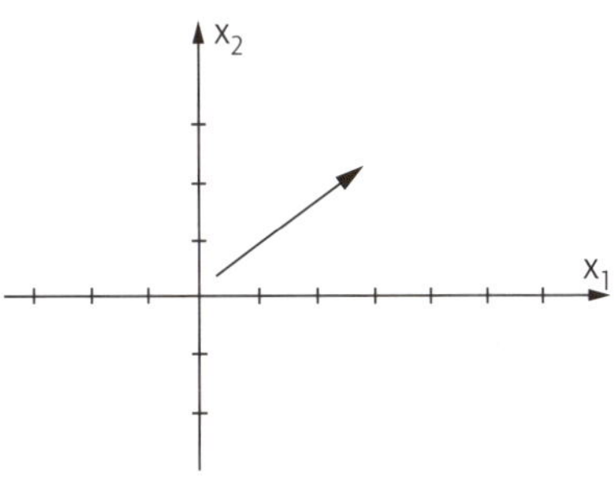

Ein Vektor ist eine Schar aus unendlich vielen Pfeilen, die in dieselbe Richtung zeigen und dieselbe Länge haben (Fig. A). Zur Darstellung genügt es, nur einen Vertreter dieser Schar zu zeichnen (Fig. B).

Vektoren werden entweder mit einem Kleinbuchstaben oder zwei Großbuchstaben dargestellt, jeweils mit einem Pfeil darüber: $\vec{a}$ bzw. $\overrightarrow{AB}$. In der

Schreibweise mit zwei Großbuchstaben bedeutet der erste Buchstabe den Pfeilanfang, der zweite Buchstabe das Pfeilende.

Wie man vom Pfeilanfang zum Pfeilende gelangt, wird durch die **Vektorkoordinaten** festgelegt. Sie werden im Gegensatz zu den Punktkoordinaten übereinander geschrieben:

$\vec{a} = \begin{pmatrix} a_1 \\ a_2 \\ a_3 \end{pmatrix}$ oder $\overrightarrow{AB} = \begin{pmatrix} v_1 \\ v_2 \\ v_3 \end{pmatrix}$

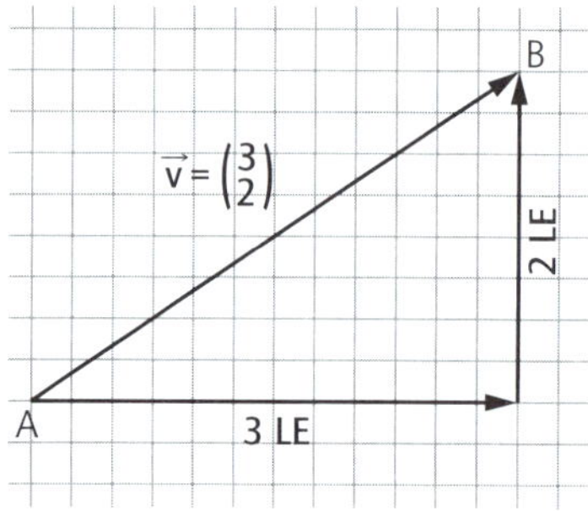

Die Lage des Pfeilendes B erhält man, indem man vom Pfeilanfang A aus um v_1 LE parallel zur x_1-Achse, dann um v_2 LE parallel zur x_2-Achse weiter und schließlich um v_3 LE parallel zur x_3-Achse geht. Die Zeichnung veranschaulicht dies: Zum Pfeilende B des Vektors $\vec{v} = \begin{pmatrix} 3 \\ 2 \end{pmatrix}$ gelangt man, wenn man vom Pfeilanfang A aus 3 LE parallel zur x_1-Achse und anschließend 2 LE parallel zur x_2-Achse geht. Die Lage des Pfeilanfangs ist beliebig. Bei negativen Vektorkoordinaten muss man in die entgegengesetzte Achsenrichtung gehen.

Spezielle Vektoren sind die **Basisvektoren** des Koordinatensystems und die sogenannten **Ortsvektoren**.

MERKE ▪ Basisvektoren und Ortsvektoren

Die Basisvektoren des Koordinatensystems geben die Richtungen der drei Koordinatenachsen an und haben jeweils die Länge 1 LE. Sie lauten:

$\overrightarrow{b_1} = \begin{pmatrix} 1 \\ 0 \\ 0 \end{pmatrix}$ **(x_1-Achse)** $\quad \overrightarrow{b_2} = \begin{pmatrix} 0 \\ 1 \\ 0 \end{pmatrix}$ **(x_2-Achse)** $\quad \overrightarrow{b_3} = \begin{pmatrix} 0 \\ 0 \\ 1 \end{pmatrix}$ **(x_3-Achse)**

Mit den Ortsvektoren wird die Lage von Punkten vektoriell beschrieben. Als den Ortsvektor $\vec{p}$ eines Punktes P bezeichnet man den Pfeil zwischen dem Koordinatenursprung O und dem Punkt P: $\vec{p} = \overrightarrow{OP}$.

Ein Ortsvektor hat immer dieselben Koordinaten wie der zugehörige Punkt und wird durch den entsprechenden Kleinbuchstaben und den Vektorpfeil gekennzeichnet.

So lautet der Ortsvektor von $P(p_1|p_2|p_3)$: $\vec{p} = \begin{pmatrix} p_1 \\ p_2 \\ p_3 \end{pmatrix}$

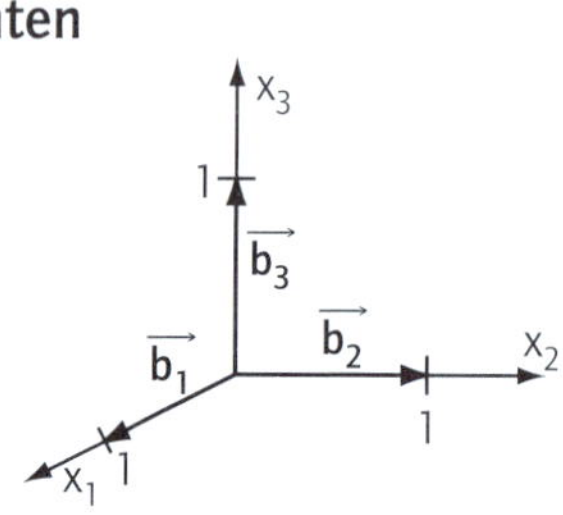

10.2 Rechnen mit Vektoren

Der Betrag eines Vektors

Der Betrag bzw. die Länge eines Vektors kann mit dem Satz des Pythagoras berechnet werden. Für den Betrag des Vektors $\vec{v} = \begin{pmatrix} v_1 \\ v_2 \end{pmatrix}$ gilt:

$|\vec{v}| = \sqrt{(v_1)^2 + (v_2)^2}$

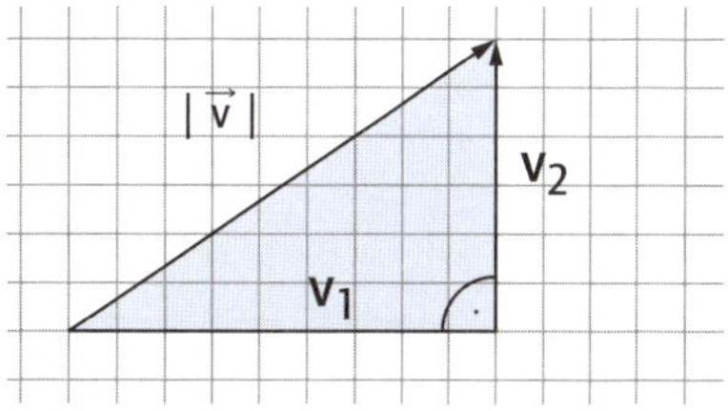

Im farbigen Dreieck gilt der Satz des Pythagoras.

MERKE ▪ Betrag eines Vektors

Für den Betrag des Vektors $\vec{v} = \begin{pmatrix} v_1 \\ v_2 \end{pmatrix}$ gilt: $|\vec{v}| = \sqrt{(v_1)^2 + (v_2)^2}$

Entsprechend gilt für $\vec{v} = \begin{pmatrix} v_1 \\ v_2 \\ v_3 \end{pmatrix}$: $|\vec{v}| = \sqrt{(v_1)^2 + (v_2)^2 + (v_3)^2}$

BEISPIEL 1 ▪ **Wie groß ist der Betrag des Vektors $\vec{v} = \begin{pmatrix} -2 \\ 4 \\ 3 \end{pmatrix}$?**

Es ist: $|\vec{v}| = \sqrt{(-2)^2 + (4)^2 + (3)^2} = \sqrt{29} \approx 5{,}39$

Das Vielfache eines Vektors

Multipliziert man einen Vektor $\vec{v}$ mit einer reellen Zahl k, erhält man einen parallelen Vektor von k-facher Länge. Es ist:

$$k \cdot \vec{v} \parallel \vec{v} \quad \text{mit} \quad |k \cdot \vec{v}| = |k| \cdot |\vec{v}|$$

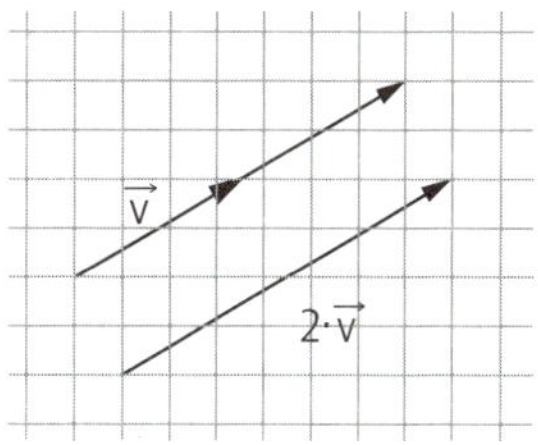

Der Vektor $2 \cdot \vec{v}$ zeigt in dieselbe Richtung wie $\vec{v}$ und ist doppelt so lang (siehe Abb. rechts).

Ist $k < 0$, zeigt der Vektor $k \cdot \vec{v}$ in die entgegengesetzte Richtung zu $\vec{v}$. Für $k = -1$ erhält man den sogenannten Gegenvektor. $-\vec{a}$ ist der Gegenvektor von $\vec{a}$. Er ist gleich lang wie $\vec{a}$, zeigt aber in die entgegengesetzte Richtung (s. Abb. rechts).

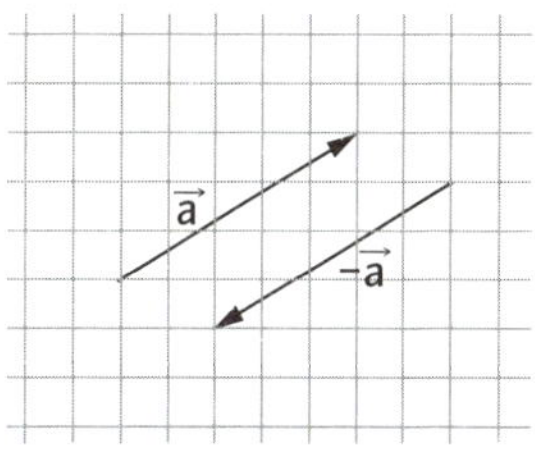

MERKE ▪ Das Vielfache eines Vektors

Für die Berechnung des Produkts $k \cdot \vec{v}$ muss man jede Vektorkoordinate mit k multiplizieren. Es gilt: $k \cdot \vec{v} = k \cdot \begin{pmatrix} v_1 \\ v_2 \\ v_3 \end{pmatrix} = \begin{pmatrix} k \cdot v_1 \\ k \cdot v_2 \\ k \cdot v_3 \end{pmatrix}$

BEISPIEL 2 ▪ **Wie lautet der Vektor $4\cdot\vec{a}$ mit $\vec{a}=\begin{pmatrix}3\\\frac{5}{4}\\-\frac{7}{8}\end{pmatrix}$?**

Es ist $4\cdot\vec{a}=4\cdot\begin{pmatrix}3\\\frac{5}{4}\\-\frac{7}{8}\end{pmatrix}=\begin{pmatrix}12\\5\\-\frac{7}{2}\end{pmatrix}$.

Summe und Differenz von Vektoren

Die **Summe** zweier Vektoren $\vec{a}$ und $\vec{b}$ erhält man, indem man den Anfang des Vektors $\vec{b}$ an die Spitze des Vektors $\vec{a}$ anlegt. Der resultierende Vektor zeigt vom Anfang des Vektors $\vec{a}$ zur Spitze von Vektor $\vec{b}$.

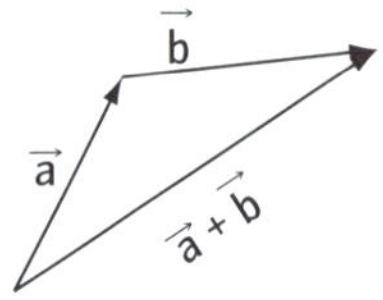

Die **Differenz** $\vec{a}-\vec{b}$ zwischen den Vektoren $\vec{a}$ und $\vec{b}$ erhält man, indem man den Gegenvektor von $\vec{b}$ zum Vektor $\vec{a}$ addiert.
Es gilt: $\vec{a}-\vec{b}=\vec{a}+(-\vec{b})$

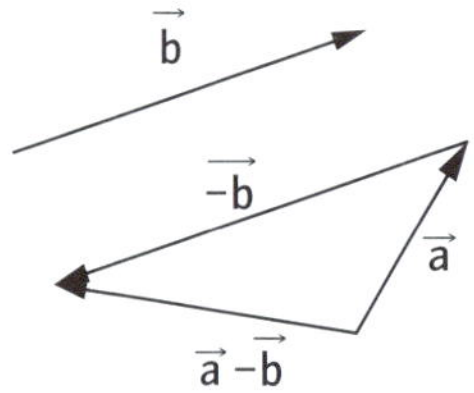

MERKE ▪ **Summe und Differenz von Vektoren**

Die Summe bzw. Differenz zweier Vektoren wird berechnet, indem man die jeweiligen Vektorkoordinaten addiert bzw. voneinander abzieht:

$$\vec{a}+\vec{b}=\begin{pmatrix}a_1\\a_2\\a_3\end{pmatrix}+\begin{pmatrix}b_1\\b_2\\b_3\end{pmatrix}=\begin{pmatrix}a_1+b_1\\a_2+b_2\\a_3+b_3\end{pmatrix} \text{ und } \vec{a}-\vec{b}=\begin{pmatrix}a_1\\a_2\\a_3\end{pmatrix}-\begin{pmatrix}b_1\\b_2\\b_3\end{pmatrix}=\begin{pmatrix}a_1-b_1\\a_2-b_2\\a_3-b_3\end{pmatrix}$$

Beachte: Auch beim Rechnen mit Vektoren gilt: „Punkt vor Strich"!

BEISPIEL 3 ▪ **Berechnen Sie $\begin{pmatrix}1\\0\\-2\end{pmatrix}-\begin{pmatrix}4\\-2\\5\end{pmatrix}$.**

Es ist $\begin{pmatrix}1\\0\\-2\end{pmatrix}-\begin{pmatrix}4\\-2\\5\end{pmatrix}=\begin{pmatrix}1-4\\0+2\\-2-5\end{pmatrix}=\begin{pmatrix}-3\\2\\-7\end{pmatrix}$

BEISPIEL 4 ▪ **Fassen Sie zusammen: $\begin{pmatrix}-3\\4\\\frac{3}{2}\end{pmatrix}+4\cdot\begin{pmatrix}1\\5\\-2\end{pmatrix}$**

Es ist $\begin{pmatrix}-3\\4\\\frac{3}{2}\end{pmatrix}+4\cdot\begin{pmatrix}1\\5\\-2\end{pmatrix}=\begin{pmatrix}-3\\4\\\frac{3}{2}\end{pmatrix}+\begin{pmatrix}4\\20\\-8\end{pmatrix}=\begin{pmatrix}1\\24\\-6{,}5\end{pmatrix}$

Der Vektor zwischen zwei Punkten

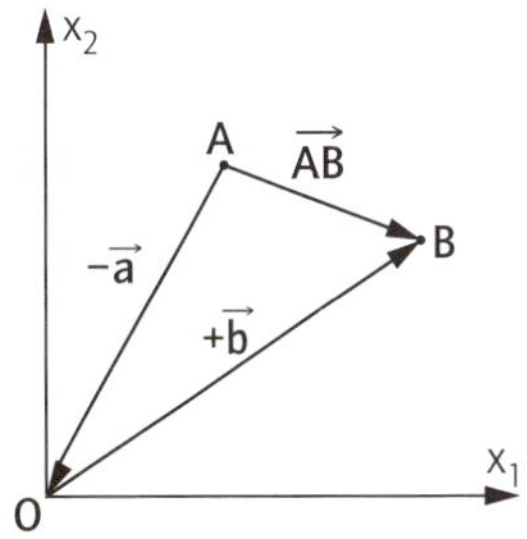

Der Vektor $\overrightarrow{AB}$ beschreibt den direkten Weg von A nach B. Von A nach B gelangt man aber auch über den Umweg $\overrightarrow{AO} \to \overrightarrow{OB}$. Dazu addiert man zum Vektor $-\vec{a}$ den Ortsvektor von B. Demzufolge gilt die Vektorgleichung:
$\overrightarrow{AB} = -\vec{a} + \vec{b} = \vec{b} - \vec{a}$

MERKE ▪ Vektor zwischen zwei Punkten

Den Vektor $\overrightarrow{AB}$ zwischen den Punkten A und B erhält man, indem man den Ortsvektor von A vom Ortsvektor von B abzieht:

$$\overrightarrow{AB} = \vec{b} - \vec{a} = \begin{pmatrix} b_1 \\ b_2 \\ b_3 \end{pmatrix} - \begin{pmatrix} a_1 \\ a_2 \\ a_3 \end{pmatrix} = \begin{pmatrix} b_1 - a_1 \\ b_2 - a_2 \\ b_3 - a_3 \end{pmatrix}$$

BEISPIEL 5 ▪ Wie lautet der Vektor zwischen den beiden Punkten?

a) A(1 | −4 | 3) und B(0 | 2 | −5) $\overrightarrow{AB} = \vec{b} - \vec{a} = \begin{pmatrix} 0 \\ 2 \\ -5 \end{pmatrix} - \begin{pmatrix} 1 \\ -4 \\ 3 \end{pmatrix} = \begin{pmatrix} -1 \\ 6 \\ -8 \end{pmatrix}$

b) Q(−3 | 0 | 1,5) und R(−2,5 | −2 | 3) $\overrightarrow{QR} = \vec{r} - \vec{q} = \begin{pmatrix} -2{,}5 \\ -2 \\ 3 \end{pmatrix} - \begin{pmatrix} -3 \\ 0 \\ 1{,}5 \end{pmatrix} = \begin{pmatrix} 0{,}5 \\ -2 \\ 1{,}5 \end{pmatrix}$

Die Mitte zwischen zwei Punkten

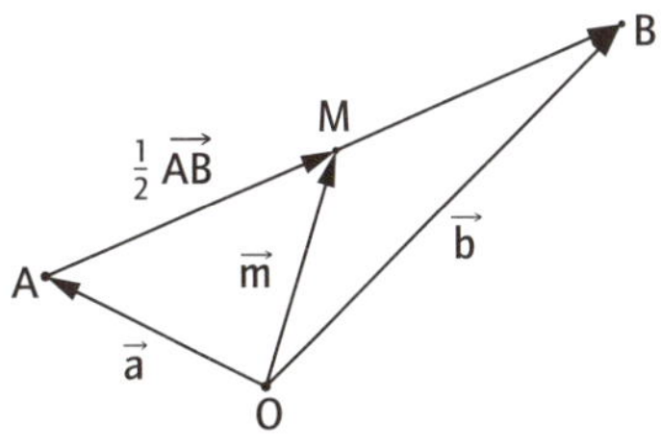

Für den Ortsvektor des Mittelpunkts M zwischen zwei Punkten A und B gilt:

$$\begin{aligned} \vec{m} &= \vec{a} + \tfrac{1}{2}\overrightarrow{AB} = \vec{a} + \tfrac{1}{2}\left(\vec{b} - \vec{a}\right) \\ &= \vec{a} + \tfrac{1}{2}\vec{b} - \tfrac{1}{2}\vec{a} = \tfrac{1}{2}\vec{a} + \tfrac{1}{2}\vec{b} \\ &= \tfrac{1}{2}\left(\vec{a} + \vec{b}\right) \end{aligned}$$

Das bedeutet, dass die Koordinaten von M das arithmetische Mittel der jeweiligen Koordinaten von A und B sind.
Der Mittelpunkt M halbiert die Strecke AB.

MERKE ▪ Die Mitte zwischen zwei Punkten

Die Koordinaten des Mittelpunkts $M(m_1 | m_2 | m_3)$ zwischen den Punkten $A(a_1 | a_2 | a_3)$ und $B(b_1 | b_2 | b_3)$ sind das arithmetische Mittel der jeweiligen Koordinaten von A und B.

Es gilt: $m_1 = \frac{a_1 + b_1}{2}$, $m_2 = \frac{a_2 + b_2}{2}$, $m_3 = \frac{a_3 + b_3}{2}$

BEISPIEL 6 ▪ Berechnen Sie die Koordinaten des Mittelpunkts zwischen den Punkten A(2|−5|7) und B(6|3|−1).

Es gilt: $m_1 = \frac{2+6}{2} = 4,\ m_2 = \frac{-5+3}{2} = -1,\ m_3 = \frac{7+(-1)}{2} = 3$

Ergebnis: Die Mitte M zwischen A und B hat die Koordinaten M(4|−1|3).

Teilverhältnis einer Strecke

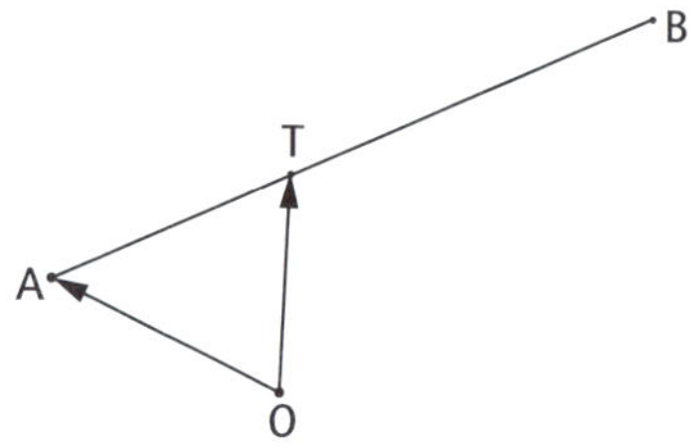

Liegt ein Punkt T nicht genau in der Mitte zwischen den Punkten A und B, kann man das Teilverhältnis, in dem der Punkt T die Strecke AB teilt, folgendermaßen berechnen.

> **MERKE ▪ Teilverhältnis einer Strecke**
>
> **Liegt ein Punkt T auf der Strecke AB, nennt man den Quotienten $t = \frac{\overline{AT}}{\overline{BT}}$ das Teilverhältnis, in dem der Punkt T die Strecke AB teilt.**
>
> **Mit $\overline{BT} = \overline{AB} - \overline{AT}$ erhält man die Beziehung: $\frac{t}{t+1} = \frac{\overline{AT}}{\overline{AB}}$.**
>
> **Für den Ortsvektor des Punktes T gilt: $\overrightarrow{OT} = \overrightarrow{OA} + \frac{t}{t+1} \cdot \overrightarrow{AB}$**

Hinweis: Die Länge einer Strecke AB ist gleich dem Betrag des Vektors zwischen A und B (→ Seite 131).

BEISPIEL 7 ▪ Gegeben ist die Strecke AB mit A(4|2|−3) und B(9|−3|7). Der Punkt T(6|0|1) liegt auf der Strecke AB. In welchem Verhältnis teilt T die Strecke AB?

Es ist $\overline{AT} = \left|\overrightarrow{AT}\right| = \left|\begin{pmatrix} 2 \\ -2 \\ 4 \end{pmatrix}\right| = \sqrt{4+4+16} = \sqrt{24}$ und

$\overline{BT} = \left|\overrightarrow{BT}\right| = \left|\begin{pmatrix} -3 \\ 3 \\ -6 \end{pmatrix}\right| = \sqrt{9+9+36} = \sqrt{54}$.

Damit folgt: $t = \frac{\overline{AT}}{\overline{BT}} = \frac{\sqrt{24}}{\sqrt{54}} = \sqrt{\frac{24}{54}} = \sqrt{\frac{4}{9}} = \frac{2}{3}$.

Der Punkt T teilt die Strecke also im Verhältnis 2 : 3.

BEISPIEL 8 ▪ Gegeben sind die Punkte A(−1|5|2) und B(6|−9|2). Wie muss man die Koordinaten eines Punktes T wählen, damit die Strecke AB von T im Verhältnis 3 : 4 geteilt wird?

Mit $t = \frac{3}{4}$ erhält man: $\frac{t}{t+1} = \frac{3}{7}$. Damit folgt für den Ortsvektor von T:

$$\overrightarrow{OT} = \overrightarrow{OA} + \frac{3}{7}\cdot\overrightarrow{AB} = \begin{pmatrix}-1\\5\\2\end{pmatrix} + \frac{3}{7}\cdot\begin{pmatrix}7\\-14\\0\end{pmatrix} = \begin{pmatrix}2\\-1\\2\end{pmatrix}$$

Der Punkt T hat also die Koordinaten $T(2\,|-1\,|\,2)$.

Das Skalarprodukt und der Winkel zwischen zwei Vektoren

Das Produkt zwischen zwei Vektoren $\vec{a}$ und $\vec{b}$ bezeichnet man als **Skalarprodukt**. Die Bedeutung des Skalarprodukts für die analytische Geometrie besteht darin, dass damit der Winkel zwischen zwei Vektoren berechnet werden kann.

MERKE ▪ Skalarprodukt und Winkel

Für das Skalarprodukt zwischen zwei Vektoren $\vec{a}$ und $\vec{b}$ gilt:

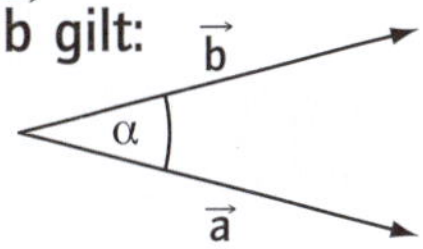

$$\vec{a}\cdot\vec{b} = \begin{pmatrix}a_1\\a_2\\a_3\end{pmatrix}\cdot\begin{pmatrix}b_1\\b_2\\b_3\end{pmatrix} = a_1\cdot b_1 + a_2\cdot b_2 + a_3\cdot b_3$$

Mit dem Skalarprodukt und den Beträgen der beiden Vektoren kann der Winkel α zwischen den beiden Vektoren berechnet werden.

Es gilt: $\cos(\alpha) = \dfrac{\vec{a}\cdot\vec{b}}{|\vec{a}|\cdot|\vec{b}|}$ **und** $\alpha = \cos^{-1}\dfrac{\vec{a}\cdot\vec{b}}{|\vec{a}|\cdot|\vec{b}|}$

Wenn zwei Vektoren $\vec{a}$ und $\vec{b}$ senkrecht aufeinander stehen, ist das Skalarprodukt $\vec{a}\cdot\vec{b} = 0$. (Dies folgt aus $\cos(90°) = 0$.)

Genauso gilt umgekehrt:

Wenn das Skalarprodukt $\vec{a}\cdot\vec{b}$ zwischen zwei Vektoren gleich 0 ist, stehen die beiden Vektoren $\vec{a}$ und $\vec{b}$ senkrecht aufeinander.

BEISPIEL 9 ▪ Berechnen Sie das Skalarprodukt und den Winkel zwischen den Vektoren.

a) $\vec{a} = \begin{pmatrix}3\\\frac{1}{4}\\-7\end{pmatrix}$, $\vec{b} = \begin{pmatrix}-5\\4\\-1\end{pmatrix}$ **b)** $\vec{n} = \begin{pmatrix}0\\2\\-1\end{pmatrix}$, $\vec{v} = \begin{pmatrix}-1\\2{,}5\\-3\end{pmatrix}$

a) $\vec{a}\cdot\vec{b} = \begin{pmatrix}3\\\frac{1}{4}\\-7\end{pmatrix}\cdot\begin{pmatrix}-5\\4\\-1\end{pmatrix} = 3\cdot(-5) + \frac{1}{4}\cdot 4 + (-7)\cdot(-1) = -15 + 1 + 7 = -7$

Mit $|\vec{a}| \approx 7{,}62$ und $|\vec{b}| \approx 6{,}48$ folgt: $\cos(\alpha) = \frac{-7}{7{,}62\cdot 6{,}48} \Rightarrow \alpha = 98{,}1°$.

b) $\vec{n}\cdot\vec{v} = \begin{pmatrix}0\\2\\-1\end{pmatrix}\cdot\begin{pmatrix}-1\\2{,}5\\-3\end{pmatrix} = 0\cdot(-1) + 2\cdot 2{,}5 + (-1)\cdot(-3) = 5 + 3 = 8$

Mit $|\vec{n}| \approx 2{,}24$ und $|\vec{v}| \approx 4{,}03$ folgt: $\cos(\alpha) = \frac{8}{2{,}24\cdot 4{,}03} \Rightarrow \alpha = 27{,}6°$.

10.3 Lineare Abhängigkeit und Unabhängigkeit

Drei Vektoren sind linear unabhängig, wenn keiner der drei Vektoren als Linearkombination der beiden anderen Vektoren beschrieben werden kann.

> **MERKE ▪ Lineare Unabhängigkeit von Vektoren**
>
> **Die n Vektoren $\vec{v_1}, \vec{v_2}, \ldots, \vec{v_n}$ sind linear unabhängig, wenn es für die Gleichung $\alpha_1 \cdot \vec{v_1} + \alpha_2 \cdot \vec{v_2} + \ldots + \alpha_n \cdot \vec{v_n} = \vec{o}$ nur die Nulllösung $\alpha_1 = \alpha_2 = \ldots = \alpha_n = 0$ gibt. Die Koordinaten des Vektors $\vec{o}$, des sogenannten Nullvektors, sind alle 0.**

BEISPIEL 10 ▪ Überprüfen Sie, ob die drei Vektoren linear unabhängig sind. $\vec{a} = \begin{pmatrix} 1 \\ 3 \\ -2 \end{pmatrix}$, $\vec{b} = \begin{pmatrix} 5 \\ 2 \\ 7 \end{pmatrix}$, $\vec{c} = \begin{pmatrix} 3 \\ 0 \\ 4 \end{pmatrix}$

Zur Überprüfung der linearen Unabhängigkeit muss die Lösung der Gleichung

$\alpha_1 \cdot \begin{pmatrix} 1 \\ 3 \\ -2 \end{pmatrix} + \alpha_2 \cdot \begin{pmatrix} 5 \\ 2 \\ 7 \end{pmatrix} + \alpha_3 \cdot \begin{pmatrix} 3 \\ 0 \\ 4 \end{pmatrix} = \begin{pmatrix} 0 \\ 0 \\ 0 \end{pmatrix}$ bestimmt werden.

Als Gleichungssystem lautet diese Vektorgleichung:

$$\begin{aligned} \alpha_1 + 5\alpha_2 + 3\alpha_3 &= 0 \\ 3\alpha_1 + 2\alpha_2 &= 0 \\ -2\alpha_1 + 7\alpha_2 + 4\alpha_3 &= 0 \end{aligned}$$

Und in der Kurzschreibweise:

$$\begin{array}{rrr|r l} 1 & 5 & 3 & 0 & \boxed{1} \\ 3 & 2 & 0 & 0 & \boxed{2} \\ -2 & 7 & 4 & 0 & \boxed{3} \end{array}$$

$$\begin{array}{rrr|r l} 1 & 5 & 3 & 0 & \boxed{4} \\ 0 & -13 & -9 & 0 & \boxed{5} = \boxed{1} \cdot (-3) + \boxed{2} \\ 0 & 17 & 10 & 0 & \boxed{6} = \boxed{1} \cdot 2 + \boxed{3} \end{array}$$

$$\begin{array}{rrr|r l} 1 & 5 & 3 & 0 & \boxed{7} \\ 0 & -13 & -9 & 0 & \boxed{8} \\ 0 & 0 & -\frac{23}{13} & 0 & \boxed{9} = \boxed{5} \cdot \left(\frac{17}{13}\right) + \boxed{6} \end{array}$$

Ausführlich mit den Variablen sieht die Stufenform so aus:

$$\begin{aligned} \alpha_1 + 5\alpha_2 + 3\alpha_3 &= 0 \\ 13\alpha_2 - 9\alpha_3 &= 0 \\ -\frac{23}{13}\alpha_3 &= 0 \end{aligned}$$

Demzufolge ist die einzige Lösung: $\alpha_1 = \alpha_2 = \alpha_3 = 0$.

Damit sind die drei Vektoren linear unabhängig.

BEISPIEL 11 ▪ Untersuchen Sie die drei Vektoren auf lineare Unabhängigkeit. $\vec{a} = \begin{pmatrix} -2 \\ 5 \\ 1 \end{pmatrix}$, $\vec{b} = \begin{pmatrix} 4 \\ -3 \\ 2 \end{pmatrix}$, $\vec{c} = \begin{pmatrix} 2 \\ 9 \\ 7 \end{pmatrix}$

Gesucht ist wieder die Lösung der Gleichung

$$\alpha_1 \cdot \begin{pmatrix} -2 \\ 5 \\ 1 \end{pmatrix} + \alpha_2 \cdot \begin{pmatrix} 4 \\ -3 \\ 2 \end{pmatrix} + \alpha_3 \cdot \begin{pmatrix} 2 \\ 9 \\ 7 \end{pmatrix} = \begin{pmatrix} 0 \\ 0 \\ 0 \end{pmatrix}$$

Als Gleichungssystem lautet diese Vektorgleichung:

$$\begin{aligned} -2\alpha_1 + 4\alpha_2 + 2\alpha_3 &= 0 \quad \boxed{1} \\ 5\alpha_1 - 3\alpha_2 + 9\alpha_3 &= 0 \quad \boxed{2} \\ \alpha_1 + 2\alpha_2 + 7\alpha_3 &= 0 \quad \boxed{3} \end{aligned}$$

Eine Stufenform dieses LGS ist (ohne Rechnung):

$$\begin{aligned} -2\alpha_1 + 4\alpha_2 + 2\alpha_3 &= 0 \\ \alpha_2 + 2\alpha_3 &= 0 \\ 0 \cdot \alpha_3 &= 0 \end{aligned}$$

Dieses LGS hat unendlich viele Lösungen: $\alpha_1 = -3t$, $\alpha_2 = -2t$ und $\alpha_3 = t$ mit $t \in \mathbb{R}$. Damit sind die drei Vektoren linear abhängig.

CHECKLISTE

10 Punkte und Vektoren im kartesischen Koordinatensystem

Folgende Fragen sollten Sie nun mühelos beantworten können:

- **Wie zeichnet man ein dreidimensionales Koordinatensystem und wie trägt man darin einen Punkt ein?**
- **Was versteht man unter „Vektor", „Basisvektor" und „Ortsvektor"?**
- **Wie berechnet man die Länge bzw. den Betrag eines Vektors?**
- **Wie berechnet man das Vielfache eines Vektors?**
- **Was bedeuten die Summe und die Differenz zweier Vektoren geometrisch und wie berechnet man sie?**
- **Wie berechnet man den Vektor zwischen zwei Punkten?**
- **Wie berechnet man die Mitte zwischen zwei Punkten?**
- **Wie berechnet man das Teilverhältnis, in dem eine Strecke durch einen Punkt geteilt wird?**
- **Wie berechnet man das Skalarprodukt zwischen zwei Vektoren?**
- **Wie berechnet man den Winkel zwischen zwei Vektoren?**
- **Was bedeuten die Begriffe „lineare Unabhängigkeit" und „lineare Abhängigkeit" von Vektoren?**
- **Wie überprüft man, ob drei Vektoren linear unabhängig sind?**

11 Geraden- und Ebenengleichungen

Mit den in Kapitel 10 eingeführten Begriffen „Punkte und Vektoren" können nun auch Geraden und Ebenen rechnerisch exakt angegeben werden. Wichtig dabei ist die (triviale) Grundkenntnis, dass eine Gerade durch zwei Punkte und eine Ebene durch drei nicht in einer Linie liegende Punkte festgelegt ist. Im letzten Abschnitt des folgenden Kapitels wird dann gezeigt, wie man Ebenen in einem Koordinatensystem so darstellen kann, dass ein räumlicher Eindruck entsteht.

11.1 Die Parameterform

Die Gerade

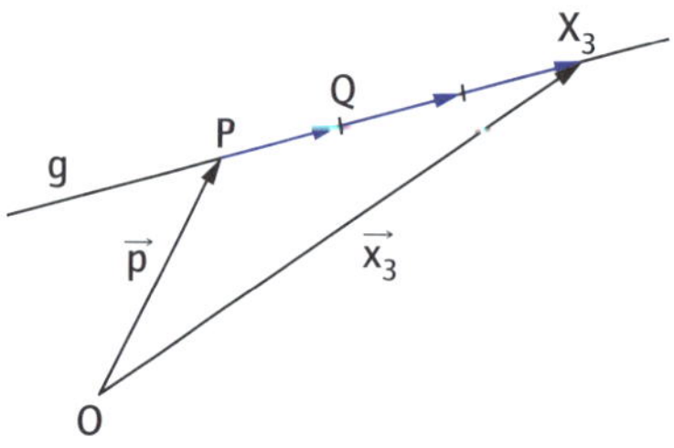

Eine **Gerade** ist durch zwei Punkte, die auf ihr liegen, eindeutig bestimmt. Mit den Ortsvektoren dieser zwei Punkte kann die Lage aller anderen Geradenpunkte vektoriell beschrieben werden. Beispielsweise gilt in nebenstehender Zeichnung für den Ortsvektor $\vec{x_3}$ des Geradenpunkts X_3 (mit $P, Q \in g$): $\vec{x_3} = \vec{p} + 3 \cdot \overrightarrow{PQ}$ bzw. $\vec{x_3} = \vec{p} + 3 \cdot (\vec{q} - \vec{p})$. Zu jedem beliebigen Geradenpunkt gelangt man, indem man zum Ortsvektor von P das entsprechende Vielfache des Vektors $\overrightarrow{PQ}$ addie rt: $\vec{x} = \vec{p} + t \cdot \overrightarrow{PQ}$ mit $t \in \mathbb{R}$.

MERKE ▪ Geradengleichung

Sind P und Q zwei Punkte der Geraden g ($P, Q \in g$), so gibt es zu jedem beliebigen Geradenpunkt X ein $t \in \mathbb{R}$, sodass gilt: $\vec{x} = \vec{p} + t \cdot \overrightarrow{PQ}$.
Diese Gleichung nennt man die Parameterform einer Geraden. Den Vektor $\overrightarrow{PQ}$ nennt man den Richtungsvektor der Geraden. Umgekehrt liegt ein Punkt X nur dann auf der Geraden, wenn es ein $t \in \mathbb{R}$ gibt, sodass sein Ortsvektor $\vec{x}$ die Vektorgleichung $\vec{x} = \vec{p} + t \cdot \overrightarrow{PQ}$ erfüllt.

Anmerkung: Statt $\overrightarrow{PQ}$ kann man auch jeden zu $\overrightarrow{PQ}$ parallelen Vektor $\vec{v}$ als Richtungsvektor nehmen.

Die Ebene

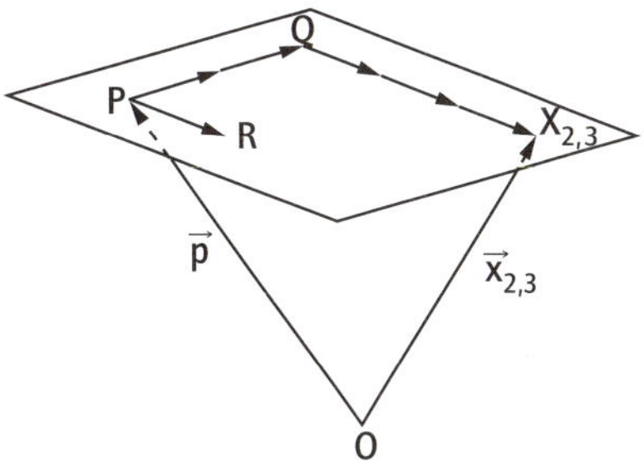

Eine **Ebene** ist durch drei Punkte eindeutig bestimmt, sofern diese drei Punkte nicht auf einer Geraden liegen. Wie man mithilfe dreier solcher Ebenenpunkte jeden anderen beliebigen Punkt der Ebene beschreiben kann, veranschaulicht nebenstehende Zeichnung: Die Ebene E ist durch die Punkte P, Q und R eindeutig festgelegt. Für den Ortsvektor des Ebenenpunkts $X_{2,3}$ gilt dann: $\vec{x}_{2,3} = \vec{p} + 2 \cdot \overrightarrow{PQ} + 3 \cdot \overrightarrow{PR}$ bzw. $\vec{x}_{2,3} = \vec{p} + 2 \cdot (\vec{q} - \vec{p}) + 3 \cdot (\vec{r} - \vec{p})$
Ganz entsprechend kann man die Lage von jedem beliebigen Ebenenpunkt beschreiben.

MERKE ▪ Parameterform einer Ebene
Sind P, Q und R drei Punkte einer Ebene, die nicht auf einer Geraden liegen, gibt es zu jedem beliebigen Punkt X der Ebene ein Wertepaar s, t (mit $s, t \in \mathbb{R}$), sodass gilt: $\vec{x} = \vec{p} + s \cdot \overrightarrow{PQ} + t \cdot \overrightarrow{PR}$.
Diese Gleichung ist die Parameterform einer Ebene. Umgekehrt liegt ein Punkt X nur dann auf der Ebene E, wenn es für s und t Werte gibt, sodass sein Ortsvektor $\vec{x}$ diese Gleichung erfüllt.
$\overrightarrow{PQ}$ und $\overrightarrow{PR}$ nennt man Spannvektoren, da die Ebene von ihnen aufgespannt wird. Der Vektor $\vec{p}$ wird Stützvektor der Ebene genannt.

Anmerkung: Als Spannvektoren können alle Vektoren $\vec{u}$ und $\vec{v}$ verwendet werden, die in der Ebene liegen und nicht parallel zueinander sind.

BEISPIEL 1 ▪ Bestimmen Sie die Geradengleichung der Geraden g, die durch die Punkte $A(3|-1|0)$ und $B\left(5 \left| \frac{2}{3} \right| -2\right)$ verläuft.

Zeigen Sie, dass $C(-3|-6|6)$ auf g liegt.

Der Richtungsvektor der Geraden ist $\overrightarrow{AB} = \begin{pmatrix} 5 \\ \frac{2}{3} \\ -2 \end{pmatrix} - \begin{pmatrix} 3 \\ -1 \\ 0 \end{pmatrix} = \begin{pmatrix} 2 \\ \frac{5}{3} \\ -2 \end{pmatrix}$.

Mit dem Geradenpunkt $A(3|-1|0)$ lautet die Parameterform:

$$g: \vec{x} = \begin{pmatrix} 3 \\ -1 \\ 0 \end{pmatrix} + t \cdot \begin{pmatrix} 2 \\ \frac{5}{3} \\ -2 \end{pmatrix}$$

Zu zeigen: $C(-3|-6|6) \in g$

Da die Gleichung $\begin{pmatrix}-3\\-6\\6\end{pmatrix} = \begin{pmatrix}3\\-1\\0\end{pmatrix} + t\cdot\begin{pmatrix}2\\\frac{5}{3}\\-2\end{pmatrix}$ für $t = -3$ erfüllt ist, liegt $C(-3|-6|6)$ auf g.

BEISPIEL 2 ▪ **Bestimmen Sie die Parameterform der Ebene E, wenn die Punkte P(1|3|3), Q(1|−1|0) und R(−2|2|1) auf E liegen.**

Mit $\vec{p} = \begin{pmatrix}1\\3\\3\end{pmatrix}$ als Stützvektor und den Spannvektoren

$\overrightarrow{PQ} = \begin{pmatrix}1\\-1\\0\end{pmatrix} - \begin{pmatrix}1\\3\\3\end{pmatrix} = \begin{pmatrix}0\\-4\\-3\end{pmatrix}$ und $\overrightarrow{PR} = \begin{pmatrix}-2\\2\\1\end{pmatrix} - \begin{pmatrix}1\\3\\3\end{pmatrix} = \begin{pmatrix}-3\\-1\\-2\end{pmatrix}$

lautet die Parameterform: E: $\vec{x} = \begin{pmatrix}1\\3\\3\end{pmatrix} + s\cdot\begin{pmatrix}0\\-4\\-3\end{pmatrix} + t\cdot\begin{pmatrix}-3\\-1\\-2\end{pmatrix}$

BEISPIEL 3 ▪ **Bestimmen Sie die Parameterform der Ebene E′, wenn die Ebene E′ die Gerade g: $\vec{x} = \begin{pmatrix}12\\0\\-17\end{pmatrix} + t\cdot\begin{pmatrix}-0{,}5\\1\\4\end{pmatrix}$ und den Punkt P′(2|4|1) enthält.**

Der Ortsvektor von P′(2|4|1) sei der Stützvektor von E′. Der Geradenpunkt A(12|0|−17) ist wegen $g \in E'$ auch ein Punkt der Ebene E′.

Den Richtungsvektor $\vec{v} = \begin{pmatrix}-0{,}5\\1\\4\end{pmatrix}$ der Geraden g kann man als einen Spannvektor von E′ nehmen, da g in E′ liegt ($g \in E'$).

Der Vektor $\overrightarrow{AP'} = \begin{pmatrix}2\\4\\1\end{pmatrix} - \begin{pmatrix}12\\0\\-17\end{pmatrix} = \begin{pmatrix}-10\\4\\18\end{pmatrix}$ ist der zweite Spannvektor,

da $\overrightarrow{AP'}$ in der Ebene E′ liegt und nicht parallel zu $\vec{v}$ ist.

Damit lautet die Parameterform der Ebene E′: $\vec{x} = \begin{pmatrix}2\\4\\1\end{pmatrix} + s\cdot\begin{pmatrix}-0{,}5\\1\\4\end{pmatrix} + t\cdot\begin{pmatrix}-10\\4\\18\end{pmatrix}$

BEISPIEL 4 ▪ **Bestimmen Sie die Parameterform der Ebene E, wenn die Geraden g und h in der Ebene liegen.**

g: $\vec{x} = \begin{pmatrix}5\\-3\\4\end{pmatrix} + s\cdot\begin{pmatrix}1\\0\\-3\end{pmatrix}$ und h: $\vec{x} = \begin{pmatrix}7\\6\\-2\end{pmatrix} + t\cdot\begin{pmatrix}0\\-4\\1\end{pmatrix}$

Da beide Geraden in der Ebene liegen und nicht parallel zueinander sind, können ihre Richtungsvektoren als Spannvektoren von E genommen werden:

$\vec{u} = \begin{pmatrix}1\\0\\-3\end{pmatrix}$ und $\vec{v} = \begin{pmatrix}0\\-4\\1\end{pmatrix}$

Ein Punkt auf der Geraden g ist A(5|−3|4). Wegen $g \in E$ ist auch $A \in E$. Somit kann man den Ortsvektor von A als Stützvektor der Ebene nehmen.

Damit lautet die Parameterform der Ebene y: E: $\vec{x} = \begin{pmatrix}5\\-3\\4\end{pmatrix} + s\cdot\begin{pmatrix}1\\0\\-3\end{pmatrix} + t\cdot\begin{pmatrix}0\\-4\\1\end{pmatrix}$.

11.2 Die Koordinatengleichung

Neben der Parameterform gibt es noch eine weitere Möglichkeit, eine Ebene zu beschreiben: die sogenannte **Koordinatengleichung**. Sie hat gegenüber der Parameterform den Vorteil, dass man mit einem viel geringeren Rechenaufwand prüfen kann, ob ein Punkt in der Ebene liegt oder nicht. Außerdem spielt die Koordinatengleichung bei der Bestimmung von Abständen eine große Rolle (→ Seite 133 ff.).

MERKE ▪ Koordinatengleichung

Die Koordinatengleichung einer Ebene E hat die Form:

$n_1 \cdot x_1 + n_2 \cdot x_2 + n_3 \cdot x_3 = d$ mit n_1, n_2, n_3 und $d \in \mathbb{R}$.

Die Werte für n_1, n_2 und n_3 sind die Koordinaten eines Vektors $\vec{n}$, der senkrecht auf der Ebene steht. Dieser Vektor heißt Normalenvektor.
Ein Punkt X liegt dann auf der Ebene E, wenn seine Koordinaten x_1, x_2, x_3 die Gleichung $n_1 \cdot x_1 + n_2 \cdot x_2 + n_3 \cdot x_3 = d$ erfüllen.

Zur **Herleitung** der Koordinatengleichung:
Der Vektor zwischen dem Ebenenpunkt P und jedem beliebigen anderen Punkt X der Ebene steht senkrecht auf $\vec{n}$.

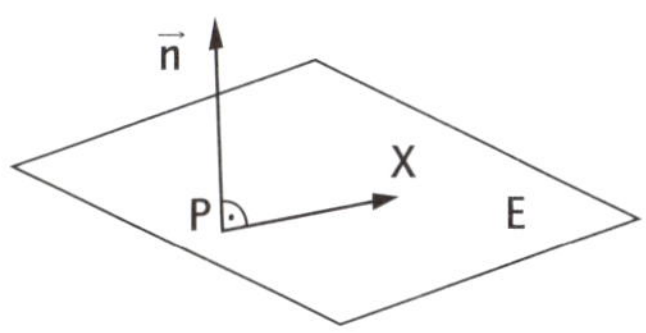

Es gilt also: $\overrightarrow{PX} \cdot \vec{n} = 0$ bzw. $(\vec{x} - \vec{p}) \cdot \vec{n} = 0$
Durch Ausmultiplizieren erhält man die Koordinatengleichung. Die Gleichung $(\vec{x} - \vec{p}) \cdot \vec{n} = 0$ nennt man **Normalenform** der Ebene.
Beim **Aufstellen einer Koordinatengleichung** muss man immer zuerst einen Normalenvektor der Ebene finden. Dann ist die Koordinatengleichung $n_1 \cdot x_1 + n_2 \cdot x_2 + n_3 \cdot x_3 = d$ bis auf den Wert d bestimmt. Den Wert für d berechnet man anschließend durch Einsetzen eines Ebenenpunkts. Wie man dabei im Einzelnen vorgeht, zeigt folgendes Beispiel:

BEISPIEL 5 ▪ Die Punkte $A(-2|-1|4)$, $B(3|-4|0)$ und $C(-1|4|6)$ liegen in der Ebene E. Bestimmen Sie eine Koordinatengleichung der Ebene E. Zeigen Sie, dass der Punkt $D(5|2|2)$ auf E liegt.

1. Schritt: Aufstellen zweier Spannvektoren

Zunächst bestimmt man zwei Spannvektoren. Diese sind deshalb wichtig, weil man sie zur Berechnung des Normalenvektors $\vec{n}$ benötigt. Als Spannvektoren kann man die Vektoren $\overrightarrow{AB}$ und $\overrightarrow{AC}$ nehmen:

$$\vec{u} = \overrightarrow{AB} = \begin{pmatrix} 3 \\ -4 \\ 0 \end{pmatrix} - \begin{pmatrix} -2 \\ -1 \\ 4 \end{pmatrix} = \begin{pmatrix} 5 \\ -3 \\ -4 \end{pmatrix} \text{ und } \vec{v} = \overrightarrow{AC} = \begin{pmatrix} -1 \\ 4 \\ 6 \end{pmatrix} - \begin{pmatrix} -2 \\ -1 \\ 4 \end{pmatrix} = \begin{pmatrix} 1 \\ 5 \\ 2 \end{pmatrix}$$

Anmerkung: Als Spannvektor könnte man auch $\overrightarrow{BC}$ wählen.

2. Schritt: Berechnung des Normalenvektors

Bei der Berechnung von $\vec{n}$ nutzt man die Eigenschaft aus, dass $\vec{n}$ senkrecht auf den beiden Spannvektoren $\vec{u}$ und $\vec{v}$ steht (siehe Zeichnung). Das bedeutet, dass das Skalarprodukt zwischen $\vec{n}$ und $\vec{u}$ bzw. zwischen $\vec{n}$ und $\vec{v}$ jeweils 0 sein muss. Es muss also gelten:

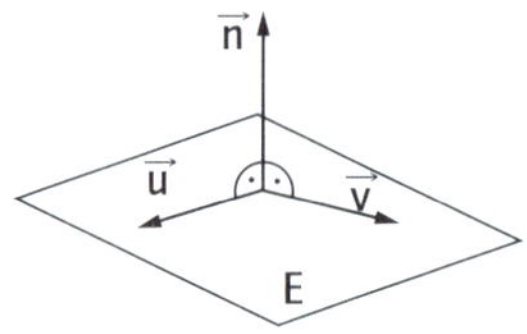

$\boxed{1}$ $\vec{n} \cdot \vec{u} = 0$ und $\boxed{2}$ $\vec{n} \cdot \vec{v} = 0$

Mit Koordinaten: $\boxed{1}$ $\begin{pmatrix} n_1 \\ n_2 \\ n_3 \end{pmatrix} \cdot \begin{pmatrix} 5 \\ -3 \\ -4 \end{pmatrix} = 0$ und $\boxed{2}$ $\begin{pmatrix} n_1 \\ n_2 \\ n_3 \end{pmatrix} \cdot \begin{pmatrix} 1 \\ 5 \\ 2 \end{pmatrix}$

Durch Ausmultiplizieren der Skalarprodukte erhält man folgendes Gleichungssystem:

$$\begin{aligned} 5n_1 - 3n_2 - 4n_3 &= 0 \qquad \boxed{1} \\ n_1 + 5n_2 + 2n_3 &= 0 \qquad \boxed{2} \end{aligned}$$

Den gesuchten Normalenvektor erhält man, indem man dieses Gleichungssystem löst (→ Kapitel „Lineare Gleichungssysteme" Seite 97 f.):

$$\begin{aligned} 5n_1 - 3n_2 - 4n_2 &= 0 \qquad \boxed{1} \\ n_1 + 5n_2 + 2n_3 &= 0 \qquad \boxed{2} \\ \hline 5n_1 - 3n_2 - 4n_3 &= 0 \qquad \boxed{3} \\ -5n_1 - 25n_2 - 10n_3 &= 0 \qquad \boxed{4} = \boxed{2} \cdot (-5) \\ \hline 5n_1 - 3n_2 - 4n_3 &= 0 \qquad \boxed{5} \\ -28n_2 - 14n_3 &= 0 \qquad \boxed{6} = \boxed{3} + \boxed{4} \end{aligned}$$

Dieses Gleichungssystem hat unendlich viele Lösungen. Denn jedes Vielfache eines bestimmten Normalenvektors ergibt einen Vektor, der ebenfalls senkrecht zur Ebene steht. Zum Aufstellen der Koordinatengleichung benötigt man aber nur eine Lösung für $\vec{n}$. Daher kann man in Gleichung $\boxed{6}$ eine n-Koordinate frei wählen (außer 0!). In diesem Beispiel bietet sich $\mathbf{n_3 = 2}$ an. Durch Einsetzen in $\boxed{6}$ $-28n_2 - 14n_3 = 0$ folgt für n_2:

$$\begin{aligned} -28n_2 - 28 &= 0 \qquad | +28 \\ -28n_2 &= 28 \qquad | :(-28) \\ n_2 &= -1 \end{aligned}$$

Für n_1 folgt durch Einsetzen von $n_3 = 2$ und $n_2 = -1$ in Gleichung 5
$5\,n_1 - 3\,n_2 - 4\,n_3 = 0$:

$$5\,n_1 - 3\cdot(-1) - 4\cdot(2) = 0$$
$$5\,n_1 + 3 - 8 = 0$$
$$5\,n_1 - 5 = 0 \qquad | +5$$
$$5\,n_1 = 5 \qquad | :5$$
$$n_1 = 1$$

Zwischenergebnis: Der Normalenvektor $\vec{n}$ hat die Koordinaten $\mathbf{n_1 = 1}$, $\mathbf{n_2 = -1}$ und $\mathbf{n_3 = 2}$. Damit lautet die Koordinatengleichung:

$$1\cdot x_1 - 1\cdot x_2 + 2\cdot x_3 = d \;\Leftrightarrow\; x_1 - x_2 + 2\,x_3 = d$$

3. Schritt: Bestimmen der Konstante d

Zur vollständigen Koordinatengleichung fehlt noch der Wert d. Dazu setzt man einfach die Koordinaten eines bekannten Ebenenpunkts in die Koordinatengleichung ein. Durch Einsetzen der Koordinaten des Ebenenpunkts $A(-2\,|\,-1\,|\,4)$ in die Gleichung $x_1 - x_2 + 2\,x_3 = d$ folgt:

$$(-2) - (-1) + 2\cdot(4) = d$$
$$-2 + 1 + 8 = d$$
$$7 = d \text{ bzw. } d = 7$$

Ergebnis: Die Koordinatengleichung der Ebene E lautet: $E\colon x_1 - x_2 + 2\,x_3 = 7$.

Zu zeigen: $D(5\,|\,2\,|\,2) \in E$:

Durch Einsetzen der Koordinaten von $D(5\,|\,2\,|\,2)$ folgt:

$5 - 2 + 2\cdot 2 = 7 \;\Leftrightarrow\; 7 = 7$. Damit ist D ein Punkt von E; q. e. d.

BEISPIEL 6 ▪ **Geben Sie die Normalenform der Ebene E aus Beispiel 5 an.**

Mit $\vec{n} = \begin{pmatrix} 1 \\ -1 \\ 2 \end{pmatrix}$ und $\vec{p} = \vec{a} = \begin{pmatrix} -2 \\ -1 \\ 4 \end{pmatrix}$ erhält man: $E\colon \left(\vec{x} - \begin{pmatrix} -2 \\ -1 \\ 4 \end{pmatrix}\right)\cdot\begin{pmatrix} 1 \\ -1 \\ 2 \end{pmatrix} = 0$

11.3 Das Kreuzprodukt

Der Normalenvektor einer Ebene kann auch mithilfe des sogenannten Kreuzproduktes zwischen zwei Spannvektoren bestimmt werden. Auf diese Weise kann man den Normalenvektor schneller berechnen als in Abschnitt 11.2 beschrieben. Darüber hinaus spielt das Kreuzprodukt bei Flächen- und Volumenberechnungen eine große Rolle (→ Seite 135 f.).

Der Nachteil des Kreuzproduktes ist, dass man sich eine relativ komplizierte Formel merken muss.

MERKE ▪ Kreuzprodukt

Für das Kreuzprodukt zwischen den Vektoren $\vec{u} = \begin{pmatrix} u_1 \\ u_2 \\ u_3 \end{pmatrix}$ und $\vec{v} = \begin{pmatrix} v_1 \\ v_2 \\ v_3 \end{pmatrix}$ gilt:

$$\vec{u} \times \vec{v} = \begin{pmatrix} u_1 \\ u_2 \\ u_3 \end{pmatrix} \times \begin{pmatrix} v_1 \\ v_2 \\ v_3 \end{pmatrix} = \begin{pmatrix} u_2 \cdot v_3 - u_3 \cdot v_2 \\ -(u_1 \cdot v_3 - u_3 \cdot v_1) \\ u_1 \cdot v_2 - u_2 \cdot v_1 \end{pmatrix}$$

Der Vektor $\vec{n} = \vec{u} \times \vec{v}$ steht senkrecht auf den beiden Vektoren $\vec{u}$ und $\vec{v}$. Sind also $\vec{u}$ und $\vec{v}$ Spannvektoren einer Ebene, ist der Vektor $\vec{n} = \vec{u} \times \vec{v}$ ein Normalenvektor dieser Ebene.

BEISPIEL 7 ▪ Bestimmen Sie das Kreuzprodukt zwischen den beiden Spannvektoren aus Beispiel 5: $\vec{u} = \begin{pmatrix} 5 \\ -3 \\ -4 \end{pmatrix}$ und $\vec{v} = \begin{pmatrix} 1 \\ 5 \\ 2 \end{pmatrix}$.

Es gilt: $\vec{u} \times \vec{v} = \begin{pmatrix} 5 \\ -3 \\ -4 \end{pmatrix} \times \begin{pmatrix} 1 \\ 5 \\ 2 \end{pmatrix} = \begin{pmatrix} -6 + 20 \\ -(10 + 4) \\ 25 + 3 \end{pmatrix} = \begin{pmatrix} 14 \\ -14 \\ 28 \end{pmatrix}$.

Hinweis: Dieser Vektor ist ein Vielfaches des in Beispiel 5 berechneten Normalenvektors: $\begin{pmatrix} 14 \\ -14 \\ 28 \end{pmatrix} = 14 \cdot \begin{pmatrix} 1 \\ -1 \\ 2 \end{pmatrix}$. Somit ist auch der Vektor $\vec{u} \times \vec{v} = \begin{pmatrix} 14 \\ -14 \\ 28 \end{pmatrix}$ ein Normalenvektor der Ebene aus Beispiel 5.

INSIDER-TIPP

Schema für die Formel des Kreuzprodukts zweier Vektoren:

- **Zunächst schreibt man beide Vektoren nebeneinander.**
- **Die erste Koordinate erhält man dann, indem man die erste Zeile abdeckt und die Koordinaten der zweiten und dritten Zeile überkreuz miteinander verrechnet:** $\begin{pmatrix} 5 \\ -3 \\ -4 \end{pmatrix} \cdot \begin{pmatrix} 1 \\ 5 \\ 2 \end{pmatrix}$; $x_1 = (-3) \cdot 2 - (-4) \cdot 5 = 14$
- **Zur Berechnung der zweiten Koordinate deckt man die zweite Zeile ab und rechnet mit den Koordinaten der ersten und dritten Zeile überkreuz:** $\begin{pmatrix} 5 \\ -3 \\ -4 \end{pmatrix} \begin{pmatrix} 1 \\ 5 \\ 2 \end{pmatrix}$; $x_2 = -[5 \cdot 2 - (-4) \cdot 1] = -14$.
  Wichtig: Bei der zweiten Koordinate muss man immer noch das Vorzeichen umdrehen.
- **Entsprechend verfährt man zu Berechnung der dritten Koordinate:.**
  $\begin{pmatrix} 5 \\ -3 \\ -4 \end{pmatrix} \cdot \begin{pmatrix} 1 \\ 5 \\ 2 \end{pmatrix}$ $x_3 = 5 \cdot 5 - (-3) \cdot 1 = 28$

11.4 Darstellung von Ebenen im Koordinatensystem

Um Ebenen im Koordinatensystem räumlich darzustellen, muss man die Schnittpunkte mit den Koordinatenachsen, die sogenannten Spurpunkte, berechnen.

MERKE ▪ Spurpunkte und Spurgeraden

Die Schnittpunkte der Ebene E: $n_1 x_1 + n_2 x_2 + n_3 x_3 = d$ (mit $n_1, n_2, n_3 \neq 0$) mit den Koordinatenachsen heißen Spurpunkte.

Ihre Koordinaten sind: Schnittpunkt mit x_1-Achse: $S_1\left(\frac{d}{n_1} \middle| 0 \middle| 0\right)$;

mit x_2-Achse: $S_2\left(0 \middle| \frac{d}{n_2} \middle| 0\right)$, mit x_3-Achse: $S_3\left(0 \middle| 0 \middle| \frac{d}{n_3}\right)$

Die Geraden durch die Spurpunkte nennt man Spurgeraden.

Verbindet man die drei Spurpunkte miteinander, entsteht ein räumlicher Eindruck der Ebene. Beachte: Hat eine der drei Koordinaten n_1, n_2, n_3 den Wert 0, dann gibt es nur zwei Spurpunkte. Die Ebene verläuft dann parallel zu einer Koordinatenachse (siehe Beispiel 9).

BEISPIEL 8 ▪ Stellen Sie die Ebene E: $6x_1 + 3x_2 + 4x_3 = 12$ in einem Koordinatensystem dar.

Die Spurpunkte sind:

$S_1(2|0|0)$; $S_2(0|4|0)$; $S_3(0|0|3)$

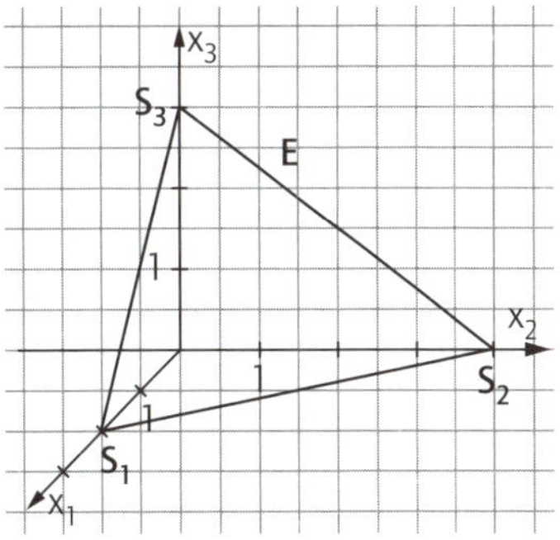

BEISPIEL 9 ▪ Stellen Sie die Ebene E: $2x_1 + 3x_2 = 6$ in einem Koordinatensystem dar.

Die Spurpunkte sind:

$S_1(3|0|0)$; $S_2(0|2|0)$; Da in der Koordinatengleichung die x_3-Koordinate fehlt, hat die Ebene E mit der x_3-Achse keinen Punkt gemeinsam.

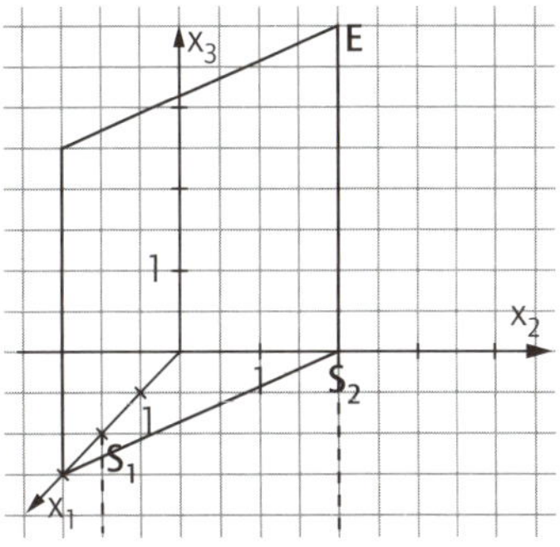

INSIDER-TIPP

- Die Achsen des Koordinatensystems haben die Geradengleichungen:
  x_1-Achse: $\vec{x} = r \cdot \begin{pmatrix} 1 \\ 0 \\ 0 \end{pmatrix}$; x_2-Achse: $\vec{x} = s \cdot \begin{pmatrix} 0 \\ 1 \\ 0 \end{pmatrix}$; x_3-Achse: $\vec{x} = t \cdot \begin{pmatrix} 0 \\ 0 \\ 1 \end{pmatrix}$
- Die Ebenen des Koordinatensystems haben die Koordinatengleichungen:
  x_1x_2-Ebene: $x_3 = 0$; x_1x_3-Ebene: $x_2 = 0$; x_2x_3-Ebene: $x_1 = 0$
- Die Ebene mit der Gleichung $x_3 = d$ ist um d Längeneinheiten parallel zur x_1x_2-Ebene verschoben. Entsprechend sind die Ebenen mit den Koordinatengleichungen $x_2 = d$ bzw. $x_1 = d$ gegenüber der x_1x_3-Ebene bzw. x_2x_3-Ebene um d Längeneinheiten verschoben.

CHECKLISTE

11 Geraden- und Ebenengleichungen

Folgende Fragen sollten Sie nun mühelos beantworten können:

- Wie berechnet man aus zwei Punkten die Gleichung der Geraden, die durch diese Punkte verläuft?
- Wie prüft man, ob ein Punkt auf einer Geraden liegt?
- Wie stellt man eine Parameterform einer Ebene auf, von der drei Punkte bekannt sind?
- Wie bestimmt man die Parameterform einer Ebene, wenn eine Gerade, die in der Ebene liegt, und ein Punkt der Ebene bekannt sind?
- Was versteht man unter einem Normalenvektor einer Ebene und wie kann man ihn bestimmen?
- Wie bestimmt man die Koordinatengleichung einer Ebene, wenn man die Parameterform dieser Ebene kennt?
- Wie kann man in der Koordinatengleichung einen Normalenvektor dieser Ebene ablesen?
- Wie prüft man mithilfe der Koordinatengleichung einer Ebene, ob ein Punkt in dieser Ebene liegt?
- Wie berechnet man das Kreuzprodukt zwischen zwei Vektoren und welche Bedeutung hat das Kreuzprodukt?
- Was versteht man unter Spurpunkten bzw. Spurgeraden und wie bestimmt man ihre Lage?

12 Schnittprobleme

In diesem Kapitel soll die räumliche Lage von Geraden und Ebenen zueinander untersucht und berechnet werden. Dazu ist es sehr nützlich, wenn man sich zunächst mithilfe von Bleistiften (Geraden) und Pappkartons (Ebenen) die möglichen räumlichen Orientierungen zwischen Geraden und Ebenen plastisch veranschaulicht.

12.1 Schnitt zwischen einer Geraden und einer Ebene

Die Schnittpunkte zwischen einer Geraden g und einer Ebene E sind all die Punkte, die sowohl auf der Geraden als auch in der Ebene liegen. Der folgende Abschnitt erläutert, wie man diese Schnittpunkte rechnerisch bestimmt. Dabei können folgende drei Fälle vorkommen:

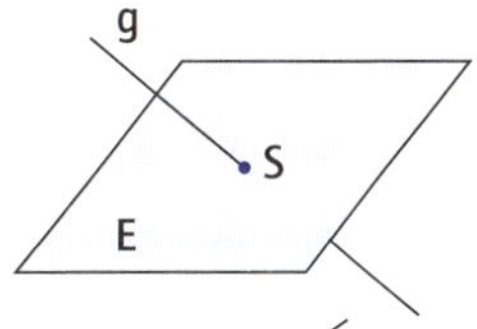

- **1. Fall:** Die Gerade g durchstößt die Ebene E an genau einem Punkt. Dieser Punkt ist dann der einzige gemeinsame Punkt, der Schnittpunkt S. Die Lösungsmenge ist: $g \cap E = \{S\}$.

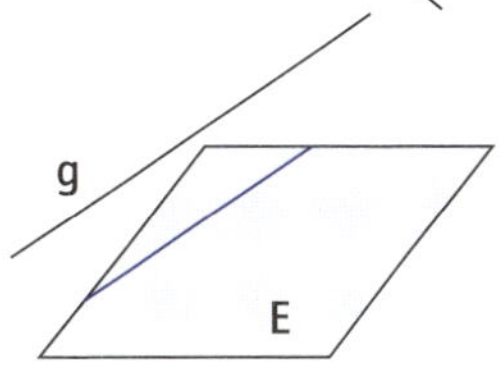

- **2. Fall:** Die Gerade g verläuft parallel zur Ebene E. Dann gibt es keinen gemeinsamen Punkt zwischen g und E, die Schnittmenge ist leer:
  $g \cap E = \{\ \}$.

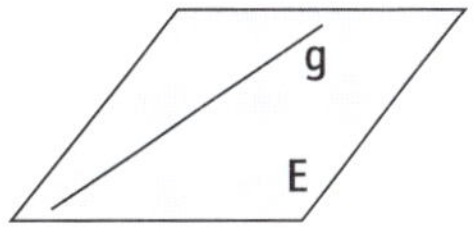

- **3. Fall:** Die Gerade g liegt in der Ebene E. Alle Punkte von g gehören gleichzeitig auch zur Ebene E. Die Schnittmenge ist die Gerade g selbst: $g \cap E = \{g\}$.

Jeder der drei Fälle wird nun an einem Beispiel vorgestellt.

INSIDER-TIPP

Man beachte, dass Schnittprobleme mit Ebenen am einfachsten mithilfe der Koordinatengleichung der Ebene gelöst werden. Wenn man die Schnittmenge zwischen einer Geraden und einer Ebene mithilfe der Parameterform einer Ebene berechnen will, muss man ein LGS lösen, das aus drei Variablen und drei Gleichungen besteht. Dieser Lösungsweg ist recht umständlich und sollte vermieden werden.

BEISPIEL 1 ▪ Genau ein Schnittpunkt

Bestimmen Sie die Koordinaten des Schnittpunkts zwischen g und E.

$g\colon \vec{x} = \begin{pmatrix} 8 \\ -9 \\ 5 \end{pmatrix} + t \cdot \begin{pmatrix} 3 \\ -2 \\ 1 \end{pmatrix}$, E: $2x_1 - x_2 + 5x_3 = 24$

1. Schritt: die allgemeinen Koordinaten der Geradenpunkte ablesen

Zur Bestimmung der Schnittpunkte geht man von den allgemeinen Koordinaten der Geradenpunkte aus. Diese von der Variablen t abhängigen Koordinaten ergeben sich direkt aus der Geradengleichung von g:

$$\vec{x} = \begin{pmatrix} 8 \\ -9 \\ 5 \end{pmatrix} + t \cdot \begin{pmatrix} 3 \\ -2 \\ 1 \end{pmatrix} = \begin{pmatrix} 8 + 3t \\ -9 - 2t \\ 5 + t \end{pmatrix}$$

Es sind also: $\mathbf{x_1 = 8 + 3t}$, $\mathbf{x_2 = -9 - 2t}$ und $\mathbf{x_3 = 5 + t}$. Im folgenden Schritt bestimmt man den t-Wert so, dass auch die Koordinatengleichung der Ebene von $\mathbf{x_1 = 8 + 3t}$, $\mathbf{x_2 = -9 - 2t}$ und $\mathbf{x_3 = 5 + t}$ erfüllt ist.

2. Schritt: Einsetzen in die Koordinatengleichung der Ebene

Indem man die t-abhängigen Koordinaten $\mathbf{x_1 = 8 + 3t}$, $\mathbf{x_2 = -9 - 2t}$ und $\mathbf{x_3 = 5 + t}$ in die Koordinatengleichung $2x_1 - x_2 + 5x_3 = 24$ einsetzt und die resultierende Gleichung nach t auflöst, erhält man einen Wert für t:

$$\begin{aligned} 2 \cdot (\mathbf{8 + 3t}) - (\mathbf{-9 - 2t}) + 5 \cdot (\mathbf{5 + t}) &= 24 \\ 16 + 6t + 9 + 2t + 25 + 5t &= 24 \\ 50 + 13t &= 24 \quad &| -50 \\ 13t &= -26 \quad &| : 13 \\ t &= -2 \end{aligned}$$

3. Schritt: Berechnung der Koordinaten des Schnittpunkts

Die Koordinaten des Schnittpunkts erhält man schließlich mithilfe des berechneten t-Werts. Durch Einsetzen von $\mathbf{t = -2}$ folgt für $x_1 = 8 + 3t$, $x_2 = -9 - 2t$ und $x_3 = 5 + t$:

$x_1 = 8 + 3 \cdot (-2) = 2$

$x_2 = -9 - 2 \cdot (-2) = -5$

$x_3 = 5 + (-2) = 3$

Ergebnis: Die Gerade g schneidet die Ebene E im Punkt $S(2 \mid -5 \mid 3)$.

BEISPIEL 2 ▪ Kein Schnittpunkt

Bestimmen Sie die Schnittmenge zwischen g und E.

$g\colon \vec{x} = \begin{pmatrix} 4 \\ 0 \\ 2 \end{pmatrix} + t \cdot \begin{pmatrix} 2 \\ 1 \\ 4 \end{pmatrix}$, E: $x_1 + 2x_2 - x_3 = 5$

1. Schritt: die allgemeinen Koordinaten der Geradenpunkte ablesen

Aus der Geradengleichung $g: \vec{x} = \begin{pmatrix} 4 \\ 0 \\ 2 \end{pmatrix} + t \cdot \begin{pmatrix} 2 \\ 1 \\ 4 \end{pmatrix}$ folgt:

$\mathbf{x_1 = 4 + 2t,\ x_2 = t}$ und $\mathbf{x_3 = 2 + 4t}$.

2. Schritt: Einsetzen in die Koordinatengleichung der Ebene

Einsetzen von $\mathbf{x_1 = 4 + 2t,\ x_2 = t}$ und $\mathbf{x_3 = 2 + 4t}$ in $E: x_1 + 2x_2 - x_3 = 5$ ergibt:

$$\begin{aligned} \mathbf{4 + 2t} + 2\mathbf{t} - (\mathbf{2 + 4t}) &= 5 \\ 4 + 4t - 2 - 4t &= 5 \\ 2 &= 5 \end{aligned}$$

Diese Gleichung ist offensichtlich falsch und kann für kein $t \in \mathbb{R}$ erfüllt werden! Das heißt, es gibt keine gemeinsamen Punkte zwischen der Geraden g und der Ebene E. Die Gerade g muss also parallel zur Ebene E verlaufen.

Ergebnis: Die Gerade g verläuft parallel zur Ebene E. Es gibt keine gemeinsamen Punkte. $g \cap E = \{\ \}$.

BEISPIEL 3 ▪ Unendlich viele Schnittpunkte

Bestimmen Sie die Schnittmenge zwischen g und E.

$g: \vec{x} = \begin{pmatrix} 4 \\ 1 \\ 3 \end{pmatrix} + t \cdot \begin{pmatrix} -1 \\ 3 \\ 1 \end{pmatrix}$, $E: 2x_1 + x_2 - x_3 = 6$

1. Schritt: die allgemeinen Koordinaten der Geradenpunkte ablesen

Der Geradengleichung $g: \vec{x} = \begin{pmatrix} 4 \\ 1 \\ 3 \end{pmatrix} + t \cdot \begin{pmatrix} -1 \\ 3 \\ 1 \end{pmatrix}$ entnimmt man:

$\mathbf{x_1 = 4 - t,\ x_2 = 1 + 3t}$ und $\mathbf{x_3 = 3 + t}$

2. Schritt: Einsetzen in die Koordinatengleichung der Ebene

Durch Einsetzen der Koordinaten $\mathbf{x_1 = 4 - t,\ x_2 = 1 + 3t}$ und $\mathbf{x_3 = 3 + t}$ in die Ebenengleichung $E: 2x_1 + x_2 - x_3 = 6$ folgt:

$$\begin{aligned} 2 \cdot (\mathbf{4 - t}) + \mathbf{1 + 3t} - (\mathbf{3 + t}) &= 6 \\ 8 - 2t + 1 + 3t - 3 - t &= 6 \\ 6 - 0t &= 6 \\ 6 &= 6 \end{aligned}$$

Diese Gleichung ist unabhängig von der Variablen t immer erfüllt.
Das heißt, dass alle Geradenpunkte in der Ebene liegen.

Ergebnis: Die Gerade g liegt in der Ebene E. Alle gemeinsamen Punkte zwischen g und E liegen auf der Geraden g. $g \cap E = \{g\}$.

12.2 Schnitt zweier Ebenen

Zwei zueinander geneigte Ebenen schneiden sich in einer Geraden. Stehen die Ebenen parallel zueinander, gibt es keine gemeinsamen Punkte. Beim trivialen Fall sind die Ebenen identisch, liegen also ineinander. Wie man die Schnittmenge in den jeweiligen Fällen rechnerisch bestimmt, wird im Folgenden gezeigt.

INSIDER-TIPP

Die Schnittmenge zweier Ebenen wird am einfachsten mithilfe der beiden Koordinatengleichungen berechnet. Die Berechnung mit den Parameterformen ist unverhältnismäßig aufwendig.

BEISPIEL 4 ▪ **Die Ebenen schneiden sich in einer Geraden**

Bestimmen Sie die Gleichung der Schnittgeraden zwischen den Ebenen.

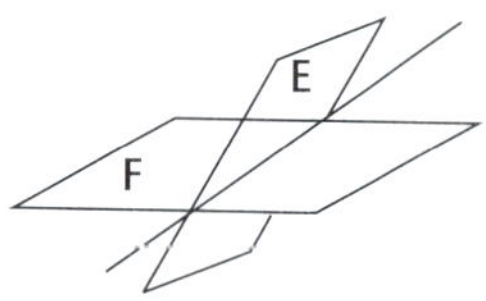

E: $4x_1 - 2x_2 + x_3 = 31$ und

F: $2x_1 - 3x_2 + x_3 = 7$

1. Schritt: Aufstellen eines Gleichungssystems

Da die Punkte der Schnittmenge gleichzeitig auf beiden Ebenen liegen, müssen deren Koordinaten auch beide Ebenengleichungen erfüllen. Diese Bedingung führt zu folgendem Gleichungssystem:

$$\begin{array}{ll} E: \; 4x_1 - 2x_2 + x_3 = 31 & \boxed{1} \\ F: \; 2x_1 - 3x_2 + x_3 = 7 & \boxed{2} \end{array}$$

2. Schritt: Lösen des Gleichungssystems

Ein LGS, das aus zwei Gleichungen und drei Variablen besteht, wird am einfachsten mit dem Gaußverfahren gelöst (→ Seite 97):

$$\begin{array}{rrrrl} 4x_1 - & 2x_2 + & x_3 = & 31 & \boxed{3} \\ -4x_1 + & 6x_2 - & 2x_3 = & -14 & \boxed{4} = \boxed{2}\cdot(-2) \\ \hline 4x_1 - & 2x_2 + & x_3 = & 31 & \boxed{5} \\ & 4x_2 - & x_3 = & 17 & \boxed{6} = \boxed{3} + \boxed{4} \end{array}$$

Da in Gleichung $\boxed{6}$ eine Variable frei wählbar ist, hat dieses Gleichungssystem unendlich viele Lösungen. Um die Lösungsmenge anzugeben, setzt man für eine der zwei x-Koordinaten in Gleichung $\boxed{6}$ die Variable t ($t \in \mathbb{R}$) und drückt anschließend die beiden anderen Variablen in Abhängigkeit von t aus. Mit $\mathbf{x_2 = t}$ folgt durch Einsetzen in Gleichung $\boxed{6}$ $4x_2 - x_3 = 17$ für x_3:

$4\mathbf{t} - x_3 = 17 \quad | + x_3 - 17$

$4t - 17 = x_3$ bzw. $\mathbf{x_3 = -17 + 4t}$

Durch Einsetzen von $\mathbf{x_2 = t}$ und $\mathbf{x_3 = -17 + 4t}$ in Gleichung $\boxed{5}$

$4x_1 - 2x_2 + x_3 = 31$ folgt für x_1:

$$4x_1 - 2\mathbf{t} - \mathbf{17} + \mathbf{4t} = 31$$

$$4x_1 + 2t - 17 = 31 \qquad | + 17 - 2t$$

$$4x_1 = 48 - 2t \qquad |:4$$

$$\mathbf{x_1 = 12 - 0{,}5t}$$

3. Schritt: Deutung der berechneten x-Koordinaten als Schnittgerade

Betrachtet man die berechneten x-Koordinaten als Komponenten eines Vektors, der die Lage der Schnittpunkte beschreibt, folgt: $\vec{x} = \begin{pmatrix} x_1 \\ x_2 \\ x_3 \end{pmatrix} = \begin{pmatrix} 12 - 0{,}5t \\ t \\ -17 + 4t \end{pmatrix}$

Durch Aufspalten in eine Summe aus zwei Vektoren ergibt sich:

$$\vec{x} = \begin{pmatrix} 12 - 0{,}5t \\ t \\ -17 + 4t \end{pmatrix} = \begin{pmatrix} 12 \\ 0 \\ -17 \end{pmatrix} + \begin{pmatrix} -0{,}5t \\ t \\ 4t \end{pmatrix} = \begin{pmatrix} 12 \\ 0 \\ -17 \end{pmatrix} + t \cdot \begin{pmatrix} -0{,}5 \\ 1 \\ 4 \end{pmatrix}$$

Genau das ist die Parameterform einer Geraden (→ Seite 112). Die gesuchte Schnittmenge ist also eine Gerade.

Ergebnis: Die Ebenen schneiden sich in der Geraden $g\colon \vec{x} = \begin{pmatrix} 12 \\ 0 \\ -17 \end{pmatrix} + t \cdot \begin{pmatrix} -0{,}5 \\ 1 \\ 4 \end{pmatrix}$

BEISPIEL 5 ▪ Parallele Ebenen

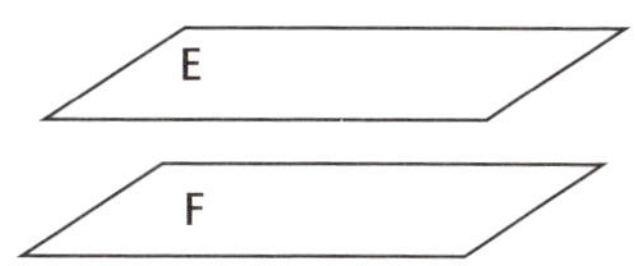

Bestimmen Sie die Schnittmenge zwischen den Ebenen E: $9x_1 + 6x_2 - 12x_3 = 5$ und F: $3x_1 + 2x_2 - 4x_3 = -1$.

1. Schritt: Aufstellen eines Gleichungssystems

E: $9x_1 + 6x_2 - 12x_3 = 5 \qquad \boxed{1}$

F: $3x_1 + 2x_2 - 4x_3 = -1 \qquad \boxed{2}$

2. Schritt: Lösen des Gleichungssystems

$$\begin{array}{rl} 9x_1 + 6x_2 - 12x_3 = 5 & \boxed{3} \\ -9x_1 - 6x_2 + 12x_3 = 3 & \boxed{4} = \boxed{2} \cdot (-3) \\ \hline 9x_1 + 6x_2 - 12x_3 = 5 & \boxed{5} \\ 0 = 8 & \boxed{6} = \boxed{3} + \boxed{4} \end{array}$$

Dieses Gleichungssystem hat keine Lösung, da unabhängig von der Wahl der x-Koordinaten immer die falsche Aussage $0 = 8$ herauskommt.

Ergebnis: Es gibt keinen gemeinsamen Punkt zwischen E und F: $E \cap F = \{\ \}$. Das heißt: Beide Ebenen sind parallel zueinander.

INSIDER-TIPP

Zwei parallele Ebenen erkennt man auch daran, dass der Normalenvektor $\vec{n}_1$ der einen Ebene ein Vielfaches des Normalenvektors $\vec{n}_2$ der anderen Ebene ist.

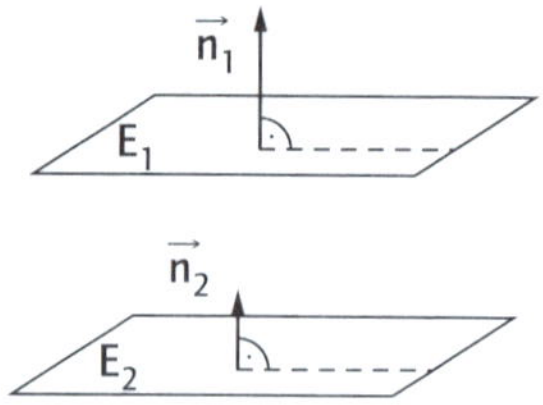

BEISPIEL 6 ▪ Identische Ebenen

Bestimmen Sie die Schnittmenge der Ebenen E und F.

$E: -12x_1 + 2x_2 + 10x_3 = 14$ und $F: 6x_1 - x_2 - 5x_3 = -7$

1. Schritt: Aufstellen eines Gleichungssystems

$E: -12x_1 + 2x_2 + 10x_3 = 14 \quad \boxed{1}$

$F: \quad 6x_1 - x_2 - 5x_3 = -7 \quad \boxed{2}$

2. Schritt: Lösen des Gleichungssystems

$$\begin{array}{rcll} -12x_1 + 2x_2 + 10x_3 & = & 14 & \boxed{3} \\ 12x_1 - 2x_2 - 10x_3 & = & -14 & \boxed{4} = \boxed{2}\cdot 2 \\ \hline -12x_1 + 2x_2 + 10x_3 & = & 14 & \boxed{5} \\ 0 & = & 0 & \boxed{6} = \boxed{3} + \boxed{4} \end{array}$$

Die Lösung sind also all diejenigen Punkte, deren Koordinaten die Gleichung $\boxed{5}$ erfüllen. Das ist die Ebene E. Wenn aber die Ebene E die Schnittmenge ist, muss die andere Ebene F mit ihr identisch sein.

Ergebnis: Die Ebenen E und F sind identisch: $E \cap F = \{E\} = \{F\}$.

12.3 Schnitt zweier Geraden

Das folgende Schema zeigt, wie man geschickt vorgehen kann, um die Lage zweier Geraden zueinander herauszufinden.

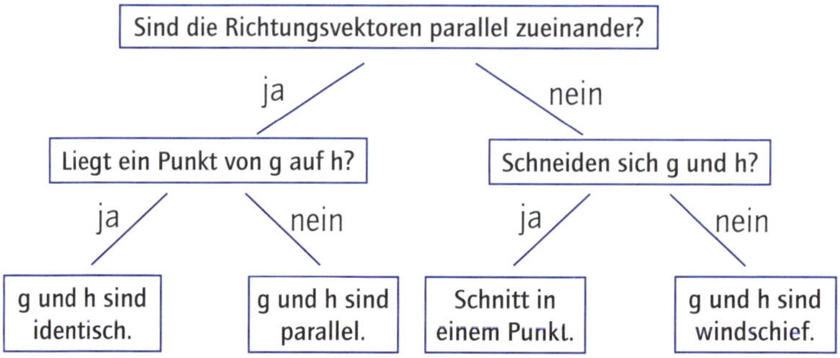

Zwei Geraden können auf verschiedene Weisen zueinander stehen:

- **1. Fall:** Beide Geraden schneiden sich in genau einem Punkt.
- **2. Fall:** Beide Geraden verlaufen parallel zueinander.
- **3. Fall:** Beide Geraden stehen windschief zueinander, sie sind also nicht parallel, haben aber trotzdem keinen Punkt gemeinsam.

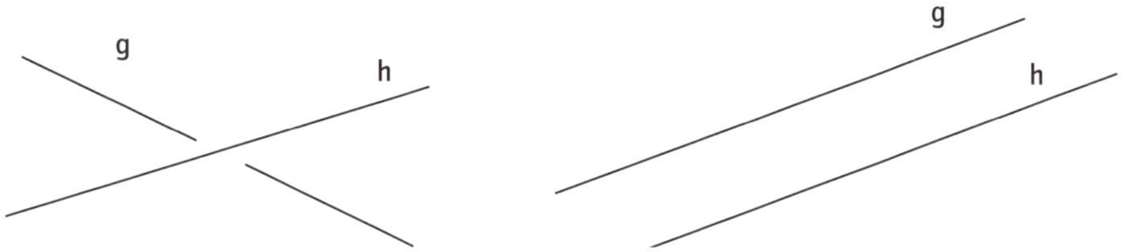

Geraden ohne gemeinsame Punkte: windschief (links) und parallel zueinander (rechts)

Der triviale Fall liegt dann vor, wenn beide Geraden identisch sind. Folgende Beispiele zeigen, wie man die Lage zweier Geraden zueinander bestimmt.

BEISPIEL 7 ▪ **Schnitt in einem Punkt**

Geben Sie die Schnittmenge zwischen g und h an und bestimmen Sie die Lage beider Geraden zueinander.

$$g\colon \vec{x} = \begin{pmatrix} 1 \\ 0 \\ -5 \end{pmatrix} + s \cdot \begin{pmatrix} -2 \\ 1 \\ 3 \end{pmatrix}, \quad h\colon \vec{x} = \begin{pmatrix} 0 \\ 5 \\ 7 \end{pmatrix} + t \cdot \begin{pmatrix} 1 \\ 1 \\ 2 \end{pmatrix}$$

1. Schritt: Vergleich der Richtungsvektoren

Wie man sofort sieht, hat die Gleichung $\begin{pmatrix} -2 \\ 1 \\ 3 \end{pmatrix} = k \cdot \begin{pmatrix} 1 \\ 1 \\ 2 \end{pmatrix}$ keine Lösung für k.

Die beiden Richtungsvektoren bzw. Geraden sind somit nicht parallel zueinander.

2. Schritt: Berechnung der Schnittmenge

Zur Berechnung der Schnittmenge müssen die Geradengleichungen gleichgesetzt werden:

$$\begin{pmatrix} 1 \\ 0 \\ -5 \end{pmatrix} + s \cdot \begin{pmatrix} -2 \\ 1 \\ 3 \end{pmatrix} = \begin{pmatrix} 0 \\ 5 \\ 7 \end{pmatrix} + t \cdot \begin{pmatrix} 1 \\ 1 \\ 2 \end{pmatrix}$$

Als Gleichungssystem lautet diese Vektorgleichung:

$$\begin{aligned} 1 - 2s &= t & \boxed{1} \\ s &= 5 + t & \boxed{2} \\ -5 + 3s &= 7 + 2t & \boxed{3} \end{aligned}$$

3. Schritt: Lösen des LGS mit dem Einsetzungsverfahren

Gleichungssysteme, in denen nur zwei Variablen vorkommen, können elegant mit dem Einsetzungsverfahren gelöst werden.

Durch Einsetzen von $\mathbf{s = 5 + t}$ (Gleichung $\boxed{2}$) in Gleichung $\boxed{1}$ $1 - 2s = t$ erhält man für t:

$$1 - 2\cdot(\mathbf{5 + t}) = t$$
$$1 - 10 - 2t = t$$
$$-9 - 2t = t \quad |+2t$$
$$-9 = 3t \quad |:3$$
$$-3 = t \text{ bzw. } \mathbf{t = -3}$$

Durch Einsetzen von $\mathbf{t = -3}$ in Gleichung [2] $s = 5 + t$ erhält man für s:

$s = 5 + (-3)$

$\mathbf{s = 2}$

$s = 2$ und $t = -3$ sind aber nur dann Lösungen des Gleichungssystems, wenn auch die dritte Gleichung erfüllt ist.

Die Probe mit Gleichung [3] $-5 + 3s = 7 + 2t$ ergibt:

$$-5 + 3\cdot(2) = 7 + 2\cdot(-3)$$
$$1 = 1$$

Die Werte $\mathbf{s = 2}$ und $\mathbf{t = -3}$ sind damit die Lösung des Gleichungssystems.

4. Schritt: Berechnen des Schnittpunkts

Den Ortsvektor des Schnittpunkts erhält man, indem man einen der beiden berechneten Werte in die entsprechende Geradengleichung einsetzt.

Durch Einsetzen von $\mathbf{s = 2}$ in $g: \vec{x} = \begin{pmatrix} 1 \\ 0 \\ -5 \end{pmatrix} + s\cdot\begin{pmatrix} -2 \\ 1 \\ 3 \end{pmatrix}$ erhält man:

$$\vec{x}_S = \begin{pmatrix} 1 \\ 0 \\ -5 \end{pmatrix} + 2\cdot\begin{pmatrix} -2 \\ 1 \\ 3 \end{pmatrix} = \begin{pmatrix} 1 \\ 0 \\ -5 \end{pmatrix} + \begin{pmatrix} -4 \\ 2 \\ 6 \end{pmatrix} = \begin{pmatrix} -3 \\ 2 \\ 1 \end{pmatrix}$$

Die Koordinaten des Schnittpunkts sind also $S(-3\,|\,2\,|\,1)$.

(Zum gleichen Ergebnis kommt man übrigens, wenn man $t = -3$ in die Geradengleichung von h einsetzt.)

Ergebnis: Die Geraden g und h schneiden sich im Punkt $S(-3\,|\,2\,|\,1)$.

BEISPIEL 8 ▪ Parallele Geraden

Geben Sie die Schnittmenge zwischen den Geraden j und k an und bestimmen Sie die Lage beider Geraden zueinander.

$$j: \vec{x} = \begin{pmatrix} 4 \\ -3 \\ 5 \end{pmatrix} + s\cdot\begin{pmatrix} 1 \\ 1 \\ -3 \end{pmatrix},\quad k: \vec{x} = \begin{pmatrix} 1 \\ -3 \\ 0 \end{pmatrix} + t\cdot\begin{pmatrix} -2 \\ -2 \\ 6 \end{pmatrix} \text{ mit } s, t \in \mathbb{R}.$$

1. Schritt: Vergleich der Richtungsvektoren

Beide Richtungsvektoren sind parallel, wenn der eine Richtungsvektor ein Vielfaches des anderen ist. Man muss also die Lösung der Gleichung $\begin{pmatrix} -2 \\ -2 \\ 6 \end{pmatrix} = r\cdot\begin{pmatrix} 1 \\ 1 \\ -3 \end{pmatrix}$ bestimmen.

Das entsprechende Gleichungssystem lautet:

$-2 = r$ [1]

$-2 = r$ [2]

$6 = r \cdot (-3)$ [3]

Wie man leicht sieht, ist das Gleichungssystem für $r = -2$ erfüllt. Beide Richtungsvektoren sind also parallel zueinander. Die Geraden können demnach parallel zueinander verlaufen oder identisch sein.

2. Schritt: Punktprobe mit einem Punkt der Geraden j

Ein Punkt der Geraden j ist durch deren Stützvektor $\vec{a} = \begin{pmatrix} 4 \\ -3 \\ 5 \end{pmatrix}$ gegeben: A(4|−3|5). Falls A auch auf der Geraden k liegt, sind beide Geraden identisch; ansonsten sind sie parallel.

Einsetzen der Koordinaten von A(4 | −3 | 5) in die Gleichung von k ergibt:

$$\begin{pmatrix} 4 \\ -3 \\ 5 \end{pmatrix} = \begin{pmatrix} 1 \\ -3 \\ 0 \end{pmatrix} + t \cdot \begin{pmatrix} -2 \\ -2 \\ 6 \end{pmatrix}$$

Das entsprechende Gleichungssystem lautet:

$4 = 1 - 2t$ [1]

$-3 = -3 - 2t$ [2]

$5 = 0 + 6t$ [3]

Aus Gleichung [1] folgt: $t = -1{,}5$. Einsetzen in die Gleichungen [2] und [3] führt jeweils zu einer falschen Aussage: $-3 = 0$ bzw. $5 = -9$

Somit liegt der Punkt A(4|−3|5) nicht auf der Geraden k.

Ergebnis: Die Geraden j und k verlaufen parallel zueinander.

BEISPIEL 9 ▪ Windschiefe Geraden

Geben Sie die Schnittmenge zwischen den Geraden g und h an und bestimmen Sie die Lage beider Geraden zueinander.

$$g: \vec{x} = \begin{pmatrix} 0 \\ 3 \\ -1 \end{pmatrix} + s \cdot \begin{pmatrix} 1 \\ 3 \\ -4 \end{pmatrix}, \quad h: \vec{x} = \begin{pmatrix} 4 \\ -3 \\ 6 \end{pmatrix} + t \cdot \begin{pmatrix} -1 \\ 2 \\ 1 \end{pmatrix} \quad \text{mit } s, t \in \mathbb{R}.$$

1. Schritt: Vergleich der Richtungsvektoren

Beide Richtungsvektoren sind parallel, wenn der eine Richtungsvektor ein Vielfaches des anderen ist. Man muss also die Lösung der Gleichung $\begin{pmatrix} 1 \\ 3 \\ -4 \end{pmatrix} = r \cdot \begin{pmatrix} -1 \\ 2 \\ 1 \end{pmatrix}$ bestimmen. Das entsprechende Gleichungssystem lautet:

$1 = -r$ [1]

$3 = 2r$ [2]

$-4 = r$ [3]

Wie man leicht sieht, gibt es keinen Wert für r, der dieses Gleichungssystem erfüllt. Beide Richtungsvektoren sind also nicht parallel zueinander. Die Geraden können demnach windschief sein oder sich in einem Punkt schneiden.

2. Schritt: Bestimmen der Schnittmenge

Gleichsetzen der Geradengleichungen: $\begin{pmatrix} 0 \\ 3 \\ -1 \end{pmatrix} + s \cdot \begin{pmatrix} 1 \\ 3 \\ -4 \end{pmatrix} = \begin{pmatrix} 4 \\ -3 \\ 6 \end{pmatrix} + t \cdot \begin{pmatrix} -1 \\ 2 \\ 1 \end{pmatrix}$

Als Gleichungssystem lautet diese Vektorgleichung:

$$s = 4 - t \quad \boxed{1}$$
$$3 + 3s = -3 + 2t \quad \boxed{2}$$
$$-1 - 4s = 6 + t \quad \boxed{3}$$

3. Schritt: Lösen des LGS mit dem Einsetzungsverfahren

Einsetzen von $\mathbf{s = 4 - t}$ in Gleichung $\boxed{2}$ $3 + 3s = -3 + 2t$ ergibt:

$$3 + 3 \cdot (\mathbf{4 - t}) = -3 + 2t$$
$$3 + 12 - 3t = -3 + 2t$$
$$15 - 3t = -3 + 2t \quad | +3 + 3t$$
$$18 = 5t \quad |:5$$
$$3{,}6 = t \text{ bzw. } \mathbf{t = 3{,}6}$$

Einsetzen von $\mathbf{t = 3{,}6}$ in Gleichung $\boxed{1}$ $s = 4 - t$ ergibt den s-Wert:

$\mathbf{s} = 4 - 3{,}6 \mathbf{= 0{,}4}$

Probe: Durch Einsetzen von $t = 3{,}6$ und $s = 0{,}4$ in Gleichung $\boxed{3}$ $-1 - 4s = 6 + t$ folgt:

$$-1 - 4 \cdot (0{,}4) = 6 + 3{,}6$$
$$-1 - 1{,}6 = 9{,}6$$
$$-2{,}6 = 9{,}6 \quad \text{falsche Aussage.}$$

Das Gleichungssystem kann also nicht gelöst werden. Das heißt, beide Geraden haben keine gemeinsamen Punkte. Da beide Geraden nicht parallel zueinander verlaufen, sind sie demnach windschief.

Ergebnis: Die Geraden g und h sind windschief zueinander.

CHECKLISTE

12 Schnittprobleme

Folgende Fragen sollten Sie nun mühelos beantworten können:

- **Wie berechnet man die Schnittmenge zwischen einer Geraden und einer Ebene? Welche Fälle können dabei auftreten?**
- **Wie berechnet man die Schnittmenge zwischen zwei Ebenen? Welche Fälle können dabei auftreten?**
- **Wie bestimmt man die Lage zweier Geraden zueinander? Welche Fälle können dabei auftreten?**

13 Abstände und Längen

Wenn ein Punkt nicht auf einer Geraden oder Ebene liegt oder wenn Geraden und Ebenen aneinander vorbeilaufen, interessiert es, wie groß der Abstand der Punkte, Geraden und Ebenen voneinander ist.

13.1 Der Abstand zweier Punkte

MERKE ▪ **Abstand zweier Punkte**

Der Abstand $\overline{AB}$ zweier Punkte $A(a_1|a_2|a_3)$ und $B(b_1|b_2|b_3)$ ist gleich der Länge des Vektors $\overrightarrow{AB}$. Es gilt: $\overline{AB} = |\overrightarrow{AB}|$.

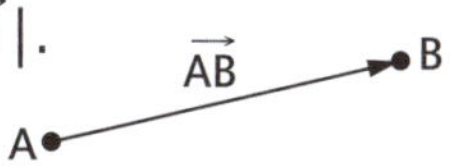

Mit dem Vektor $\overrightarrow{AB} = \begin{pmatrix} b_1 - a_1 \\ b_2 - a_2 \\ b_3 - a_3 \end{pmatrix}$ folgt:

$$|\overrightarrow{AB}| = \sqrt{(b_1 - a_1)^2 + (b_2 - a_2)^2 + (b_3 - a_3)^2}$$ **(→ Seite 105)**

BEISPIEL 1 ▪ **Bestimmen Sie die Länge der Strecke AB mit $A(6|-4|2)$, $B(5|7|-1)$.**

1. Schritt: Aufstellen des Vektors $\overrightarrow{AB}$:

Es ist: $\overrightarrow{AB} = \begin{pmatrix} 5 \\ 7 \\ -1 \end{pmatrix} - \begin{pmatrix} 6 \\ -4 \\ 2 \end{pmatrix} = \begin{pmatrix} -1 \\ 11 \\ -3 \end{pmatrix}$

2. Schritt: Berechnung der Vektorlänge (→ Seite 105)

Für den Betrag des Vektors $\overrightarrow{AB}$ gilt:

$|\overrightarrow{AB}| = \sqrt{(-1)^2 + (11)^2 + (-3)^2} = \sqrt{131} \approx 11{,}45$

Ergebnis: Die Strecke AB ist 11,45 LE lang.

13.2 Der Abstand eines Punktes von einer Geraden

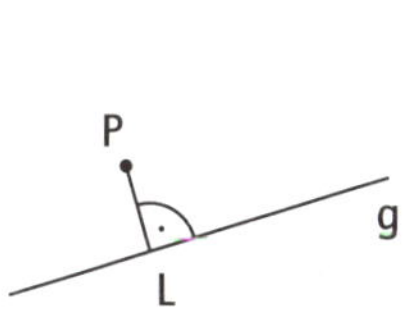

Der Abstand eines Punktes P von einer Geraden g ist die kürzeste Verbindung zwischen P und g. Diese Verbindungslinie steht immer senkrecht auf der Geraden. Dort, wo die Senkrechte von P zu g die Gerade schneidet, ist der sogenannte Lotfußpunkt L (siehe Zeichnung). Der Lotfußpunkt L spielt bei der Berechnung des Abstands von P zur Geraden g eine zentrale Rolle. Kennt man nämlich die Koordinaten von L, ist der gesuchte Abstand die Länge des Vektors $\overrightarrow{PL}$. Um den Lotfußpunkt L zu berechnen, benötigt man

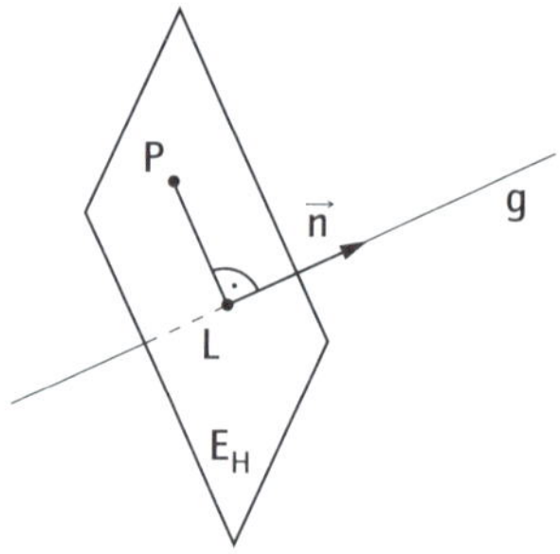

eine **Hilfsebene E_H**. Indem man diese Hilfsebene so wählt, dass sie den Punkt P enthält und die Gerade g senkrecht auf ihr steht, ergibt sich L als Schnittpunkt zwischen der Geraden g und der Hilfsebene E_H (siehe Zeichnung).

Die Koordinatengleichung von E_H erhält man folgendermaßen: Da g senkrecht auf E_H steht, ist der Richtungsvektor $\vec{n}$ von g ein Normalenvektor der Ebene E_H. Damit fehlt in der Koordinatengleichung von E_H nur noch die Konstante d, die man durch Einsetzen der Koordinaten von P bestimmt (→ Seite 115). Das Beispiel zeigt den Rechengang im Einzelnen.

BEISPIEL 2 ▪ **Bestimmen Sie den Abstand des Punktes $P(7|8|-5)$ von der Geraden g: $\vec{x} = \begin{pmatrix} 3 \\ 6 \\ 0 \end{pmatrix} + s \cdot \begin{pmatrix} -2 \\ 2 \\ 1 \end{pmatrix}$.**

1. Schritt: Aufstellen der Hilfsebene E_H

Der Richtungsvektor $\vec{v}$ von g ist gleichzeitig ein Normalenvektor der Hilfsebene E_H: $\vec{v} = \vec{n} = \begin{pmatrix} -2 \\ 2 \\ 1 \end{pmatrix}$

Damit lautet die Koordinatengleichung der Hilfsebene E_H:

$$-2x_1 + 2x_2 + x_3 = d$$

Durch Einsetzen der Koordinaten von $P(7|8|-5)$ erhält man die noch fehlende Konstante d:

$$-2\cdot(7) + 2\cdot(8) + (-5) = d$$
$$-14 + 16 - 5 = d$$
$$-3 = d \quad \text{bzw.} \quad d = -3$$

Damit ist $E_H: -2x_1 + 2x_2 + x_3 = -3$.

2. Schritt: Berechnung des Lotfußpunkts L

Wie bereits erwähnt, ist L der Schnittpunkt zwischen g und der Ebene E_H.
Diesen Schnittpunkt berechnet man folgendermaßen (→ Seite 121 ff.):
Die Geradenpunkte haben die von der Variablen s abhängigen Koordinaten $x_1 = 3 - 2s$, $x_2 = 6 + 2s$ und $x_3 = s$.
Einsetzen in die Koordinatengleichung von $E_H: -2x_1 + 2x_2 + x_3 = -3$ ergibt:

$$-2\cdot(3 - 2s) + 2\cdot(6 + 2s) + s = -3$$
$$-6 + 4s + 12 + 4s + s = -3$$
$$6 + 9s = -3 \quad |-6$$
$$9s = -9 \quad |:9$$
$$s = -1$$

Einsetzen von $s = -1$ in die Geradengleichung ergibt den Ortsvektor des Lotfußpunkts: $\vec{x_S} = \begin{pmatrix} 3 \\ 6 \\ 0 \end{pmatrix} + (-1) \cdot \begin{pmatrix} -2 \\ 2 \\ 1 \end{pmatrix} = \begin{pmatrix} 3 \\ 6 \\ 0 \end{pmatrix} + \begin{pmatrix} 2 \\ -2 \\ -1 \end{pmatrix} = \begin{pmatrix} 5 \\ 4 \\ -1 \end{pmatrix}$

Der Lotfußpunkt hat die Koordinaten $L(5|4|-1)$.

3. Schritt: Bestimmen der Länge $\overline{PL}$

Den gesuchten Abstand von $P(7|8|-5)$ zu g kann man nun leicht durch die Länge des Vektors $\overrightarrow{PL}$ berechnen.

Es ist: $\overrightarrow{PL} = \begin{pmatrix} 5 \\ 4 \\ -1 \end{pmatrix} - \begin{pmatrix} 7 \\ 8 \\ -5 \end{pmatrix} = \begin{pmatrix} -2 \\ -4 \\ 4 \end{pmatrix}$.

Damit ist: $\overline{PL} = \sqrt{(-2)^2 + (-4)^2 + (4)^2} = \sqrt{36} = 6$

Ergebnis: Der Abstand des Punktes P zur Geraden g beträgt 6 LE.

INSIDER-TIPP

Da der Vektor $\overrightarrow{PL}$ senkrecht zum Richtungsvektor $\vec{v}$ der Geraden g stehen muss, kann man seine Rechnung schnell mit der Gleichung $\overrightarrow{PL} \cdot \vec{v} = 0$ überprüfen. Falls das Skalarprodukt $\overrightarrow{PL} \cdot \vec{v}$ den Wert 0 ergibt, hat man den Punkt L richtig berechnet.

13.3 Der Abstand eines Punktes von einer Ebene

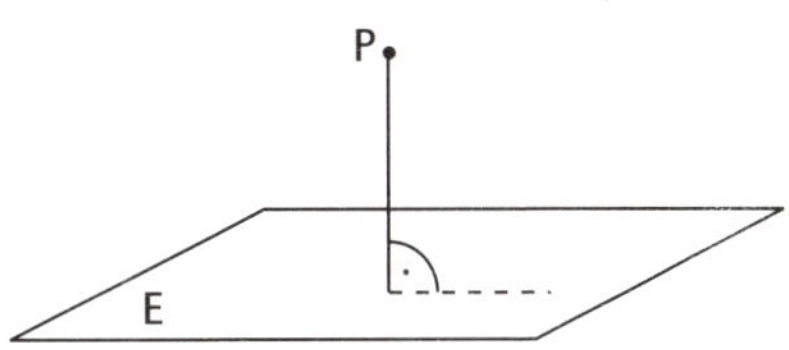

Der Abstand eines Punktes P von einer Ebene E ist die kürzeste Entfernung von P zu E. Diese Strecke steht immer senkrecht auf der Ebene (siehe Zeichnung). Man kann den Abstand von P zu E mit einer Formel berechnen, der sogenannten **Hesse-Normalform (HNF)**. Man erhält die HNF, indem man in der Koordinatengleichung von $E: n_1 \cdot x_1 + n_2 \cdot x_2 + n_3 \cdot x_3 = d$ das „="-Zeichen durch ein „Minus" ersetzt und den resultierenden Term durch den Betrag des Normalenvektors teilt. Da der Abstand immer positiv ist, muss man vom ganzen Term den Betrag nehmen.

MERKE ▪ Die Hesse-Normalform (HNF) (ohne Herleitung)

Die Hesse-Normalform (HNF) einer Ebene E mit der Koordinatengleichung $n_1 \cdot x_1 + n_2 \cdot x_2 + n_3 \cdot x_3 = d$ ist der Term:

$$\left| \frac{n_1 \cdot x_1 + n_2 \cdot x_2 + n_3 \cdot x_3 - d}{\sqrt{(n_1)^2 + (n_2)^2 + (n_2)^2}} \right|$$

Man beachte, dass der Nenner dieses Terms der Betrag des Normalenvektors von E ist. Den Abstand s eines Punktes $P(p_1 | p_2 | p_3)$ von einer Ebene bestimmt man, indem man die Koordinaten von P einfach in die HNF der Ebene einsetzt.

Es gilt: $s = \left| \frac{n_1 \cdot p_1 + n_2 \cdot p_2 + n_3 \cdot p_3 - d}{\sqrt{(n_1)^2 + (n_2)^2 + (n_3)^2}} \right|$

BEISPIEL 3 ▪ Bestimmen Sie den Abstand des Punktes P(1 | 2 | 4) von der Ebene E: $2x_1 - 3x_2 + 6x_3 = 13$.

1. Schritt: die HNF der Ebene aufstellen

Zunächst bestimmt man den Betrag des Normalenvektors. Es ist:

$$\vec{n} = \begin{pmatrix} 2 \\ -3 \\ 6 \end{pmatrix} \text{ und } |\vec{n}| = \sqrt{(2)^2 + (-3)^2 + (6)^2} = \sqrt{4 + 9 + 36} = \sqrt{49} = 7$$

Damit lautet die HNF der Ebene E: $\left| \frac{2x_1 - 3x_2 + 6x_3 - 13}{7} \right|$

2. Schritt: Einsetzen der Punktkoordinaten

Durch Einsetzen der Punktkoordinaten von P(1 | 2 | 4) in die HNF erhält man den gesuchten Abstand. Es ist: $s = \left| \frac{2 \cdot 1 - 3 \cdot 2 + 6 \cdot 4 - 13}{7} \right| = \frac{7}{7} = 1.$

Ergebnis: Der Punkt P hat den Abstand 1 LE von der Ebene E.

13.4 Der Abstand zweier windschiefer Geraden

Der Abstand zweier windschiefer Geraden g und h ist die kürzeste Strecke zwischen g und h. Diese Strecke steht immer senkrecht auf beiden Geraden. Man berechnet diesen Abstand, indem man eine **Hilfsebene E_H** einführt, die eine der beiden Geraden enthält – beispielsweise g – und parallel zur anderen Geraden h liegt (siehe Zeichnung). Wenn h die Gerade ist, die parallel zu E_H verläuft, dann ist der Abstand zwischen g und h gleich dem Abstand eines beliebigen Punktes von h zur Hilfsebene E_H.

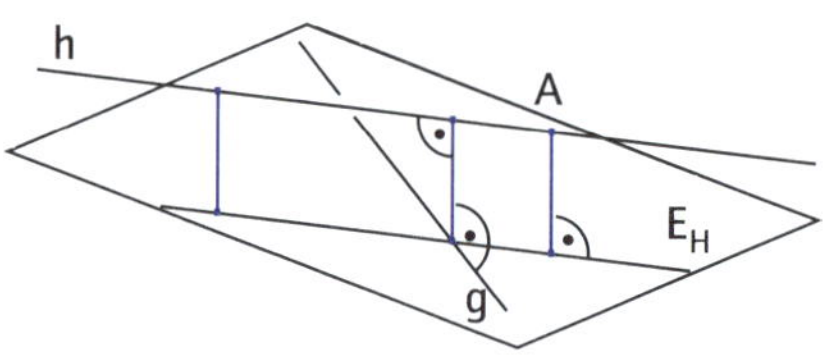

BEISPIEL 4 ▪ Bestimmen Sie den Abstand der windschiefen Geraden g und h. g: $\vec{x} = \begin{pmatrix} 3 \\ 4 \\ 8 \end{pmatrix} + r \cdot \begin{pmatrix} 1 \\ 1 \\ 2 \end{pmatrix}$; h: $\vec{x} = \begin{pmatrix} 1 \\ 6 \\ -2 \end{pmatrix} + s \cdot \begin{pmatrix} 3 \\ -2 \\ 1 \end{pmatrix}$

1. Schritt: Aufstellen der Hilfsebene

Man wählt die Hilfsebene E_H so, dass sie g enthält und parallel zu h verläuft. E_H wird also von den Richtungsvektoren der beiden Geraden aufgespannt. Außerdem liegt der Punkt P(3 | 4 | 8) in E_H. (Dies folgt aus $P \in g$ und $g \in E_H$). Damit kann man sofort die Parameterform von E_H aufschreiben:

$$\vec{x} = \begin{pmatrix} 3 \\ 4 \\ 8 \end{pmatrix} + r \cdot \begin{pmatrix} 1 \\ 1 \\ 2 \end{pmatrix} + s \cdot \begin{pmatrix} 3 \\ -2 \\ 1 \end{pmatrix}$$

Die entsprechende Koordinatengleichung lautet (ohne Rechnung):

$$E_H\colon\ x_1 + x_2 - x_3 = -1$$

2. Schritt: die HNF der Hilfsebene aufstellen

Der Normalenvektor $\vec{n} = \begin{pmatrix} 1 \\ 1 \\ -1 \end{pmatrix}$ der Hilfsebene E_H hat den Betrag:

$|\vec{n}| = \sqrt{1 + 1 + 1} = \sqrt{3}$. Damit lautet die HNF von E_H: $\left| \frac{x_1 + x_2 - x_3 + 1}{\sqrt{3}} \right|$

3. Schritt: Abstandsberechnung mit der HNF

Der Abstand zwischen beiden Geraden ist gleich dem Abstand s eines beliebigen Punktes der Geraden h zu E_H. Um diesen Abstand zu berechnen, setzt man die Koordinaten eines Punktes von h in die HNF von E_H ein. Mit A(1 | 6 | −2) ($A \in h$) folgt:

$$s = \left| \frac{1 + 6 - (-2) + 1}{\sqrt{3}} \right| = \left| \frac{10}{\sqrt{3}} \right| \approx 5{,}77$$

Ergebnis: Der Abstand der Geraden g und h beträgt ≈ 5,77 LE.

13.5 Flächen- und Volumenberechnungen

Mit dem Kreuzprodukt kann man nicht nur einen Normalenvektor berechnen, sondern auch den Flächeninhalt eines Dreiecks oder Parallelogramms.

MERKE ▪ Parallelogramm und Dreieck

Der Flächeninhalt eines Parallelogramms, das von den Vektoren $\vec{u}$ und $\vec{v}$ aufgespannt wird, ist der Betrag des Vektors $\vec{n} = \vec{u} \times \vec{v}$. Es gilt: $A = |\vec{u} \times \vec{v}|$

Da man jedes Dreieck ABC als die Hälfte eines Parallelogramms betrachten kann, gilt für den Flächeninhalt eines Dreiecks ABC: $A_{ABC} = \frac{1}{2} |\overrightarrow{AB} \times \overrightarrow{AC}|$

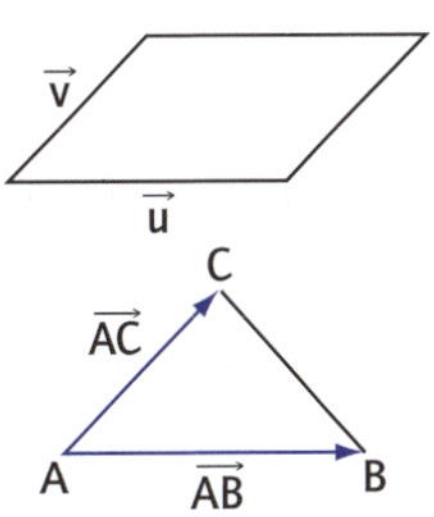

BEISPIEL 5 ▪ **Bestimmen Sie den Flächeninhalt des Dreiecks ABC mit A(−2|3|1), B(1|2|−4) und C(−7|1|6).**

Es ist: $\overrightarrow{AB} = \begin{pmatrix} 3 \\ -1 \\ -5 \end{pmatrix}$ und $\overrightarrow{AC} = \begin{pmatrix} -5 \\ -2 \\ 5 \end{pmatrix}$.

Damit erhält man (→ Seite 118): $\overrightarrow{AB} \times \overrightarrow{AC} = \begin{pmatrix} 3 \\ -1 \\ -5 \end{pmatrix} \times \begin{pmatrix} -5 \\ -2 \\ 5 \end{pmatrix} = \begin{pmatrix} -15 \\ 10 \\ -11 \end{pmatrix}$.

Der Betrag dieses Vektors ist:

$$\left|\overrightarrow{AB} \times \overrightarrow{AC}\right| = \sqrt{(-15)^2 + 10^2 + (-11)^2} = \sqrt{446} \approx 21{,}12$$

Damit ist der Flächeninhalt $A_{ABC} = \frac{1}{2}\left|\overrightarrow{AB} \times \overrightarrow{AC}\right| = 10{,}56\,\text{FE}$

INSIDER-TIPP

Das Kreuzprodukt ist auch sehr hilfreich, wenn man das Volumen einer Dreieckspyramide berechnen soll. Dazu berechnet man zuerst den Flächeninhalt der dreieckförmigen Grundfläche G (siehe Beispiel 5). Anschließend bestimmt man mit der HNF den Abstand h der Pyramidenspitze zu der Ebene, die die Grundfläche ABC enthält.
Das Pyramidenvolumen erhält man dann mit der Formel $V = \frac{1}{3} G \cdot h$.

CHECKLISTE

13 Abstände und Längen

Folgende Fragen sollten Sie nun mühelos beantworten können:

- **Wie berechnet man den Abstand zweier Punkte?**
- **Wie berechnet man den Abstand eines Punktes von einer Geraden?**
- **Wie kann man schnell überprüfen, ob man von einem Punkt P das Lot auf eine Gerade g richtig gefällt hat?**
- **Was ist die Hesse-Normalen-Form? Und wie bestimmt man sie?**
- **Wie berechnet man den Abstand eines Punktes von einer Ebene?**
- **Wie berechnet man den Abstand zweier windschiefer Geraden?**
- **Wie berechnet man mithilfe des Kreuzprodukts den Flächeninhalt eines Dreiecks ABC bzw. eines Parallelogramms ABCD?**

14 Spiegelungen an Ebenen

Besondere räumliche Ortsänderungen eines Punktes P sind Spiegelungen an Ebenen und Geraden. Zur Berechnung des Bildpunktes P′ nutzt man unter anderem die wichtige Eigenschaft aus, dass die Strecke PP′ senkrecht auf der Spiegelebene bzw. Spiegelgeraden steht. Besonders angenehm an der Berechnung von Spiegelpunkten ist, dass man das eigene Rechenergebnis immer mit einem einfachen Trick überprüfen kann (→ Seite 139).

14.1 Das Spiegelbild eines Punktes

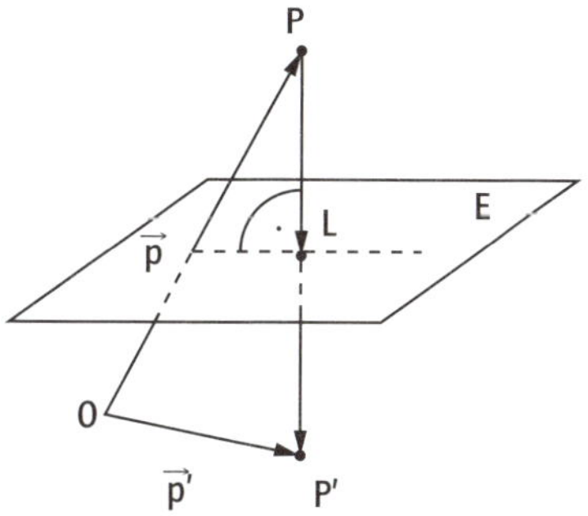

Beim Spiegeln an einer Ebene E wird ein Punkt P mithilfe einer zu E senkrechten Geraden, der sogenannten Lotgeraden ℓ, auf die gegenüberliegende Seite der Ebene abgebildet (siehe Zeichnung). Der Bildpunkt P′ hat denselben Abstand zur Spiegelebene wie P. Bei der Berechnung der Koordinaten von P′ spielt der Lotfußpunkt L eine wichtige Rolle. Das ist der Punkt, wo die Lotgerade durch P die Spiegelebene schneidet. Kennt man nämlich die Koordinaten von L, kann man die Lage von P′ durch Vektoraddition ermitteln: Zum Bildpunkt P′ gelangt man vom Koordinatenursprung aus nicht nur auf dem direkten Weg, sondern auch auf dem Umweg über P und L. Es gilt die Vektorgleichung $\overrightarrow{p'} = \vec{p} + \overrightarrow{PL} + \overrightarrow{LP'}$ und wegen $\overrightarrow{PL} = \overrightarrow{LP'}$:
$\overrightarrow{p'} = \vec{p} + 2 \cdot \overrightarrow{PL}$.

MERKE ▪ Spiegelung eines Punktes an einer Ebene

Wenn der Punkt P an der Ebene E gespiegelt wird, gilt für den Ortsvektor $\overrightarrow{p'}$ seines Spiegelbilds P′:

$$\overrightarrow{p'} = \vec{p} + 2 \cdot \overrightarrow{PL}$$

Der Lotfußpunkt L ist der Schnitt zwischen der Lotgeraden „ℓ" durch P und der Ebene E. Man beachte, dass jede Lotgerade immer senkrecht auf der entsprechenden Ebene steht.

INSIDER-TIPP

Als Richtungsvektor der Lotgeraden kann man den Normalenvektor der Ebene nehmen, da die Lotgerade (per Definition) senkrecht auf der Ebene steht.

BEISPIEL 1 ▪ **Der Punkt A(6|−2|11) soll an der Ebene E: $x_1 - x_2 + 4x_3 = 16$ gespiegelt werden. Bestimmen Sie die Lage seines Spiegelbilds A′.**

1. Schritt: Aufstellen der Lotgeraden und Berechnung von L

Da die Lotgerade senkrecht auf E steht, ist der Normalenvektor der Ebene gleichzeitig der Richtungsvektor der Lotgeraden. Mit $\vec{n} = \begin{pmatrix} 1 \\ -1 \\ 4 \end{pmatrix}$ lautet die Gleichung der Lotgeraden ℓ durch A(6|−2|11):

$$\ell\colon \vec{x} = \begin{pmatrix} 6 \\ -2 \\ 11 \end{pmatrix} + t \cdot \begin{pmatrix} 1 \\ -1 \\ 4 \end{pmatrix}$$

Berechnung des Lotfußpunkts als Schnittpunkt zwischen ℓ und E (→ Seite 121 f.): Durch Einsetzen der Koordinaten der Geradenpunkte $x_1 = 6 + t$; $x_2 = -2 - t$ und $x_3 = 11 + 4t$ in die Ebenengleichung $x_1 - x_2 + 4x_3 = 16$ folgt:

$$6 + t - (-2 - t) + 4 \cdot (11 + 4t) = 16$$
$$52 + 18t = 16 \quad | -52$$
$$18t = -36 \quad |:18$$
$$t = -2$$

Durch Einsetzen von $t = -2$ in die Geradengleichung folgt:

$$\vec{x_L} = \begin{pmatrix} 6 \\ -2 \\ 11 \end{pmatrix} + (-2) \cdot \begin{pmatrix} 1 \\ -1 \\ 4 \end{pmatrix} = \begin{pmatrix} 4 \\ 0 \\ 3 \end{pmatrix} \text{ und } L(4|0|3)$$

2. Schritt: Berechnung des Spiegelbilds durch Vektoraddition

Der Ortsvektor des Spiegelpunkts A′ wird mit der Gleichung $\vec{a'} = \vec{a} + 2 \cdot \overrightarrow{AL}$ berechnet. Der Ortsvektor von A(6|−2|11) ist: $\vec{a} = \begin{pmatrix} 6 \\ -2 \\ 11 \end{pmatrix}$

und $\overrightarrow{AL}$ ist: $\overrightarrow{AL} = \begin{pmatrix} 4 \\ 0 \\ 3 \end{pmatrix} - \begin{pmatrix} 6 \\ -2 \\ 11 \end{pmatrix} = \begin{pmatrix} -2 \\ 2 \\ -8 \end{pmatrix}$

Daraus folgt: $\vec{a'} = \begin{pmatrix} 6 \\ -2 \\ 11 \end{pmatrix} + 2 \cdot \begin{pmatrix} -2 \\ 2 \\ -8 \end{pmatrix} = \begin{pmatrix} 6 \\ -2 \\ 11 \end{pmatrix} + \begin{pmatrix} -4 \\ 4 \\ -16 \end{pmatrix} = \begin{pmatrix} 2 \\ 2 \\ -5 \end{pmatrix}$

Damit ist A′(2|2|−5).

Ergebnis: Der Spiegelpunkt von A hat die Koordinaten A′(2|2|−5).

INSIDER-TIPP

Bei Spiegelungen an Ebenen muss der Vektor $\overrightarrow{PL}$ immer parallel zum Normalenvektor $\vec{n}$ der Ebene sein, an der gespiegelt wird. Durch einen Vergleich der Vektoren $\vec{n}$ und $\overrightarrow{PL}$ (→ Seite 105) kann man somit schnell überprüfen, ob man richtig gerechnet hat.
So gilt in Beispiel 1: $\overrightarrow{AL} = -2 \cdot \vec{n}$

14.2 Das Spiegelbild einer Geraden

Man spiegelt eine Gerade g an einer Ebene E, indem man zwei ihrer Punkte an E spiegelt. Da die Gerade g′ durch diese zwei Bildpunkte verläuft, ist sie eindeutig bestimmt. Ein besonderer Punkt ist dabei der Schnittpunkt S zwischen der Geraden g und der Spiegelebene E. Da er auf der Spiegelebene E liegt, ist er identisch mit seinem Spiegelbild S′. Den zweiten benötigten Bildpunkt erhält man durch Punktspiegelung eines beliebigen Punktes $A \in g$.

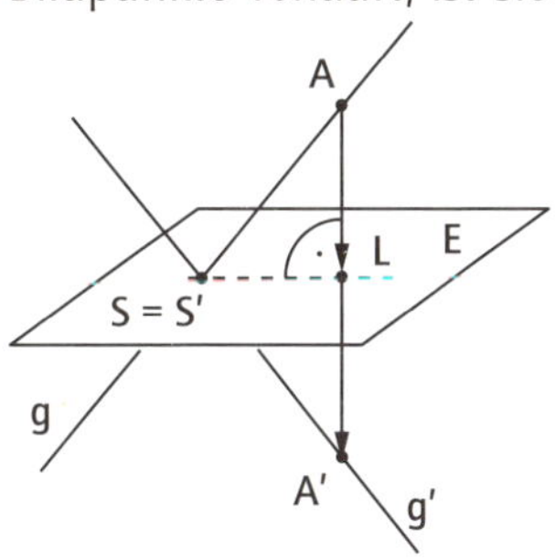

MERKE ▪ Spiegelung einer Geraden an einer Ebene
Man spiegelt eine Gerade g an einer Ebene E, indem man zwei ihrer Punkte an E spiegelt. Das Spiegelbild von g verläuft dann durch die beiden Bildpunkte.
Ein besonderer Punkt ist der Schnittpunkt S zwischen g und E, da er mit seinem Spiegelbild S′ zusammenfällt.

BEISPIEL 2 ▪ Die Gerade g soll an der Ebene E gespiegelt werden. Wie lautet die Gleichung des Spiegelbilds von g?

$g: \vec{x} = \begin{pmatrix} 2 \\ -1 \\ 0 \end{pmatrix} + t \cdot \begin{pmatrix} 3 \\ -8 \\ 6 \end{pmatrix}$, E: $3x_1 - 4x_2 - 2x_3 = 39$

1. Schritt: Berechnung des Schnittpunkts S zwischen g und E (→ Seite 121 ff.)
Durch Einsetzen der Koordinaten der Geradenpunkte $x_1 - 2 + 3t$, $x_2 = -1 - 8t$ und $x_3 = 6t$ in die Ebenengleichung $3x_1 - 4x_2 - 2x_3 = 39$ erhält man t:

$$
\begin{aligned}
3\cdot(2+3t)-4\cdot(-1-8t)-2\cdot 6t &= 39\\
6+9t+4+32t-12t &= 39\\
10+29t &= 39 \quad |-10\\
29t &= 29 \quad |:29\\
t &= 1
\end{aligned}
$$

Durch Einsetzen von $t = 1$ in die Geradengleichung erhält man S:

$\vec{s} = \begin{pmatrix} 2\\ -1\\ 0 \end{pmatrix} + 1\cdot\begin{pmatrix} 3\\ -8\\ 6 \end{pmatrix} = \begin{pmatrix} 5\\ -9\\ 6 \end{pmatrix}$. Damit ist $S(5|-9|6)$.

2. Schritt: Spiegeln eines beliebigen Geradenpunkts

Ein Geradenpunkt ist $A(2|-1|0)$.

Um ihn an der Ebene $E: 3x_1 - 4x_2 - 2x_3 = 39$ zu spiegeln, benötigt man die Gleichung der Lotgeraden ℓ durch A. Ihr Richtungsvektor ist der Normalenvektor von E.

Mit: $\vec{n} = \begin{pmatrix} 3\\ -4\\ -2 \end{pmatrix}$ folgt: ℓ: $\vec{x} = \begin{pmatrix} 2\\ -1\\ 0 \end{pmatrix} + r\cdot\begin{pmatrix} 3\\ -4\\ -2 \end{pmatrix}$

Den Lotfußpunkt L erhält man als Schnitt zwischen ℓ und E:

Durch Einsetzen der Koordinaten der Lotgeraden $x_1 = 2 + 3r$, $x_2 = -1 - 4r$ und $x_3 = -2r$ in $E: 3x_1 - 4x_2 - 2x_3 = 39$ folgt:

$$
\begin{aligned}
3\cdot(2+3r)-4\cdot(-1-4r)-2\cdot(-2r) &= 39\\
6+9r+4+16r+4r &= 39\\
10+29r &= 39 \quad |-10\\
29r &= 29 \quad |:29\\
r &= 1
\end{aligned}
$$

Einsetzen von $r = 1$ in die Gleichung der Lotgeraden ergibt den Ortsvektor von L: $\vec{x}_L = \begin{pmatrix} 2\\ -1\\ 0 \end{pmatrix} + 1\cdot\begin{pmatrix} 3\\ -4\\ -2 \end{pmatrix} = \begin{pmatrix} 5\\ -5\\ -2 \end{pmatrix}$. Damit ist $L(5|-5|-2)$.

Durch Vektoraddition erhält man das Bild von $A(2|-1|0)$:

Es gilt: $\overrightarrow{a'} = \vec{a} + 2\cdot\overrightarrow{AL}$

Der Ortsvektor von $A(2|-1|0)$ ist $\vec{a} = \begin{pmatrix} 2\\ -1\\ 0 \end{pmatrix}$, und $\overrightarrow{AL}$ ist:

$\overrightarrow{AL} = \begin{pmatrix} 5\\ -5\\ -2 \end{pmatrix} - \begin{pmatrix} 2\\ -1\\ 0 \end{pmatrix} = \begin{pmatrix} 3\\ -4\\ -2 \end{pmatrix}$.

Damit folgt: $\overrightarrow{a'} = \begin{pmatrix} 2\\ -1\\ 0 \end{pmatrix} + 2\cdot\begin{pmatrix} 3\\ -4\\ -2 \end{pmatrix} = \begin{pmatrix} 2\\ -1\\ 0 \end{pmatrix} + \begin{pmatrix} 6\\ -8\\ -4 \end{pmatrix} = \begin{pmatrix} 8\\ -9\\ -4 \end{pmatrix}$ und $A'(8|-9|-4)$

3. Schritt: Aufstellen der Geradengleichung für g′

Die Gerade g′ geht durch die in den Schritten 1 und 2 berechneten Punkte $S' = S(5|-9|6)$ und $A'(8|-9|-4)$.

Ihre Gleichung lautet also (→ Seite 112) g': $\vec{x} = \overrightarrow{s'} + k\cdot\overrightarrow{S'A'}$

Mit $\vec{s'} = \begin{pmatrix} 5 \\ -9 \\ 6 \end{pmatrix}$ und $\overrightarrow{S'A'} = \begin{pmatrix} 8 \\ -9 \\ -4 \end{pmatrix} - \begin{pmatrix} 5 \\ -9 \\ 6 \end{pmatrix} = \begin{pmatrix} 3 \\ 0 \\ -10 \end{pmatrix}$ folgt:

$g'\colon\ \vec{x} = \begin{pmatrix} 5 \\ -9 \\ 6 \end{pmatrix} + k \cdot \begin{pmatrix} 3 \\ 0 \\ -10 \end{pmatrix}$

Ergebnis:

Das Spiegelbild der Geraden g ist die Gerade $g'\colon\ \vec{x} = \begin{pmatrix} 5 \\ -9 \\ 6 \end{pmatrix} + k \cdot \begin{pmatrix} 3 \\ 0 \\ -10 \end{pmatrix}$.

14.3 Das Spiegelbild einer Ebene

Spiegelt man eine Ebene E an einer anderen Ebene F, verändert die Schnittgerade g zwischen E und F ihre Lage nicht. Sie fällt mit ihrem Spiegelbild zusammen: $g = g'$ (siehe Zeichnung). Das bedeutet, dass auch die Bildebene E′ die Schnittgerade enthält. Damit die Bildebene E′ eindeutig bestimmt ist, benötigt man nur noch einen Punkt P′ von ihr, der allerdings nicht auf g′ liegen darf: $P' \notin g'$.

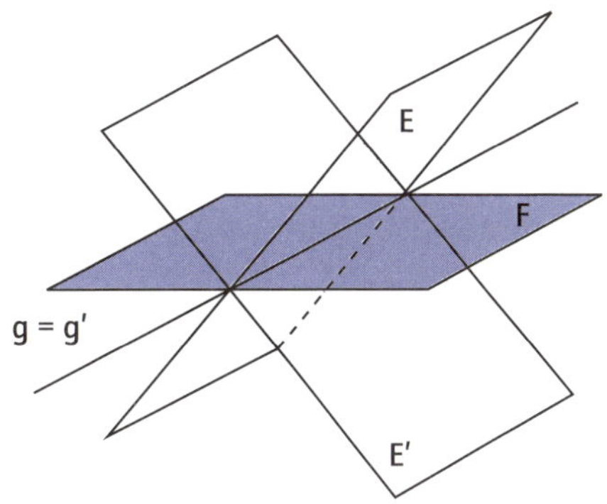

BEISPIEL 3 ▪ Die Ebene E mit $E\colon 4x_1 - 2x_2 + x_3 = 31$ soll an der Ebene F mit $F\colon 2x_1 - 3x_2 + x_3 = 7$ gespiegelt werden. Bestimmen Sie eine Gleichung des Spiegelbilds von E.

1. Schritt: Berechnung der Schnittgeraden zwischen E und F

Die Gleichung der Schnittgeraden zwischen E und F lautet:

$$g\colon\ \vec{x} = \begin{pmatrix} 12 \\ 0 \\ -17 \end{pmatrix} + k \cdot \begin{pmatrix} -0{,}5 \\ 1 \\ 4 \end{pmatrix}$$ (zur Rechnung → Seite 124 Beispiel 4:)

2. Schritt: Spiegeln eines beliebigen Punktes P von E mit $P \notin g$

Einen Punkt der Ebene E erhält man, indem man drei beliebige Koordinaten wählt, die die Koordinatengleichung von E erfüllen. Beispielsweise ist $P(6|-2|3)$ ein Punkt von E, mit $P \notin g$. P liegt nicht auf g, da die Gleichung

$$\begin{pmatrix} 6 \\ -2 \\ 3 \end{pmatrix} = \begin{pmatrix} 12 \\ 0 \\ -17 \end{pmatrix} + k \cdot \begin{pmatrix} -0{,}5 \\ 1 \\ 4 \end{pmatrix}$$ für kein $k \in \mathbb{R}$ erfüllt werden kann.

Das Spiegelbild von $P(6|-2|3)$ berechnet man wie auf Seite 137: Die zur Ebene F senkrechte Lotgerade durch P hat als Richtungsvektor $\vec{n} = \begin{pmatrix} 2 \\ -3 \\ 1 \end{pmatrix}$.

Ihre Gleichung lautet also $\ell\colon\ \vec{x} = \begin{pmatrix} 6 \\ -2 \\ 3 \end{pmatrix} + t \cdot \begin{pmatrix} 2 \\ -3 \\ 1 \end{pmatrix}$

Die Koordinaten der Punkte von ℓ sind:

$x_1 = 6 + 2t$, $x_2 = -2 - 3t$ und $x_3 = 3 + t$.

Der Schnitt von ℓ mit F ergibt den Lotfußpunkt L:

Einsetzen der Koordinaten $x_1 = 6 + 2t$, $x_2 = -2 - 3t$ und $x_3 = 3 + t$ in die Ebenengleichung $F: 2x_1 - 3x_2 + x_3 = 7$ ergibt:

$$\begin{aligned} 2\cdot(6 + 2t) - 3\cdot(-2 - 3t) + (3 + t) &= 7 \\ 12 + 4t + 6 + 9t + 3 + t &= 7 \\ 21 + 14t &= 7 \qquad \mid -21 \\ 14t &= -14 \qquad \mid :14 \\ t &= -1 \end{aligned}$$

Durch Einsetzen von $t = -1$ in die Lotgeradengleichung folgt für L:

$$\overrightarrow{x_L} = \begin{pmatrix} 6 \\ -2 \\ 3 \end{pmatrix} + (-1)\cdot\begin{pmatrix} 2 \\ -3 \\ 1 \end{pmatrix} = \begin{pmatrix} 6 \\ -2 \\ 3 \end{pmatrix} + \begin{pmatrix} -2 \\ 3 \\ -1 \end{pmatrix} = \begin{pmatrix} 4 \\ 1 \\ 2 \end{pmatrix} \text{ und } L(4 \mid 1 \mid 2).$$

Berechnung von P′ durch Vektoraddition:

Es gilt: $\overrightarrow{p'} = \vec{p} + 2\cdot\overrightarrow{PL}$

Der Ortsvektor von $P(6 \mid -2 \mid 3)$ ist $\vec{p} = \begin{pmatrix} 6 \\ -2 \\ 3 \end{pmatrix}$, der Vektor $\overrightarrow{PL}$ ist:

$$\overrightarrow{PL} = \begin{pmatrix} 4 \\ 1 \\ 2 \end{pmatrix} - \begin{pmatrix} 6 \\ -2 \\ 3 \end{pmatrix} = \begin{pmatrix} -2 \\ 3 \\ -1 \end{pmatrix}$$

Damit folgt: $\overrightarrow{p'} = \begin{pmatrix} 6 \\ -2 \\ 3 \end{pmatrix} + 2\cdot\begin{pmatrix} -2 \\ 3 \\ -1 \end{pmatrix} = \begin{pmatrix} 6 \\ -2 \\ 3 \end{pmatrix} + \begin{pmatrix} -4 \\ 6 \\ -2 \end{pmatrix} = \begin{pmatrix} 2 \\ 4 \\ 1 \end{pmatrix}$ und $P'(2 \mid 4 \mid 1)$.

3. Schritt: Aufstellen der Ebenengleichung von E′

Mit $g'\colon \vec{x} = \begin{pmatrix} 12 \\ 0 \\ -17 \end{pmatrix} + k\cdot\begin{pmatrix} -0{,}5 \\ 1 \\ 4 \end{pmatrix}$ und $P'(2 \mid 4 \mid 1)$

folgt für die Parameterform von E′ (zur Rechnung → Seite 114, Beispiel 3):

$$E'\colon \vec{x} = \begin{pmatrix} 2 \\ 4 \\ 1 \end{pmatrix} + s\cdot\begin{pmatrix} -0{,}5 \\ 1 \\ 4 \end{pmatrix} + t\cdot\begin{pmatrix} -10 \\ 4 \\ 18 \end{pmatrix}$$

Die entsprechende Koordinatengleichung von E′ lautet (ohne Rechnung):

$$E'\colon x_1 - 15{,}5x_2 + 4x_3 = -56$$

Ergebnis: Das Spiegelbild der Ebene E hat die Koordinatengleichung

$$E'\colon x_1 - 15{,}5x_2 + 4x_3 = -56.$$

INSIDER-TIPP

Wenn man einen Punkt P an einer Geraden spiegeln will, muss man ebenfalls zuerst den Lotfußpunkt L auf die Gerade berechnen (vgl. Kapitel 13.2). Den Ortsvektor des Bildpunktes P' erhält man dann genauso wie bei der Spiegelung an einer Ebene mit der oben erwähnten Vektorgleichung: $\vec{p'} = \vec{p} + 2 \cdot \overrightarrow{PL}$.

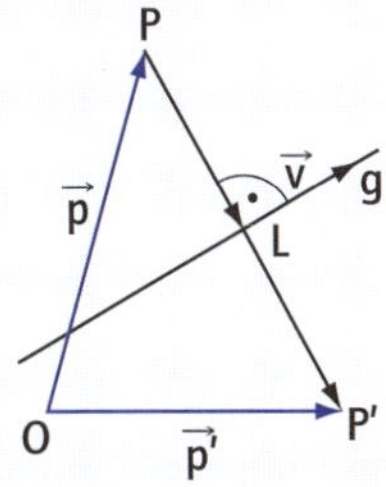

Beim Spiegeln an einer Geraden muss der Vektor $\overrightarrow{PL}$ senkrecht auf dem Richtungsvektor $\vec{v}$ der Geraden stehen.
Es muss also gelten: $\overrightarrow{PL} \cdot \vec{v} = 0$. Diese Beziehung kann man ausnutzen, um die eigene Rechnung zu überprüfen.

CHECKLISTE

14 Spiegelungen an Ebenen

Folgende Fragen sollten Sie nun mühelos beantworten können:

- Wie kann man den Richtungsvektor einer Lotgeraden sehr schnell aufstellen, wenn man die Koordinatengleichung der entsprechenden Ebene kennt?
- Wie stellt man die Lotgerade bezüglich einer bekannten Ebene E durch einen Punkt P auf?
- Wie bestimmt man den Lotfußpunkt L eines Punktes P auf eine bekannte Ebene E?
- Wie kann man bei der Spiegelung eines Punktes an einer Ebene überprüfen, ob man den Lotfußpunkt richtig berechnet hat?
- Mit welcher Vektorgleichung bestimmt man den Ortsvektor eines an einer Ebene E gespiegelten Punktes P?
- Wie muss man vorgehen, um eine Gerade an einer Ebene zu spiegeln?
- Wie muss man vorgehen, um eine Ebene an einer anderen Ebene zu spiegeln?
- Wie spiegelt man einen Punkt an einer Geraden?

15 Winkelberechnungen

Winkel können nicht nur wie in der herkömmlichen Geometrie mit dem Geodreieck gemessen werden, sondern sie können auch berechnet werden. Das „Schöne" dabei ist, dass man sich lediglich die bereits in Kapitel 10.2 (Seite 109) vorgestellte Formel merken muss. Im Folgenden werden alle drei möglichen Fälle behandelt: der Winkel zwischen zwei Geraden, der Winkel zwischen zwei Ebenen und der Winkel zwischen einer Geraden und einer Ebene.

15.1 Der Winkel zwischen zwei Geraden

MERKE ▪

Der Winkel α zwischen zwei Geraden g und h ist gleich dem Winkel zwischen ihren Richtungsvektoren $\vec{v_g}$ und $\vec{v_h}$. Es gilt (→ Seite 109):

$$\cos(\alpha) = \frac{\vec{v_g} \cdot \vec{v_h}}{|\vec{v_g}| \cdot |\vec{v_h}|} \quad \text{und} \quad \alpha = \cos^{-1} \frac{\vec{v_g} \cdot \vec{v_h}}{|\vec{v_g}| \cdot |\vec{v_h}|}$$

Man beachte, dass es immer zwei Schnittwinkel gibt: einen stumpfen und einen spitzen. Die Summe aus stumpfem und spitzem Schnittwinkel ist immer 180°:

$$\alpha_{st} + \alpha_{sp} = 180°.$$

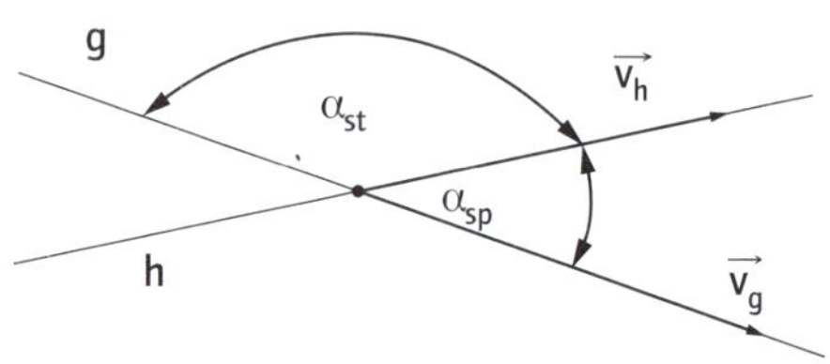

Hinweis: Mit der Formel $\cos(\alpha) = \left| \frac{\vec{v_g} \cdot \vec{v_h}}{|\vec{v_g}| \cdot |\vec{v_h}|} \right|$ erhält man immer den **spitzen** Winkel.

BEISPIEL 1 ▪ Berechnen Sie den spitzen Winkel zwischen den Geraden g und h mit g: $\vec{x} = \begin{pmatrix} 2 \\ 5 \\ -3 \end{pmatrix} + r \cdot \begin{pmatrix} 1 \\ -1 \\ 2 \end{pmatrix}$ und h: $\vec{x} = \begin{pmatrix} 4 \\ 3 \\ 1 \end{pmatrix} + s \cdot \begin{pmatrix} 0 \\ -3 \\ 1 \end{pmatrix}$.

Winkelberechnung zwischen den Richtungsvektoren:

Der gesuchte Winkel ist der Winkel zwischen den Richtungsvektoren beider Geraden: $\vec{v_g} = \begin{pmatrix} 1 \\ -1 \\ 2 \end{pmatrix}$ und $\vec{v_h} = \begin{pmatrix} 0 \\ -3 \\ 1 \end{pmatrix}$

Zur Berechnung von $\cos(\alpha) = \left|\frac{\vec{v_g}\cdot\vec{v_h}}{|\vec{v_g}|\cdot|\vec{v_h}|}\right|$ benötigt man das Skalarprodukt $\vec{v_g}\cdot\vec{v_h}$ und die Beträge $|\vec{v_g}|\cdot|\vec{v_h}|$. Es gilt:

1) $\vec{v_g}\cdot\vec{v_h} = \begin{pmatrix}1\\-1\\2\end{pmatrix}\cdot\begin{pmatrix}0\\-3\\1\end{pmatrix} = 3 + 2 = 5$

2) $|\vec{v_g}| = \sqrt{(1)^2 + (-1)^2 + (2)^2} = \sqrt{6}$

3) $|\vec{v_h}| = \sqrt{(0)^2 + (-3)^2 + (1)^2} = \sqrt{10}$

Damit folgt durch Einsetzen in $\cos(\alpha) = \left|\frac{\vec{v_g}\cdot\vec{v_h}}{|\vec{v_g}|\cdot|\vec{v_h}|}\right|$:

$\cos(\alpha) = \frac{5}{\sqrt{6}\cdot\sqrt{10}} = \frac{5}{\sqrt{60}} \approx 0{,}645$

Damit ist $\alpha = \cos^{-1}\left(\frac{5}{\sqrt{60}}\right) = 49{,}8°$. Dies ist der spitze Winkel.

Ergebnis: Der spitze Winkel zwischen den Geraden g und h ist $\alpha = 49{,}8°$.

INSIDER-TIPP

Wenn man einen Innenwinkel in einem Vieleck berechnen soll, muss man unbedingt auf die Richtung der Vektoren achten. Beide Vektoren sollten dabei immer vom Eckpunkt des betrachteten Winkels wegzeigen. Im abgebildeten Dreieck gilt also für den Winkel α:

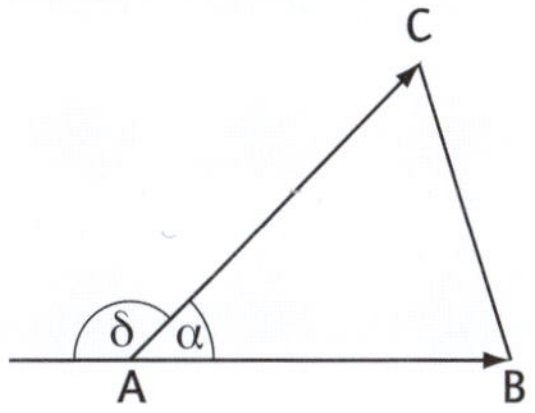

$\cos(\alpha) = \frac{\vec{AB}\cdot\vec{AC}}{|\vec{AB}|\cdot|\vec{AC}|}$

Wenn hingegen der eine Vektor auf den Eckpunkt hin- und der andere Vektor vom Eckpunkt wegzeigt (wie beispielsweise $\vec{BA}$ und $\vec{AC}$), würde man den Außenwinkel δ berechnen und nicht den gesuchten Innenwinkel.

BEISPIEL 2 ▪ Gegeben ist das Dreieck ABC mit den Punkten A(6|−1|3); B(7|−3|3) und C(10|−1|5). Berechnen Sie die Innenwinkel des Dreiecks.

Es ist: $\vec{AB} = \begin{pmatrix}1\\-2\\0\end{pmatrix}$ und $\vec{AC} = \begin{pmatrix}4\\0\\2\end{pmatrix}$ mit $|\vec{AB}| = \sqrt{5}$ und $|\vec{AC}| = \sqrt{20}$

Damit folgt: $\cos(\alpha) = \frac{4}{\sqrt{5}\cdot\sqrt{20}} = \frac{4}{10} \Rightarrow \alpha = 66{,}4°$

Mit $\vec{BA} = \begin{pmatrix}-1\\2\\0\end{pmatrix}$ und $\vec{BC} = \begin{pmatrix}3\\2\\2\end{pmatrix}$ erhält man: $\beta = 83{,}8°$

Mit $\vec{CA} = \begin{pmatrix}-4\\0\\-2\end{pmatrix}$ und $\vec{CB} = \begin{pmatrix}-3\\-2\\-2\end{pmatrix}$ erhält man: $\gamma = 29{,}8°$

15.2 Der Winkel zwischen zwei Ebenen

MERKE ▪ Winkel zwischen zwei Ebenen

Der Winkel, um den zwei Ebenen gegeneinander geneigt sind, ist gleich dem Winkel zwischen ihren Normalenvektoren.

Weshalb das so ist, erkennt man an der Seitenansicht zweier gegeneinander geneigten Ebenen (siehe Zeichnung). α sei der Neigungs- bzw. Schnittwinkel zwischen den beiden Ebenen E_1 und E_2. β sei der Winkel zwischen den Normalenvektoren $\vec{n_1}$ und $\vec{n_2}$. Durch Addition der drei Teilwinkel des markierten Halbkreises (180°) folgt dann:

$90° + \beta + (90° - \alpha) = 180°$

Durch Umformen folgt:

$$180° + \beta - \alpha = 180° \quad | -180°$$
$$\beta - \alpha = 0 \quad | +\alpha$$
$$\beta = \alpha$$

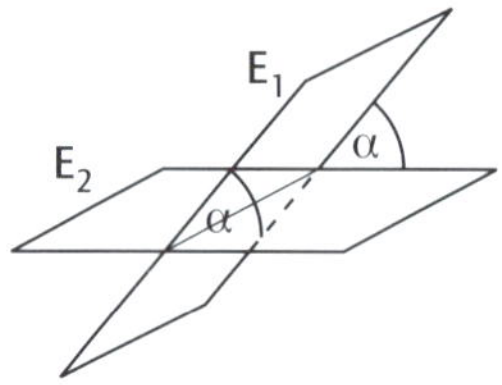

Der Winkel zwischen zwei Ebenen

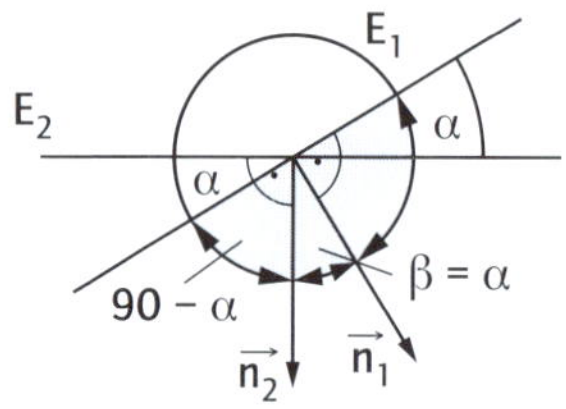

Die Ebenen in der Seitenansicht

Anmerkung: Wie beim Geradenschnitt gibt es auch beim Schnitt zweier Ebenen einen stumpfen und einen spitzen Schnittwinkel.

BEISPIEL 2 ▪ Bestimmen Sie den Winkel zwischen den beiden Ebenen.
E: $2x_1 + x_2 + 2x_3 = 6$ und F: $3x_1 - 5x_2 + x_3 = -8$.

1. Schritt: Aufstellen der Normalenvektoren

Ablesen an den Koordinatengleichungen: $\vec{n_E} = \begin{pmatrix} 2 \\ 1 \\ 2 \end{pmatrix}$ und $\vec{n_F} = \begin{pmatrix} 3 \\ -5 \\ 1 \end{pmatrix}$.

2. Schritt: Berechnen des Winkels zwischen den Normalenvektoren

Das Skalarprodukt $\vec{n_E} \cdot \vec{n_F}$ und die Beträge $|\vec{n_E}|$ und $|\vec{n_F}|$ sind:

1) $\vec{n_E} \cdot \vec{n_F} = \begin{pmatrix} 2 \\ 1 \\ 2 \end{pmatrix} \cdot \begin{pmatrix} 3 \\ -5 \\ 1 \end{pmatrix} = 6 - 5 + 2 = 3$

2) $|\vec{n_E}| = \sqrt{(2)^2 + (1)^2 + (2)^2} = \sqrt{9} = 3$

3) $|\vec{n_F}| = \sqrt{(3)^2 + (-5)^2 + (1)^2} = \sqrt{35}$

Durch Einsetzen in $\cos\alpha = \frac{\vec{n_E} \cdot \vec{n_F}}{|\vec{n_E}| \cdot |\vec{n_F}|}$ folgt: $\cos\alpha = \frac{3}{3 \cdot \sqrt{35}} = \frac{1}{\sqrt{35}} \approx 0{,}169$

Damit ist $\alpha = \cos^{-1} = 80{,}3°$. Dies ist der spitze Winkel.

Ergebnis: Der spitze Winkel zwischen den Ebenen E und F ist $\alpha = 80{,}3°$.

15.3 Der Winkel zwischen Geraden und Ebenen

Als den Winkel α zwischen einer Geraden und einer Ebene bezeichnet man den Neigungswinkel der Geraden gegen die Ebenenfläche. Er wird mit dem Normalenvektor der Ebene und dem Richtungsvektor der Geraden berechnet.

MERKE ▪ Neigungswinkel α

Wenn β der spitze Winkel zwischen dem Normalenvektor $\vec{n}$ der Ebene und dem Richtungsvektor $\vec{v}$ der Geraden ist, dann folgt für den Neigungswinkel α der Geraden gegen die Ebene: $\alpha = 90° - \beta$.

Die Zeichnung veranschaulicht dies. Da der Normalenvektor $\vec{n}$ senkrecht auf E steht, ist die Summe der Winkel β und α gleich 90°. Daraus folgt: $\alpha = 90° - \beta$.

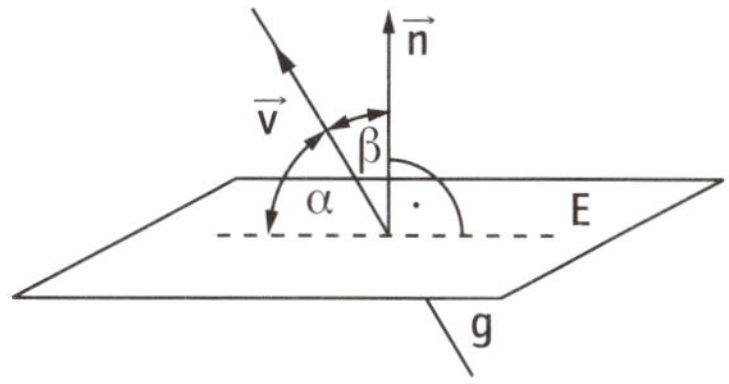

BEISPIEL 3 ▪ Unter welchem Winkel schneidet die Gerade g mit

g: $\vec{x} = \begin{pmatrix} 0 \\ 2 \\ -3 \end{pmatrix} + t \cdot \begin{pmatrix} 1 \\ -2 \\ 0 \end{pmatrix}$ die Ebene E mit E: $3x_1 - 4x_3 = 4$?

1. Schritt: Richtungsvektor von g: $\vec{v} = \begin{pmatrix} 1 \\ -2 \\ 0 \end{pmatrix}$; Normalenvektor von E: $\vec{n} = \begin{pmatrix} 3 \\ 0 \\ -4 \end{pmatrix}$

2. Schritt: Das Skalarprodukt $\vec{n} \cdot \vec{v}$ und die Beträge $|\vec{n}|$ und $|\vec{v}|$ sind:

1) $\vec{n} \cdot \vec{v} = \begin{pmatrix} 3 \\ 0 \\ -4 \end{pmatrix} \cdot \begin{pmatrix} 1 \\ -2 \\ 0 \end{pmatrix} = 3$ 2) $|\vec{n}| = \sqrt{(3)^2 + (0)^2 + (-4)^2} = \sqrt{25} = 5$

3) $|\vec{v}| = \sqrt{(1)^2 + (-2)^2 + (0)^2} = \sqrt{5}$; Durch Einsetzen in $\cos\beta = \frac{\vec{n} \cdot \vec{v}}{|\vec{n}| \cdot |\vec{v}|}$ folgt: $\cos\beta = \frac{3}{5 \cdot \sqrt{5}} \approx 0{,}268$ und $\beta = \cos^{-1} \frac{3}{5 \cdot \sqrt{5}} = 74{,}4°$.

Das ist der spitze Winkel zwischen $\vec{n}$ und $\vec{v}$.

Ergebnis: Der Winkel zwischen g und E ist $\alpha = 90° - 74{,}4° = 15{,}6°$.

CHECKLISTE

15 Winkelberechnungen

Folgende Fragen sollten Sie nun mühelos beantworten können:

- **Wie berechnet man den Winkel zwischen zwei Vektoren?**
- **Wie berechnet man den Winkel zwischen zwei Geraden, zwischen zwei Ebenen und zwischen einer Geraden und einer Ebene?**
- **Was muss man beachten, wenn man die Innenwinkel eines Dreiecks mit der Vektorrechnung bestimmen will?**

16 Lineare Abbildungen

Die Drehung oder Spiegelung einer Figur kann in der (zweidimensionalen) Zeichenebene mit Zirkel und Geodreieck durchgeführt werden. Solche Abbildungen können aber auch algebraisch beschrieben werden, und zwar nicht nur in der zweidimensionalen Zeichenebene sondern auch im Raum. Eine zentrale Rolle spielt dabei ein tabellenartiges Zahlenschema – die sogenannte Matrix, und die Multiplikation zwischen einer Matrix und einem Vektor.

16.1 Eigenschaften linearer Abbildungen

Eine mathematische Abbildung hat die Eigenschaft, dass jedes Element einer Ausgangsmenge D auf ein Element einer Zielmenge Z abgebildet wird (siehe Schaubild). Allerdings muss bei einer Abbildung nicht zwingend jedem Element der Zielmenge auch ein Element der Ausgangsmenge zugeordnet sein, wie hier abgebildet.

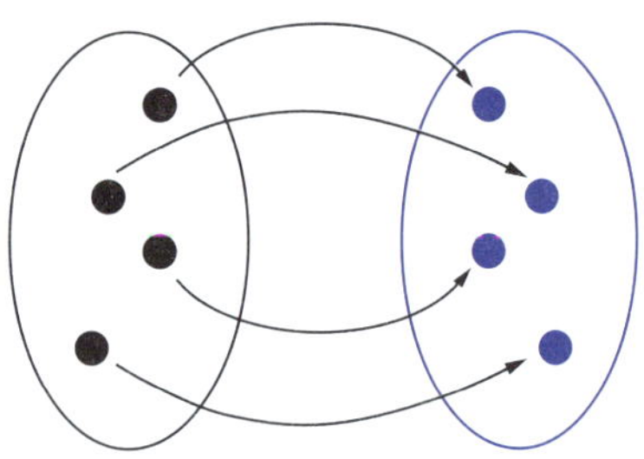

In der linearen Algebra sind die Ausgangs- und Zielmenge immer Vektorräume, zwischen denen Vektoren abgebildet werden. Die Vektorräume D und Z können auch identisch sein. Die Abbildungsvorschrift wird mit einem Großbuchstaben, etwa L, gekennzeichnet. Das Bild eines Vektors $\vec{v}$ wird dann mit $L(\vec{v})$ bzw. $L\vec{v}$ beschrieben.

MERKE ▪ Eigenschaften linearer Abbildungen

1. Das Bild der Summe zweier Vektoren $\vec{v}$ und $\vec{w}$ ist gleich der Summe der Bilder dieser beiden Vektoren: $L(\vec{v} + \vec{w}) = L(\vec{v}) + L(\vec{w})$
2. Das Bild des Vielfachen eines Vektors $\vec{v}$ ist gleich dem Vielfachen des Bildes dieses Vektors: $L(\alpha \cdot \vec{v}) = \alpha \cdot L(\vec{v})$
3. Der Nullvektor des Ausgangsvektorraums wird auf den Nullvektor des Zielvektorraums abgebildet: $L(\vec{0}) = \vec{0}$

16.2 Lineare Abbildungen mit Matrizen: Die Matrix-Vektor-Multiplikation

Das Bild eines Vektors bzw. Punktes wird in der linearen Algebra mithilfe eines Zahlenschemas berechnet, einer sogenannten **Matrix**. Dazu wird diese Matrix mit dem abzubildenden Vektor bzw. dem Ortsvektor des abzubildenden Punktes multipliziert. Wie eine Matrix-Vektor-Multiplikation durchgeführt wird, zeigt folgendes Schaubild am Beispiel der Matrix $M = \begin{pmatrix} 1 & 2 \\ 3 & 4 \end{pmatrix}$.

Die Koordinaten des Bildvektors $\vec{v'} = M \cdot \vec{v} \left(\text{mit } \vec{v} = \begin{pmatrix} v_1 \\ v_2 \end{pmatrix} \right)$ berechnet man so:

Die erste Koordinate des Bildvektors $\vec{v'}$ erhält man, indem man die Ziffern der ersten Matrixzeile nacheinander mit den jeweiligen Koordinaten des Vektors multipliziert: also $1 \cdot v_1$ und $2 \cdot v_2$. Die Summe dieser beiden Produkte ist die erste Koordinate des Bildvektors. Entsprechend berechnet man die zweite Koordinate des Bildvektors mit der zweiten Matrixzeile. Für $\vec{v'} = M \cdot \vec{v}$ ergibt sich also:

$$\vec{v'} = M \cdot \vec{v} = \begin{pmatrix} 1 & 2 \\ 3 & 4 \end{pmatrix} \cdot \begin{pmatrix} v_1 \\ v_2 \end{pmatrix} = \begin{pmatrix} 1 \cdot v_1 + 2 \cdot v_2 \\ 3 \cdot v_1 + 4 \cdot v_2 \end{pmatrix}$$

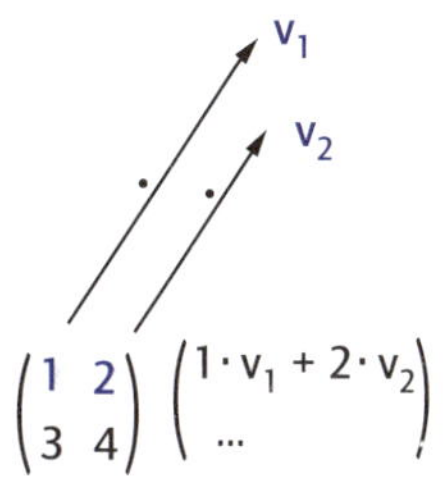

Berechnung der ersten Koordinate

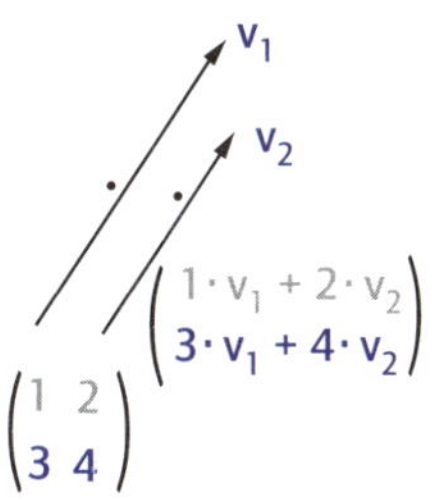

Berechnung der zweiten Koordinate

INSIDER-TIPP

Eine Matrix-Vektor-Multiplikation wird übersichtlicher, wenn man die Matrix und den Vektor versetzt zueinander aufschreibt:

$$\begin{matrix} & \begin{pmatrix} v_1 \\ v_2 \end{pmatrix} \\ \begin{pmatrix} 1 & 2 \\ 3 & 4 \end{pmatrix} & \end{matrix}$$

In den Freiraum schreibt man dann die berechneten Koordinaten des Bildvektors $\vec{v'} = M \cdot \vec{v}$.

Das Produkt zwischen einer beliebigen Matrix und einem Vektor berechnet man ganz analog:

MERKE ▪ Matrix-Vektor-Multiplikation

Ist M eine (m×n)-Matrix (m Zeilen und n Spalten) und besteht der Vektor $\vec{v}$ aus n Koordinaten, dann gilt für das Produkt $M\cdot\vec{v}$:

$$\begin{pmatrix} a_{11}\,a_{12}\dots a_{1n} \\ a_{21}\,a_{22}\dots a_{2n} \\ \vdots \\ a_{m1}\,a_{m2}\dots a_{mn} \end{pmatrix} \cdot \begin{pmatrix} v_1 \\ v_2 \\ \vdots \\ v_n \end{pmatrix} = \begin{pmatrix} a_{11}\cdot v_1 + a_{12}\cdot v_2 + \dots + a_{1n}\cdot v_n \\ a_{21}\cdot v_1 + a_{22}\cdot v_2 + \dots + a_{2n}\cdot v_n \\ \vdots \\ a_{m1}\cdot v_1 + a_{m2}\cdot v_2 + \dots + a_{mn}\cdot v_n \end{pmatrix}$$

- In den Matrixkoeffizienten a_{ik} steht i für die Zeilennummer und k für die Spaltennummer (mit $i, k \in \mathbb{N}$).
- Eine Matrix kann nur dann mit einem Vektor multipliziert werden, wenn die Zahl der Matrixspalten mit der Zahl der Vektorkoordinaten übereinstimmt.
- Die Zahl der Matrixzeilen gibt an, wie viele Koordinaten der Bildvektor $\overrightarrow{v'} = M\cdot\vec{v}$ hat.

BEISPIEL 1 ▪ Berechnen Sie a) $\begin{pmatrix} 2 & -1 & 7 \\ 3 & 6 & 5 \\ 5 & 8 & -2 \end{pmatrix} \cdot \begin{pmatrix} 2 \\ -3 \\ 4 \end{pmatrix}$ und b) $\begin{pmatrix} 1 & 3 & 5 \\ 6 & -7 & 2 \end{pmatrix} \cdot \begin{pmatrix} -4 \\ 2 \\ 7 \end{pmatrix}$.

a) $\begin{pmatrix} 2 & -1 & 7 \\ 3 & 6 & 5 \\ 5 & 8 & -2 \end{pmatrix} \cdot \begin{pmatrix} 2 \\ -3 \\ 4 \end{pmatrix} = \begin{pmatrix} 35 \\ 8 \\ -22 \end{pmatrix}$ b) $\begin{pmatrix} 1 & 3 & 5 \\ 6 & -7 & 2 \end{pmatrix} \cdot \begin{pmatrix} -4 \\ 2 \\ 7 \end{pmatrix} = \begin{pmatrix} 37 \\ -24 \end{pmatrix}$

BEISPIEL 2 ▪ Berechnen Sie $\begin{pmatrix} \cos 30° & -\sin 30° \\ \sin 30° & \cos 30° \end{pmatrix} \cdot \begin{pmatrix} 2 \\ 1 \end{pmatrix}$.

Zeichnen Sie den Vektor $\vec{v} = \begin{pmatrix} 2 \\ 1 \end{pmatrix}$ und sein Bild in ein Koordinatensystem. Was fällt auf?

$$\begin{pmatrix} \cos 30° & -\sin 30° \\ \sin 30° & \cos 30° \end{pmatrix} \cdot \begin{pmatrix} 2 \\ 1 \end{pmatrix} = \begin{pmatrix} 2\cos 30° & -\sin 30° \\ 2\sin 30° & +\cos 30° \end{pmatrix}$$

$$= \begin{pmatrix} \sqrt{3} - 0{,}5 \\ 1 + \frac{\sqrt{3}}{2} \end{pmatrix} \approx \begin{pmatrix} 1{,}23 \\ 1{,}87 \end{pmatrix}$$

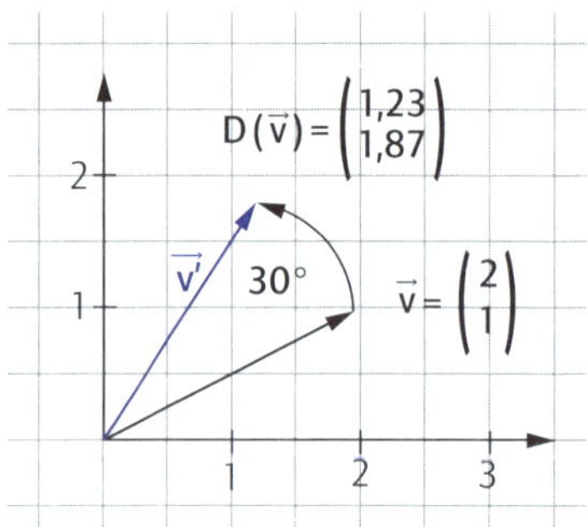

Der Vektor $\vec{v} = \begin{pmatrix} 2 \\ 1 \end{pmatrix}$ wurde um 30° gegen den Uhrzeigersinn gedreht.

Die Matrix $D = \begin{pmatrix} \cos 30° & -\sin 30° \\ \sin 30° & \cos 30° \end{pmatrix}$ beschreibt also eine Drehung gegen den Uhrzeigersinn.

MERKE ▪ Drehungen

Jede Drehung in der Ebene um den Winkel α gegen den Uhrzeigersinn wird durch die Matrix $\begin{pmatrix} \cos(\alpha) & -\sin(\alpha) \\ \sin(\alpha) & \cos(\alpha) \end{pmatrix}$ beschrieben.

BEISPIEL 3 ▪ Berechnen Sie $\begin{pmatrix}1&0&0\\0&1&0\\0&0&1\end{pmatrix}\cdot\begin{pmatrix}5\\-3\\9\end{pmatrix}$. **Was fällt auf?**

Es ist: $\begin{pmatrix}1&0&0\\0&1&0\\0&0&1\end{pmatrix}\cdot\begin{pmatrix}5\\-3\\9\end{pmatrix}=\begin{pmatrix}5\\-3\\9\end{pmatrix}$

Der Bildvektor ist gleich dem ursprünglichen Vektor.

MERKE ▪ Einheitsmatrix

Eine (n × n)-Matrix, in der alle Koeffizienten der Diagonalen 1 sind und alle anderen Koeffizienten 0, nennt man Einheitsmatrix:

$$E_n=\begin{pmatrix}1&0&\dots&.&0\\0&1&&.&.\\.&.&1&.&.\\.&.&.&1&.\\0&.&.&.&1\end{pmatrix}$$

Multipliziert man eine Einheitsmatrix mit einem Vektor, erhält man als Bild denselben Vektor. Es gilt: $E_n\cdot\vec{v}=\vec{v}$

16.3 Besondere geometrische Abbildungen und ihre Matrizen

Die Matrizen von Abbildungen, bei denen der Koordinatenursprung O seine Lage nicht ändert, können anhand einfacher geometrischer Überlegungen aufgestellt werden. Solche Abbildungen sind zum Beispiel Drehungen um eine Koordinatenachse oder Spiegelungen an einer Koordinatenebene.

MERKE ▪ Aufstellen der Abbildungsmatrix

Ist der Koordinatenursprung O bei einer Abbildung ein Fixpunkt, sind die Spalten der entsprechenden Abbildungsmatrix die Bilder der Basisvektoren $\overrightarrow{b_1}$, $\overrightarrow{b_2}$, $\overrightarrow{b_3}$.

Man muss sich zum Aufstellen der Abbildungsmatrix also nur überlegen, auf welche Bildvektoren die Basisvektoren des Koordinatensystems abgebildet werden.

BEISPIEL 4 ▪ Ein Körper soll durch eine Spiegelung an der x_1x_2-Ebene abgebildet werden. Wie lautet die zugehörige Abbildungsmatrix M?

Die Bilder der Basisvektoren $\overrightarrow{b_1}=\begin{pmatrix}1\\0\\0\end{pmatrix}$, $\overrightarrow{b_2}=\begin{pmatrix}0\\1\\0\end{pmatrix}$ und $\overrightarrow{b_3}=\begin{pmatrix}0\\0\\1\end{pmatrix}$ erhält man mit folgender geometrischen Überlegung: Da die Basisvektoren $\overrightarrow{b_1}$ und $\overrightarrow{b_2}$ in der x_1x_2-Ebene liegen, verändern sie bei einer Spiegelung an der x_1x_2-Ebene ihre Lage nicht.

Es ist also: $\overrightarrow{b_1'} = \begin{pmatrix} 1 \\ 0 \\ 0 \end{pmatrix}$ und $\overrightarrow{b_2'} = \begin{pmatrix} 0 \\ 1 \\ 0 \end{pmatrix}$. Der Basisvektor $\overrightarrow{b_3}$ wird durch eine Spiegelung an der x_1x_2-Ebene auf den Vektor $\overrightarrow{b_3'} = \begin{pmatrix} 0 \\ 0 \\ -1 \end{pmatrix}$ abgebildet.

Somit lautet die gesuchte Spiegelmatrix: $M = \begin{pmatrix} 1 & 0 & 0 \\ 0 & 1 & 0 \\ 0 & 0 & -1 \end{pmatrix}$

BEISPIEL 5 ▪ **Ein Körper soll durch eine Drehung um die x_3-Achse um den Rotationswinkel 60° abgebildet werden. Wie lautet die Abbildungsmatrix D ?**

Der Basisvektor $\overrightarrow{b_3} = \begin{pmatrix} 0 \\ 0 \\ 1 \end{pmatrix}$ ändert bei einer Drehung um die x_3-Achse seine Lage nicht.

Es ist also: $\overrightarrow{b_3'} = \overrightarrow{b_3} = \begin{pmatrix} 0 \\ 0 \\ 1 \end{pmatrix}$. Durch trigonometrischen Überlegungen erhält man für die Bildvektoren von $\overrightarrow{b_1}$ und $\overrightarrow{b_2}$ (vgl. nebenstehende Zeichnung):

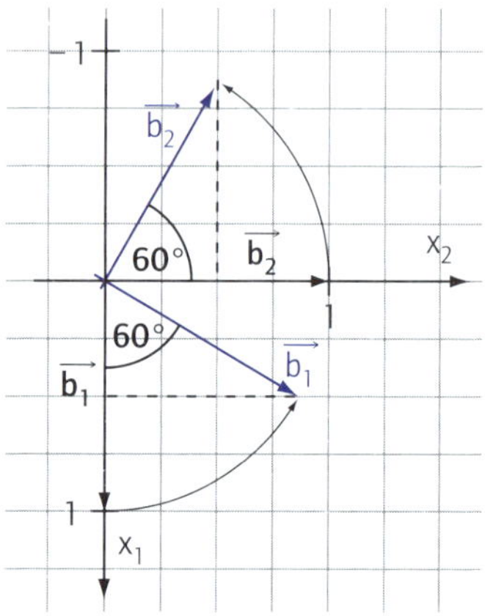

Blick „von oben" auf die x_1x_2-Ebene

$\overrightarrow{b_1'} = \begin{pmatrix} \cos 60° \\ \sin 60° \\ 0 \end{pmatrix}$ und $\overrightarrow{b_2'} = \begin{pmatrix} -\sin 60° \\ \cos 60° \\ 0 \end{pmatrix}$.

Somit lautet die gesuchte Drehmatrix: $D = \begin{pmatrix} \cos 60° & -\sin 60° & 0 \\ \sin 60° & \cos 60° & 0 \\ 0 & 0 & 1 \end{pmatrix}$

INSIDER-TIPP

Die Drehmatrix einer Drehung um eine Koordinatenachse im Raum erhält man, indem man die Koordinaten des unveränderten Basisvektors (in Beispiel 5 ist das $\overrightarrow{b_3}$) als Zeile und Spalte in der Matrix einer Drehung in der Ebene einfügt.

BEISPIEL 6 ▪ **Zur Darstellung des räumlichen Koordinatensystems auf dem Zeichenblatt werden die Koordinatenachsen mittels einer Parallelprojektion auf die Zeichenebene projiziert. Wie lautet die entsprechende Projektionsmatrix?**

In der Zeichenebene hat der Bildvektor von $\overrightarrow{b_3} = \begin{pmatrix} 0 \\ 0 \\ 1 \end{pmatrix}$ die Koordinaten $\overrightarrow{b_3'} = \begin{pmatrix} 0 \\ 1 \end{pmatrix}$.

(Man beachte, dass es in der Zeichenebene nur zwei Koordinaten gibt, auch wenn man drei Koordinatenachsen zeichnet.)

Die Bildvektoren von $\overrightarrow{b_1}$ und $\overrightarrow{b_2}$ sind:

$\overrightarrow{b_2'} = \begin{pmatrix} 1 \\ 0 \end{pmatrix}$ und $\overrightarrow{b_1'} = \begin{pmatrix} -0{,}5 \\ -0{,}5 \end{pmatrix}$

Somit lautet die gesuchte Projektionsmatrix:

$$P = \begin{pmatrix} -0{,}5 & 1 & 0 \\ -0{,}5 & 0 & 1 \end{pmatrix}$$

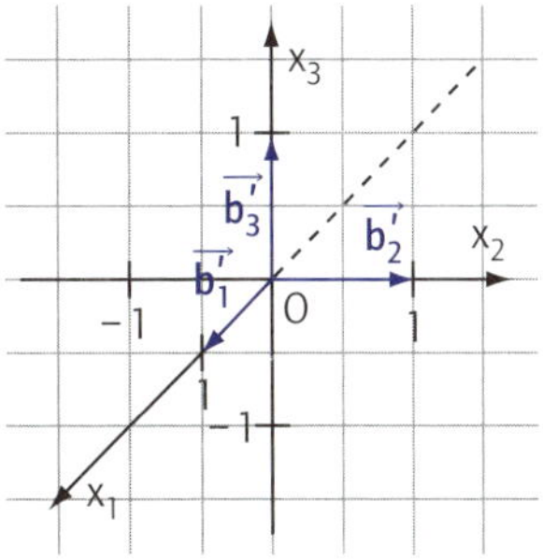

(Hinweis: Bei dieser Projektion handelt es sich um eine Abbildung des Vektorraums R^3 auf den Vektorraum R^2. Die Projektionsmatrix P hat daher nur 2 Zeilen.)

16.4 Verknüpfung linearer Abbildungen: Die Matrix-Matrix-Multiplikation

Wenn man zwei oder mehrere lineare Abbildungen nacheinander durchführt, spricht man von einer Verknüpfung linearer Abbildungen. Eine solche Verknüpfung $B \circ A$ der Abbildungen B und A (sprich: „B nach A") bedeutet, dass ein Vektor $\vec{v}$ zuerst mit der Abbildung A zu $\vec{v'} = A(\vec{v})$ abgebildet wird. Anschließend wird mit der Abbildungsvorschrift B der Vektor $\vec{v'} = A(\vec{v})$ weiter abgebildet. Man erhält so den Vektor $\vec{v''} = B\,[A(\vec{v})]$.

Anstatt beide Abbildungen nacheinander durchzuführen, kann man die beiden Matrizen B und A durch Multiplizieren zu einer einzigen Abbildungsmatrix $M = B \cdot A$ zusammenfassen. Dann kann der Bildvektor mit M direkt berechnet werden. Es gilt nämlich: $B\,[A(\vec{v})] = (B \cdot A)[\vec{v}]$.
Das Produkt zweier Matrizen wird folgendermaßen berechnet:

> **MERKE ▪ Multiplikation zweier Matrizen**
> **Wenn die Vektoren $\overrightarrow{v_1}, \overrightarrow{v_2}, \ldots, \overrightarrow{v_n}$ die Spaltenvektoren der Matrix A sind, gilt für das Produkt $M = B \cdot A$ der Matrizen B und A:**
> $$M = (B \cdot \overrightarrow{v_1}, B\,\overrightarrow{v_2}, \ldots, B \cdot \overrightarrow{v_n})$$
> **In Worten: Die Spaltenvektoren der Matrix $M = B \cdot A$ erhält man, indem man die Matrix B mit den Spaltenvektoren von A multipliziert.**
> **Man beachte, dass man das Produkt $B \cdot A$ nur dann berechnen kann, wenn die Matrix B genauso viel Spalten wie die Matrix A Zeilen hat.**
> **Das Kommutativgesetz gilt abgesehen von Spezialfällen bei der Matrix-Matrix-Multiplikation nicht: $B \cdot A \neq A \cdot B$**

INSIDER-TIPP

Die Multiplikation wird überschaubarer, wenn man beide Matrizen, wie hier gezeigt, versetzt zueinander aufschreibt.

Die Produktmatrix kann man dann in den entstandenen Freiraum schreiben, ohne die Koeffizienten durcheinander zu bringen.

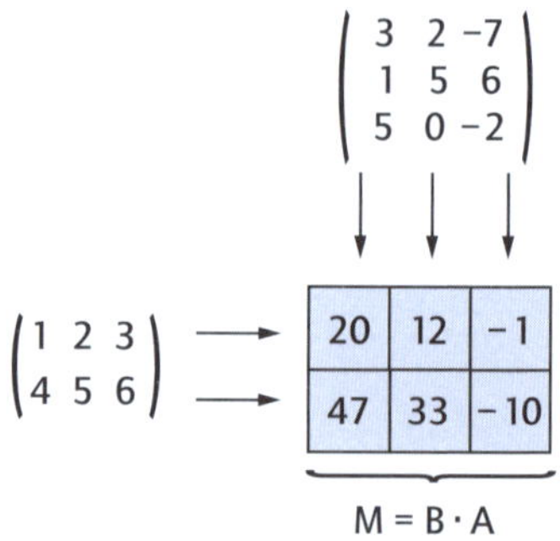

BEISPIEL 7 ▪ Berechnen Sie folgende Matrix-Matrix-Produkte.
Welches Produkt kann nicht berechnet werden ?

a) $\begin{pmatrix} 3 & 5 & -1 \\ 2 & -2 & 4 \end{pmatrix} \cdot \begin{pmatrix} 5 & 3 \\ 3 & -6 \\ -2 & 4 \end{pmatrix}$ b) $\begin{pmatrix} 4 & 2 & 7 \\ -1 & -3 & 0 \\ 5 & 8 & 3 \end{pmatrix} \cdot \begin{pmatrix} 4 & -8 & 5 \\ -7 & 3 & 2 \end{pmatrix}$

a) $\begin{pmatrix} 3 & 5 & -1 \\ 2 & -2 & 4 \end{pmatrix} \cdot \begin{pmatrix} 5 & 3 \\ 3 & -6 \\ -2 & 4 \end{pmatrix} = \begin{pmatrix} 32 & -25 \\ -4 & 34 \end{pmatrix}$

b) Da die linke Matrix drei Spalten hat, die rechte Matrix aber nur zwei Zeilen, können beide Matrizen nicht miteinander multipliziert werden.

CHECKLISTE

16 Lineare Abbildungen

Folgende Fragen sollten Sie nun mühelos beantworten können:

- **Welche Bedingungen müssen erfüllt sein, damit man überhaupt das Produkt $M \cdot \vec{v}$ zwischen einer Matrix und einem Vektor berechnen kann?**
- **Welche anschauliche Bedeutung hat das Produkt $M \cdot \vec{v}$ zwischen einer Matrix und einem Vektor und wie berechnet man es?**
- **Wie lautet eine Drehmatrix in der Ebene?**
- **Was versteht man unter einer Einheitsmatrix?**
- **Wie ermittelt man die Matrix einer Abbildung, bei der der Koordinatenursprung O ein Fixpunkt ist?**
- **Welche anschauliche Bedeutung hat das Produkt $B \cdot A$ zwischen zwei Matrizen und wie berechnet man es?**

17 Die Matrixrechnung zur Lösung eines LGS

Eine weitere Bedeutung der in Kapitel 16 vorgestellten Matrix-Vektor-Multiplikation ist, dass man ein LGS äußerst kompakt in der Form $M \cdot \vec{x} = \vec{b}$ darstellen kann. Dabei handelt es sich um eine lineare Matrix-Vektor-Gleichung, die die gleiche Form hat wie lineare Gleichungen der Art $a \cdot x = b$ (mit $a, b \in \mathbb{R}$). Wie man Gleichungen der Form $M \cdot \vec{x} = \vec{b}$ so umformen kann, dass man ihre Lösung erhält, den sogenannten Lösungsvektor $\vec{x}$, zeigt das vorliegende Kapitel.

17.1 Lineare Gleichungssysteme als Matrix-Vektor-Gleichung

Man kann ein lineares Gleichungssystem, wie beispielsweise

$$\begin{aligned} 2x_1 - 3x_2 + 4x_3 &= -1 \\ 4x_1 + 6x_2 - 8x_3 &= 2 \\ -x_1 + 9x_2 - 2x_3 &= 2 \end{aligned}$$

in der kompakteren Form $M \cdot \vec{x} = \vec{b}$ schreiben, mit

$$M = \begin{pmatrix} 2 & -3 & 4 \\ 4 & 6 & -8 \\ -1 & 9 & -2 \end{pmatrix}, \quad \vec{x} = \begin{pmatrix} x_1 \\ x_2 \\ x_3 \end{pmatrix} \quad \text{und} \quad \vec{b} = \begin{pmatrix} -1 \\ 2 \\ 2 \end{pmatrix}.$$

Multipliziert man nämlich das Produkt $M \cdot \vec{x}$ aus (→ Seite 149 f.), lautet die Gleichung $M \cdot \vec{x} = \vec{b}$:

$$\begin{pmatrix} 2x_1 - 3x_2 + 4x_3 \\ 4x_1 + 6x_2 - 8x_3 \\ -x_1 + 9x_2 - 2x_3 \end{pmatrix} = \begin{pmatrix} -1 \\ 2 \\ 2 \end{pmatrix}$$

bzw.

$$\begin{aligned} 2x_1 - 3x_2 + 4x_3 &= -1 \\ 4x_1 + 6x_2 - 8x_3 &= 2 \\ -x_1 + 9x_2 - 2x_3 &= 2 \end{aligned}$$

Genau das ist das obige Gleichungssystem.

17.2 Die inverse Matrix und ihre Bedeutung

Die Gleichung $M \cdot \vec{x} = \vec{b}$ wird in eine äquivalente Gleichung überführt, indem man beide Seiten von links mit einer Matrix A multipliziert:

$$M \cdot \vec{x} = \vec{b}$$
$$A \cdot M \cdot \vec{x} = A \cdot \vec{b}$$

Dabei muss die Spalten- und Zeilenzahl von A so gewählt werden, dass die Multiplikationen $A \cdot M$ und $A \cdot \vec{b}$ erlaubt sind.

Mit $M = \begin{pmatrix} 2 & -3 & 4 \\ 4 & 6 & -8 \\ -1 & 9 & -2 \end{pmatrix}$, $\vec{x} = \begin{pmatrix} x_1 \\ x_2 \\ x_3 \end{pmatrix}$, $\vec{b} = \begin{pmatrix} -1 \\ 2 \\ 2 \end{pmatrix}$ und $A = \begin{pmatrix} \frac{1}{4} & \frac{1}{8} & 0 \\ \frac{1}{15} & 0 & \frac{2}{15} \\ \frac{7}{40} & -\frac{1}{16} & \frac{1}{10} \end{pmatrix}$

lautet die Gleichung $A \cdot M \cdot \vec{x} = A \cdot \vec{b}$:

1 $$\begin{pmatrix} \frac{1}{4} & \frac{1}{8} & 0 \\ \frac{1}{15} & 0 & \frac{2}{15} \\ \frac{7}{40} & -\frac{1}{16} & \frac{1}{10} \end{pmatrix} \cdot \begin{pmatrix} 2 & -3 & 4 \\ 4 & 6 & -8 \\ -1 & 9 & -2 \end{pmatrix} \cdot \begin{pmatrix} x_1 \\ x_2 \\ x_3 \end{pmatrix} = \begin{pmatrix} \frac{1}{4} & \frac{1}{8} & 0 \\ \frac{1}{15} & 0 & \frac{2}{15} \\ \frac{7}{40} & -\frac{1}{16} & \frac{1}{10} \end{pmatrix} \cdot \begin{pmatrix} -1 \\ 2 \\ 2 \end{pmatrix}$$

Ausmultiplizieren von „links" ergibt:

2 $$\begin{pmatrix} 1 & 0 & 0 \\ 0 & 1 & 0 \\ 0 & 0 & 1 \end{pmatrix} \cdot \begin{pmatrix} x_1 \\ x_2 \\ x_3 \end{pmatrix} = \begin{pmatrix} 0 \\ \frac{1}{5} \\ -\frac{1}{10} \end{pmatrix} \Leftrightarrow \begin{pmatrix} x_1 \\ x_2 \\ x_3 \end{pmatrix} = \begin{pmatrix} 0 \\ \frac{1}{5} \\ -\frac{1}{10} \end{pmatrix}$$

In diesem Beispiel wurde A so geschickt gewählt, dass das Produkt $A \cdot M$ genau die Einheitsmatrix ergibt (Umformung 1 → 2). Deshalb gilt für die Lösung des LGS: $\vec{x} = A \cdot \vec{b}$. (Wie man auf diese Matrix A kommt, wird in Kapitel 17.3 gezeigt.)

Wenn das Produkt $A \cdot M$ eine Einheitsmatrix ist, nennt man die Matrix A die **inverse Matrix** zu M.

MERKE ▪ Inverse Matrix

Die Matrix A heißt inverse Matrix zu M, wenn das Produkt $A \cdot M$ eine Einheitsmatrix ergibt. Umgekehrt ist eine $(n \times n)$-Matrix M nur dann invertierbar, wenn es eine $(n \times n)$-Matrix A gibt mit $A \cdot M = E_n$.
Die zu M inverse Matrix wird mit M^{-1} bezeichnet. Es gilt:

$$M^{-1} \cdot M = M \cdot M^{-1} = E$$

Mithilfe der inversen Matrix M^{-1} kann die Lösung der Gleichung $M \cdot \vec{x} = \vec{b}$ direkt angegeben werden. Es gilt: $\vec{x} = M^{-1} \cdot \vec{b}$

Man beachte, dass nur (n × n)-Matrizen inverse Matrizen haben können. Dies folgt aus der Definition der Einheitsmatrix (→ Seite 151) und der **Matrix-Matrix-Multiplikation**.

INSIDER-TIPP

Die Lösung eines LGS mithilfe der inversen Matrix hat den Vorteil, dass sie bequemer ist als die Lösung mit dem Gaußverfahren. Darüber hinaus kann man mit der inversen Matrix von M das LGS $M \cdot \vec{x} = \vec{b}$ für beliebige Vektoren $\vec{b}$ schnell berechnen, ohne jedesmal das aufwendige Gaussverfahren anwenden zu müssen. Allerdings muss die inverse Matrix in der Regel erst berechnet werden, wozu auch ein gewisser Rechenaufwand nötig ist. Dies wird im Folgenden illustriert.

17.3 Berechnung der inversen Matrix

BEISPIEL 1 ▪ **Bestimmen Sie die inverse Matrix von** $M = \begin{pmatrix} 2 & -3 & 4 \\ 4 & 6 & -8 \\ -1 & 9 & -2 \end{pmatrix}$.

1. Schritt: Aufstellen des Schemas $M \mid E_n$

Zunächst stellt man das Zahlenschema $M \mid E_n$ auf, wobei E_n die Einheitsmatrix ist. Es ergibt sich:

$$\begin{array}{rrr|rrr l} 2 & -3 & 4 & 1 & 0 & 0 & \boxed{1} \\ 4 & 6 & -8 & 0 & 1 & 0 & \boxed{2} \\ -1 & 9 & -2 & 0 & 0 & 1 & \boxed{3} \end{array}$$

2. Schritt: Bestimmen der Stufenform

Mit dem auf Seite 97 ff. vorgestellten Gaußverfahren bringt man dann das linke Zahlenschema in die Stufenform.

$$\begin{array}{rrr|rrr l} 2 & -3 & 4 & 1 & 0 & 0 & \boxed{4} \\ 0 & 12 & -16 & -2 & 1 & 0 & \boxed{5} = \boxed{1} \cdot (-2) + \boxed{2} \\ 0 & 15 & 0 & 1 & 0 & 2 & \boxed{6} = \boxed{3} \cdot 2 + \boxed{1} \end{array}$$

$$\begin{array}{rrr|rrr l} 2 & -3 & 4 & 1 & 0 & 0 & \boxed{7} \\ 0 & 12 & -16 & -2 & 1 & 0 & \boxed{8} \\ 0 & 0 & 20 & 3{,}5 & -\frac{5}{4} & 2 & \boxed{9} = \boxed{5} \cdot \left(-\frac{15}{12}\right) + \boxed{6} \end{array}$$

3. Schritt: Linkes Zahlenschema in Einheitsmatrix umwandeln

Anschließend formt man die Stufenform mit den beim Gaußverfahren erlaubten Rechenoperationen so um, dass links die Einheitsmatrix entsteht.

Dazu müssen zunächst die farbig dargestellten Zahlen eliminiert werden:

$$\begin{array}{ccc|ccc} 2 & \mathbf{-3} & \mathbf{4} & 1 & 0 & 0 \\ 0 & 12 & -16 & -2 & 1 & 0 \\ 0 & 0 & 20 & 3{,}5 & -\frac{5}{4} & 2 \end{array} \quad \begin{array}{l} \boxed{10} \\ \boxed{11} \\ \boxed{12} \end{array}$$

Die Zahlen −3 und 4 verschwinden, indem man zum 4-fachen der Gleichung $\boxed{10}$ die Gleichung $\boxed{11}$ addiert. Man erhält:

$$\begin{array}{ccc|ccc} 8 & 0 & 0 & 2 & 1 & 0 \\ 0 & 12 & \mathbf{-16} & -2 & 1 & 0 \\ 0 & 0 & 20 & 3{,}5 & -\frac{5}{4} & 2 \end{array} \quad \begin{array}{l} \boxed{13} = 4\cdot\boxed{10} + \boxed{11} \\ \boxed{14} \\ \boxed{15} \end{array}$$

Die Ziffer −16 verschwindet, indem man die Gleichung $\boxed{15}$ mit $\frac{16}{20}$ multipliziert und zur Gleichung $\boxed{14}$ addiert. Man erhält:

$$\begin{array}{ccc|ccc} 8 & 0 & 0 & 2 & 1 & 0 \\ 0 & 12 & 0 & 0{,}8 & 0 & 1{,}6 \\ 0 & 0 & 20 & 3{,}5 & -\frac{5}{4} & 2 \end{array} \quad \begin{array}{l} \boxed{16} \\ \boxed{17} = \boxed{15}\cdot\frac{16}{20} + \boxed{14} \\ \boxed{18} \end{array}$$

Schließlich braucht man nur noch die Zahlen 8, 12 und 20 zu normieren, d. h. jeweils auf 1 zu bringen. Indem man die Gleichung $\boxed{16}$ durch 8, die Gleichung $\boxed{17}$ durch 12 und die Gleichung $\boxed{18}$ durch 20 teilt, erhält man auf der linken Seite die Einheitsmatrix:

$$\begin{array}{ccc|ccc} 1 & 0 & 0 & \frac{1}{4} & \frac{1}{8} & 0 \\ 0 & 1 & 0 & \frac{1}{15} & 0 & \frac{2}{15} \\ 0 & 0 & 1 & \frac{7}{40} & -\frac{1}{16} & \frac{1}{10} \end{array} \quad \begin{array}{l} \boxed{19} = \boxed{16}:8 \\ \boxed{20} = \boxed{17}:12 \\ \boxed{21} = \boxed{18}:20 \end{array}$$

Das Zahlenschema der rechten Seite ist die gesuchte inverse Matrix M^{-1}, wie man durch Berechnung von $M\cdot M^{-1}$ leicht nachprüfen kann.

Ergebnis: Die inverse Matrix von M ist $M^{-1} = \begin{pmatrix} \frac{1}{4} & \frac{1}{8} & 0 \\ \frac{1}{15} & 0 & \frac{2}{15} \\ \frac{7}{40} & -\frac{1}{16} & \frac{1}{10} \end{pmatrix}$.

17.4 Determinante und Umkehrbarkeit einer Matrix

Nicht alle $(n \times n)$-Matrizen sind invertierbar, wie das folgende Beispiel der (2×2)-Matrix $M = \begin{pmatrix} 2 & 8 \\ 1 & 4 \end{pmatrix}$ zeigt:

Bringt man nämlich zur Berechnung von M^{-1} das Schema $\begin{array}{cc|cc} 2 & 8 & 1 & 0 \\ 1 & 4 & 0 & 1 \end{array}$ auf Stufenform, erhält man: $\begin{array}{cc|cc} 2 & 8 & 1 & 0 \\ 0 & 0 & -1 & 2 \end{array}$.

Da die untere Zeile der linken Seite nur Nullen hat, kann das Zahlenschema $\begin{pmatrix} 2 & 8 \\ 0 & 0 \end{pmatrix}$ nicht weiter in eine Einheitsmatrix umgewandelt werden.

Im allgemeinen Fall einer (2×2)-Matrix $M = \begin{pmatrix} a & c \\ b & d \end{pmatrix}$ (mit $a \neq 0$) lautet die Stufenform: $\begin{array}{cc|cc} a & c & 1 & 0 \\ 0 & ad - bc & -b & a \end{array}$

Damit die linke Seite in eine Einheitsmatrix umgewandelt werden kann, muss $ad - bc \neq 0$ sein. Man nennt den Term $ad - bc$ die Determinante von M; kurz: $\text{Det}\,M = ad - bc$.

Anmerkung: Wie man leicht zeigen kann, gilt die Umkehrbarkeitsbedingung $ad - bc \neq 0$ auch für den Fall $a = 0$.

MERKE ▪ Determinante und Invertierbarkeit

Für jede Matrix gibt es eine charakteristische Zahl, die sogenannte Determinante. Eine Matrix ist nur dann invertierbar, wenn ihre Determinante $\neq 0$ ist.

Eine (2×2)-Matrix $M = \begin{pmatrix} a & c \\ b & d \end{pmatrix}$ hat die Determinante $\text{Det}\,M = ad - bc$.

Für die inverse Matrix M^{-1} ergibt sich: $M^{-1} = \begin{pmatrix} \frac{d}{\text{Det}} & \frac{-c}{\text{Det}} \\ \frac{-b}{\text{Det}} & \frac{a}{\text{Det}} \end{pmatrix}$.

Die Determinante einer (3×3)-Matrix $M = \begin{pmatrix} a_{11} & a_{12} & a_{13} \\ a_{21} & a_{22} & a_{32} \\ a_{31} & a_{32} & a_{33} \end{pmatrix}$ kann folgendermaßen berechnet werden:

$$\text{Det}\,M = a_{11}\,\text{Det}\,M_1 - a_{21}\,\text{Det}\,M_2 + a_{31}\,\text{Det}\,M_3$$

Man beachte, dass die Vorzeichen von Summand zu Summand wechseln. Die Matrizen M_1, M_2 und M_3 sind (2×2)-Matrizen, die durch die Koeffizienten a_{11}, a_{21} und a_{31} bestimmt sind. Man erhält M_1, M_2 und M_3 folgendermaßen:

Die (2×2)-Matrix M_1 erhält man, wenn man in der (3×3)-Matrix M die Zeile und die Spalte streicht, in der a_{11} vorkommt. Ganz entsprechend ermittelt man mit a_{21} und a_{31} die (2×2)-Matrizen M_2 und M_3.
Welche Zeile bzw. Spalte man in M wählt, um nach diesem Prinzip die Determinante zu berechnen, ist willkürlich. Um sich unnötige Rechenarbeit zu sparen, sollte man daher eine solche Zeile oder Spalte wählen, in der möglichst viele Nullen stehen.

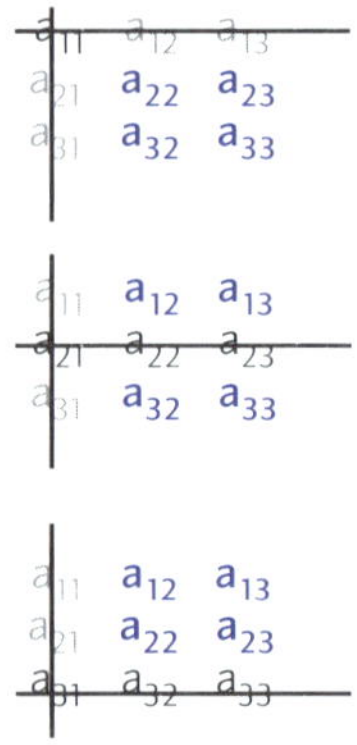

$$M_1 = \begin{pmatrix} a_{22} & a_{23} \\ a_{32} & a_{33} \end{pmatrix}$$

$$M_2 = \begin{pmatrix} a_{12} & a_{13} \\ a_{32} & a_{33} \end{pmatrix}$$

$$M_3 = \begin{pmatrix} a_{12} & a_{13} \\ a_{22} & a_{23} \end{pmatrix}$$

Die für die Determinantenberechnung benötigten „Teilmatrizen" entstehen jeweils durch Streichen einer Zeile und einer Spalte in M.

Die Berechnung der Determinante von $(n \times n)$-Matrizen mit $n > 3$ funktioniert genauso, ist aber wegen der dabei auftretenden Schachtelung der einzelnen Matrizen recht aufwendig.

CHECKLISTE

17 Matrixrechnung zur Lösung eines LGS

Folgende Fragen sollten Sie nun mühelos beantworten können:

- **Wie kann man ein lineares Gleichungssystem als Matrix-Vektor-Gleichung schreiben?**
- **Was versteht man unter einer Einheitsmatrix?**
- **Welche Eigenschaft hat die inverse Matrix M^{-1} zur Matrix M?**
- **Wie kann man eine inverse Matrix M^{-1} berechnen?**
- **Wie kann man prüfen, ob eine $(n \times n)$-Matrix umkehrbar ist?**
- **Wie berechnet man die Determinante einer (2×2)-Matrix bzw. einer (3×3)-Matrix?**

18 Der Wahrscheinlichkeitsraum

Wahrscheinlichkeitsräume modellieren reale Zufallsexperimente. Umgekehrt lassen sich aus dem mathematischen Modell Rückschlüsse auf die reale Situation ziehen.

18.1 Von der relativen Häufigkeit zur Wahrscheinlichkeit

BEISPIEL 1 ▪ Man würfelt sehr oft mit einem unverfälschten Würfel. Die sechs möglichen Ausgänge werden zum Ergebnisraum Ω zusammengefasst: $\Omega = \{1, 2, 3, 4, 5, 6\}$. Indem man die absolute Häufigkeit $k_n(\omega)$ des Auftretens des Ausgangs $\omega \in \Omega$ durch die Anzahl n aller Würfe dividiert, erhält man seine relative Häufigkeit $h_n(\omega)$:

MERKE ▪ Relative Häufigkeit

$$h_n(\omega) = \frac{k_n(\omega)}{n}, \text{ d.h. relative Häufigkeit} = \frac{\text{absolute Häufigkeit}}{\text{Anzahl aller Versuche}}$$

Eine Computersimulation liefert die folgende Tabelle.

ω		1	2	3	4	5	6
$k_n(\omega)$	n = 1000	180	156	176	152	168	168
	n = 100 000	16637	16643	16929	16472	16731	16588
$h_n(\omega)$	n = 1000	0,1800	0,1560	0,1760	0,1520	0,1680	0,1680
	n = 100 000	0,1664	0,1664	0,1693	0,1647	0,1673	0,1659

Da keine Augenzahl vor einer anderen ausgezeichnet ist, erwartet man, dass sich die relativen Häufigkeiten, wie es auch die Tabelle zeigt, auf lange Sicht bei jeweils $\frac{1}{6} = 0{,}1\overline{6}$ einpendeln. Beweisbar ist diese auf der Erfahrung beruhende Tatsache jedoch nicht. Die Mathematik geht umgekehrt vor: Aus dem realen unverfälschten Würfel, den man in die Hand nehmen kann, wird ein idealer fairer Würfel, ein sogenannter **Laplace-Würfel,** der nur noch als gedankliches Objekt existiert. Aus den relativen Häufigkeiten $h_n(\omega)$ werden **Wahrscheinlichkeiten** $P(\omega)$. So kommt man zur Wahrscheinlichkeitsverteilung P (von lat. *probabilitas*) über dem Ergebnisraum Ω. Sie ist vollständig durch ihre Wertetabelle bestimmt:

ω	1	2	3	4	5	6
$P(\omega)$	$\frac{1}{6}$	$\frac{1}{6}$	$\frac{1}{6}$	$\frac{1}{6}$	$\frac{1}{6}$	$\frac{1}{6}$

Wahrscheinlichkeitsverteilung P eines Laplace-Würfels

Ω und P zusammen bilden den **endlichen Wahrscheinlichkeitsraum** (Ω, P). In unserem Beispiel ist (Ω, P) das abstrakte mathematische Modell für das **Zufallsexperiment**, einmal mit einem realen unverfälschten Würfel zu würfeln.

BEISPIEL 2 ▪ Ob es in der Realität einen unverfälschten Würfel gibt, ist durchaus fraglich. Denn jedes reale Objekt besitzt Unzulänglichkeiten, man wird daher nur im Rahmen einer gewissen Toleranz von Unverfälschtheit reden können. Solche philosophischen Aspekte beiseite lassend nehmen wir nun einen Würfel, der mit Absicht verfälscht wurde, etwa so, dass auf lange Sicht gesehen die Sechs nur halb so oft wie jede andere Augenzahl fällt. Die Augenzahlen Eins bis Sechs treten also im Verhältnis $2:2:2:2:2:1$ auf, sodass wir zu folgendem mathematischen Modell kommen: Ω ist wie in Beispiel 1, dagegen ist die Wahrscheinlichkeitsverteilung neu:

ω	1	2	3	4	5	6
$P^*(\omega)$	$\frac{2}{11}$	$\frac{2}{11}$	$\frac{2}{11}$	$\frac{2}{11}$	$\frac{2}{11}$	$\frac{1}{11}$

Mögliche Wahrscheinlichkeitsverteilung P* eines gezinkten Würfels

(Ω, P^*) ist das Modell für das Zufallsexperiment, den oben vorgestellten gezinkten Würfel einmal zu werfen. Die Unterscheidung der Verteilungen P (Beispiel 1) und P* (Beispiel 2) in der Bezeichnung unterbleibt in der Praxis, wenn keine Missverständnisse zu befürchten sind. Man schreibt dann immer P.

18.2 Ereignisse

Mehrere Ausgänge zusammen bilden ein Ereignis. Ein solches wird meist in Wortform angegeben. Seine Mengenform erhält man, wenn man alle Ausgänge $\omega \in \Omega$, für die die Beschreibung zutrifft, zusammenfasst. Die erste Wahl zur Bezeichnung von Ereignissen sind Großbuchstaben vom Anfang des Alphabets.

BEISPIEL 3 ▪ Beim Würfeln kann man die folgenden Ereignisse betrachten:
A = „gerade Augenzahl" = $\{2, 4, 6\}$; B = „ungerade Augenzahl" = $\{1, 3, 5\}$
C = „Augenzahl größer Vier" = $\{5, 6\}$

Tritt ein Ausgang $\omega \in A$ ein, so sagt man: „Das Ereignis A tritt ein". In Beispiel 1 muss man zur Bestimmung der relativen Häufigkeit von „gerade Augenzahl" die relativen Häufigkeiten der Augenzahlen Zwei, Vier, Sechs addieren. Entsprechend verfährt man im mathematischen Modell bei den Wahrscheinlichkeiten. Zur Berechnung der Wahrscheinlichkeit von A = „gerade Augenzahl" addiert man die Wahrscheinlichkeiten der Ausgänge Zwei, Vier, Sechs. Man erhält beim Laplace-Würfel aus Beispiel 1:

$$P(A) = P(2) + P(4) + P(6) = \frac{1}{6} + \frac{1}{6} + \frac{1}{6} = \frac{1}{2} = 0{,}5 = 50\,\%$$

beim gezinkten Würfel aus Beispiel 2:

$$P^*(A) = P^*(2) + P^*(4) + P^*(5) = \frac{2}{11} + \frac{2}{11} + \frac{1}{11} = \frac{5}{11} \approx 0{,}455 \approx 45{,}5\,\%$$

18.3 Endliche Wahrscheinlichkeitsräume

Die Grundlagen der Wahrscheinlichkeitsrechnung wurden abschließend durch Kolmogorow (1903 – 1987) geklärt. Wir stellen hier ein vereinfachtes Modell für endliche Wahrscheinlichkeitsräume vor. Einen Einblick in unendliche Wahrscheinlichkeitsräume erhält man bei den stetigen Zufallsgrößen in Kapitel (→ Beispiel 12, Seite 176).

DEFINITION ▪ Endlicher Wahrscheinlichkeitsraum

Ein endlicher Wahrscheinlichkeitsraum (Ω, P) besteht aus einer endlichen Menge Ω, dem Ergebnisraum (seine Elemente ω heißen Ausgänge des Zufallsexperiments), und der Wahrscheinlichkeitsverteilung P, die jeder Teilmenge A von Ω, einem sogenannten Ereignis, seine Wahrscheinlichkeit $P(A) \in [0; 1]$ zuordnet. Dabei gelten

(1) Die Summe der Wahrscheinlichkeiten aller Elementarereignisse $\{\omega\}$ ist 1: $\sum_{\omega \in \Omega} P(\omega) = 1$

(2) Die Wahrscheinlichkeit eines Ereignisses A erhält man als Summe der Wahrscheinlichkeiten aller Elementarereignisse, die A ausmachen: $P(A) = \sum_{\omega \in A} P(\omega)$

Zu den Ereignissen zählt auch die leere Menge $\varnothing$ und der volle Ergebnisraum Ω. Man spricht vom unmöglichen Ereignis $\varnothing$ und vom sicheren Ereignis Ω. Es ist $P(\varnothing) = 0$, und nach (1) und (2) gilt $P(\Omega) = 1$.

Man unterscheidet begrifflich zwischen dem Ausgang ω und dem Elementarereignis $\{\omega\}$. Da P auf Ereignissen, also Mengen, definiert ist, müsste es bei

(1) und (2) eigentlich $P(\{\omega\})$ heißen. Wie aber schon in 18.1 und 18.2 sparen wir uns die geschweiften Klammern und schreiben etwas nachlässig einfach $P(\omega)$. Um sich mit der doch recht abstrakten Definition oben vertraut zu machen, kann man noch einmal 18.1 und 18.2 durchgehen, wo die Begriffe motiviert werden. Zur Veranschaulichung zwei weitere Beispiele:

BEISPIEL 4 ▪ Glücksrad

Das nebenstehende Glücksrad ist in 5 Sektoren mit den Mittelpunktswinkeln 150°, 90°, 60°, 40° und 20° aufgeteilt. Es wird einmal gedreht und bleibt auf einer der Zahlen 1, 2, 5, 10, 17 stehen. Solange keine einschränkenden Angaben gemacht werden, ist bei solchen Aufgaben stets vom Naheliegenden auszugehen, im Falle des Glücksrades, dass die Wahrscheinlichkeit eines Ausgangs so groß wie das Verhältnis des Mittelpunktswinkels zum Vollwinkel ist, z. B. $P(1) = \frac{150°}{360°} = \frac{5}{12}$.

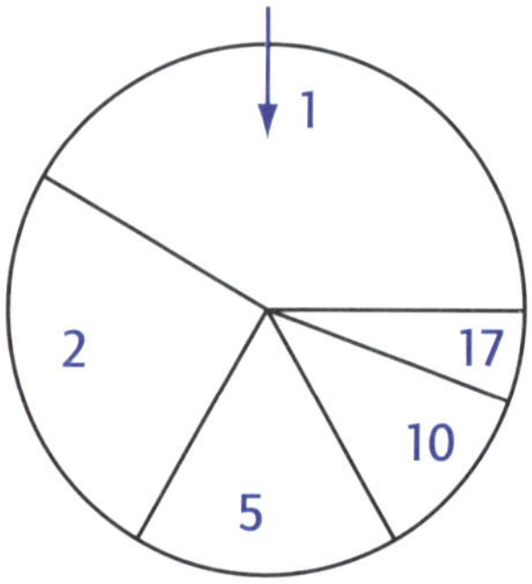

Man hat also $\Omega = \{1, 2, 5, 10, 17\}$ als Ergebnisraum mit der Verteilung

ω	1	2	5	10	17
$P(\omega)$	$\frac{5}{12}$	$\frac{1}{4}$	$\frac{1}{6}$	$\frac{1}{9}$	$\frac{1}{18}$

Die Bedingung (1) der Definition ist gemäß Konstruktion von alleine erfüllt:

$$P(1) + P(2) + P(5) + P(10) + P(17) = \frac{5}{12} + \frac{1}{4} + \frac{1}{6} + \frac{1}{9} + \frac{1}{18} = \frac{36}{36} = 1.$$

Und die Wahrscheinlichkeit des Ereignisses A, eine durch 5 teilbare Zahl zu erdrehen, berechnet man mit $A = \{5, 10\}$ nach (2):

$$P(A) = P(5) + P(10) = \frac{1}{6} + \frac{1}{9} = \frac{5}{18}$$

BEISPIEL 5 ▪ Verteilung der Ober beim Schafkopf

Schafkopf ist ein Spiel mit 32 Karten, unter ihnen die vier „Ober". Jeder der vier Spieler erhält 8 Karten.

Dabei sind folgende Verteilungen der Ober möglich:

I = 4.0.0.0 = „ein Spieler hat alle Ober"
II = 3.1.0.0 = „ein Spieler hat drei, ein anderer einen Ober"
III = 2.2.0.0 = „zwei Spieler haben je zwei Ober"
IV = 2.1.1.0 = „ein Spieler hat zwei, zwei andere jeweils einen Ober"
V = 1.1.1.1 = „jeder Spieler hat einen Ober"

Gemeint ist in I nicht, dass ein bestimmter Spieler vier Ober besitzt, sondern *irgendeiner* der vier Spieler. Entsprechend sind die andern aufzufassen.

Auf $\Omega = \{I, II, III, IV, V\}$ besteht die Verteilung

ω	I	II	III	IV	V
$P(\omega)$	0,008	0,149	0,131	0,598	0,114

Diese Werte sind nicht willkürlich gesetzt, sondern mithilfe eines Laplace-Modells auf 0,001 genau berechnet worden (→ Beispiel 12, Seite 176). Die Probe zeigt, dass (1) erfüllt ist. Betrachten wir drei Ereignisse:

A = „kein Spieler hat genau zwei Ober"

B = „höchstens ein Spieler hat keinen Ober"

C = „genau drei Spieler haben genau einen Ober"

Mit $A = \{I, II, V\}$, $B = \{IV, V\}$, $C = \varnothing$ folgt nach (2):

$P(A) = 0{,}271$; $P(B) = 0{,}712$; $P(C) = 0$

Wie man aus den relativen Häufigkeiten durch Modellbildung zu den mathematischen Wahrscheinlichkeiten gekommen ist, so interpretiert man umgekehrt Wahrscheinlichkeiten in der realen Welt.

MERKE ▪ Interpretationsregel für Wahrscheinlichkeiten

Hat das Ereignis A im Modell die Wahrscheinlichkeit P(A), so erwartet man, dass sich, wenn man das reale Experiment sehr oft wiederholt, auf lange Sicht gesehen die relative Häufigkeit von A beim Wert P(A) einpendelt.

18.4 Operationen mit Ereignissen

Ereignisse sind Mengen. Man kann sie daher schneiden, vereinigen oder ihr Komplement bilden. Im Folgenden seien A, B Teilmengen von Ω.

Term	Sprechweisen		Bedeutung	Veranschaulichung im Venn-Diagramm
	Mengenlehre	Wahrscheinlichkeitsrechnung		
$\overline{A}$	Komplement von A	A tritt nicht ein; Gegenereignis von A tritt ein	enthält alle $\omega \in \Omega$, die nicht zu A gehören	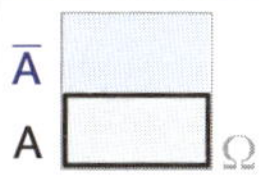
$A \cap B$	Schnitt von A und B	beide Ereignisse A und B treten zugleich ein	enthält alle $\omega \in \Omega$, die A und B zugleich angehören	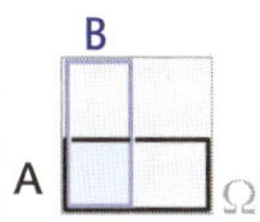
$A \cup B$	Vereinigung von A und B	eines der Ereignisse A oder B tritt ein	enthält alle $\omega \in \Omega$, die einer der Mengen A oder B angehören	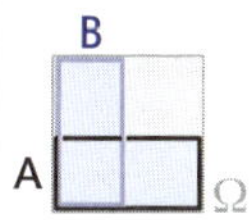

Das bei der Vereinigungsmenge $A \cup B$ verwendete „oder" ist im nichtausschließenden Sinne zu verstehen, $A \cup B$ enthält also auch die Elemente von $A \cap B$. Wie sich die Komplementbildung mit dem Schnitt und der Vereinigung verträgt, regeln die Gesetze von de Morgan:

MERKE ▪ Gesetze von de Morgan

Für Teilmengen A, B von Ω gilt:

(1) $\overline{A \cap B} = \overline{A} \cup \overline{B}$ (2) $\overline{A \cup B} = \overline{A} \cap \overline{B}$

(1) wird in der Tabelle durch die drei grauen Quadrate der zweiten Zeile dargestellt, bei (2) ist es das graue Quadrat der dritten Zeile.

BEISPIEL 6 ▪ Beim Glücksrad von Beispiel 4 war $\Omega = \{1, 2, 5, 10, 17\}$. Wir betrachten $A = \{5, 10\}$, $B = \{2, 10, 17\}$, $C = \{1, 2\}$ und erhalten

$A \cap B = \{5, \mathbf{10}\} \cap \{2, \mathbf{10}, 17\} = \{\mathbf{10}\}$

$A \cup B = \{5, \mathbf{10}\} \cup \{2, \mathbf{10}, 17\} = \{2, 5, \mathbf{10}, 17\}$

$\overline{A} = \{1, 2, 17\}$, $\overline{B} = \{1, 5\}$, $\overline{C} = \{5, 10, 17\}$

Legen wir die Verteilung aus Beispiel 4 zugrunde, so berechnet man

$P(A) = \frac{1}{6} + \mathbf{\frac{1}{9}}$, $P(B) = \frac{1}{4} + \mathbf{\frac{1}{9}} + \frac{1}{18}$.

In $P(A) + P(B)$ kommt $\mathbf{\frac{1}{9}}$ zweimal vor, da $\omega = 10$ sowohl zu A als auch zu B gehört. In $P(A \cup B)$ dagegen darf $P(10)$ nur einmal gerechnet werden. Indem man $P(A \cap B) = \mathbf{\frac{1}{9}}$ von $P(A) + P(B)$ subtrahiert, wird der Fehler korrigiert.

MERKE ▪ Allgemeiner Additionssatz

Für Ereignisse A, B in Ω gilt: $P(A \cup B) = P(A) + P(B) - P(A \cap B)$

Stellt man sich P als „Flächeninhalt von" vor, so sagt diese Regel, dass man zur Berechnung der Gesamtfläche $A \cup B$ die doppelt gezählte Schnittfläche $A \cap B$ einmal von der Summe der Einzelflächen A, B subtrahieren muss (vgl. das dritte Bild der Tabelle).

Im Beispiel haben A und C keine gemeinsamen Elemente, d.h. $A \cap C = \varnothing$. Dafür gibt es eine besondere Bezeichnung:

DEFINITION ▪ Unvereinbare Ereignisse

Gilt $A \cap C = \varnothing$ für zwei Ereignisse (Mengen) A, C, so nennt man A, C unvereinbar (disjunkt).

Wir heben diesen Spezialfall beim Additionssatz besonders hervor:

> **MERKE ▪ Spezieller Additionssatz**
> **Für unvereinbare Ereignisse A, C in Ω (d. h. $A \cap C = \emptyset$) gilt:**
> **$P(A \cup C) = P(A) + P(C)$**

Im Beispiel ist $P(A \cup C) = P(A) + P(C) = \frac{5}{18} + \frac{2}{3} = \frac{17}{18}$.

Ereignis und Gegenereignis sind immer unvereinbar: $A \cap \overline{A} = \emptyset$, andererseits ist ihre Vereinigung das sichere Ereignis: $A \cup \overline{A} = \Omega$, sodass $P(A \cup \overline{A}) = 1$ folgt. Nach dem speziellen Additionssatz gilt daher $P(A) + P(\overline{A}) = 1$.

> **MERKE ▪ Wahrscheinlichkeit des Gegenereignisses**
> **Für jedes Ereignis A in Ω gilt $P(\overline{A}) = 1 - P(A)$**

CHECKLISTE

18 Der Wahrscheinlichkeitsraum

Folgende Fragen sollten Sie nun mühelos beantworten können:

- Wie berechnet man die relative Häufigkeit bei einem Zufallsexperiment, das mehrmals durchgeführt wird?
- Wie berechnet man die Wahrscheinlichkeit eines Ereignisses, das sich aus mehreren Elementarereignissen zusammensetzt?
- Welchen Wert erhält man, wenn man die Wahrscheinlichkeiten aller Elementarereignisse eines Ergebnisraums Ω addiert?
- Wie lautet der allgemeine Additionssatz und wie kann man sich ihn veranschaulichen?
- Wie lautet der spezielle Additionssatz und unter welcher Bedingung gilt er?
- Welcher Zusammenhang besteht zwischen den Wahrscheinlichkeiten eines Ereignisses und seines Gegenereignisses?

19 Kombinatorik und Laplace-Räume

Oftmals erlauben einem Symmetriebetrachtungen, alle möglichen Ausgänge eines Zufallsexperiments als gleichwahrscheinlich anzusehen. In diesem Fall reduziert sich das Berechnen von Wahrscheinlichkeiten auf das Abzählen von Mengen: eine elementare und gerade deshalb oft recht vertrackte Angelegenheit.

19.1 Laplace-Räume

DEFINITION ▪ Laplace-Raum

Ein Wahrscheinlichkeitsraum (Ω, P), in dem alle Ausgänge gleichwahrscheinlich sind, heißt Laplace-Raum.

Besteht also Ω aus n Elementen, so muss wegen der Definition (1) von Seite 163 die Wahrscheinlichkeit eines Ausgangs $\frac{1}{n}$ sein. Hat das Ereignis A nun k mögliche Ausgänge, so wird für P(A) der Summand $\frac{1}{n}$ nach (2) genau k-mal addiert: $P(A) = \frac{k}{n}$. Wir schreiben senkrechte Striche, um die Anzahl der Elemente einer Menge, ihre sogenannte **Mächtigkeit**, anzugeben, also $|\Omega| = n$, $|A| = k$.

MERKE ▪ Wahrscheinlichkeit eines Ereignisses in einem Laplace-Raum

Es sei A ein Ereignis im Laplace-Raum (Ω, P). Dann gilt die Laplace-Formel:

$$P(A) = \frac{|A|}{|\Omega|} = \frac{\text{Anzahl der für A günstigen Ausgänge}}{\text{Anzahl der möglichen Ausgänge}}$$

Ob zur Beschreibung einer realen Situation ein Laplace-Modell angemessen ist, kann nicht durch die Mathematik, sondern nur durch den gesunden Menschenverstand entschieden werden.

BEISPIEL 1 ▪ Das Modell eines fairen Würfels ist der Laplace-Würfel. Die Augenzahlen bilden den Ergebnisraum $\Omega = \{1, 2, 3, 4, 5, 6\}$ mit $|\Omega| = 6$.

Das Ereignis „ungerade Zahl" ist $A = \{1, 3, 5\}$ mit $|A| = 3$, also ist wie nicht anders zu erwarten $P(A) = \frac{3}{6} = \frac{1}{2}$.

BEISPIEL 2 ▪ Würfeln wir mit zwei fairen Würfeln, einem roten und einem grünen, gleichzeitig. Wir notieren die möglichen Ausgänge als Zahlenpaare, zum Beispiel $\omega = (5|2)$, wenn der rote Würfel 5 und der grüne 2 zeigt. Nicht die 5 oder 2 ist also der Ausgang, sondern das gesamte Paar $(5|2)$. Wir bekommen den Ergebnisraum

$$\Omega = \{(1|1), (1|2), ..., (1|6); (2|1), ..., (2|6); ...; (6|1), (6|2), ..., (6|6)\}$$

und zählen $|\Omega| = 36$. Aber sind auch alle Ausgänge gleichwahrscheinlich? Im ersten Moment erscheint einem der „schöne" Ausgang $(6|6)$ vielleicht weniger wahrscheinlich als der „gewöhnliche" $(4|1)$. Stellen wir uns daher für den Moment vor, der grüne Würfel wäre nicht mit 1, 2, 3, 4, 5, 6, sondern mit C, U, F, B, Z, H beschriftet, so würden die Ausgänge auf einmal $(6|H)$ und $(4|C)$ heißen, und am ersten Ausgang wäre nichts Besonderes mehr. Der gesunde Menschenverstand sagt, dass die Laplace-Annahme gerechtfertigt ist. Betrachten wir zwei Ereignisse: A = „Augensumme 8", B = „roter Würfel zeigt 5". Wir bestimmen die Mengenformen und zählen

$$A = \{(2|6), (3|5), (4|4), (5|3), (6|2)\}; \qquad |A| = 5$$
$$B = \{(5|1), (5|2), (5|3), (5|4), (5|5), (5|6)\}; \qquad |B| = 6$$

Das führt auf $P(A) = \frac{5}{36}$ und $P(B) = \frac{6}{36} = \frac{1}{6}$. Mit einer Wahrscheinlichkeit von $\frac{5}{36}$ beträgt also die Augensumme 8 und mit einer Wahrscheinlichkeit von $\frac{1}{6}$ zeigt der rote Würfel 5. Das zweite Ergebnis sollte uns nicht überraschen. Für dieses Ereignis spielt der grüne Würfel keine Rolle, es ist, als gäbe es ihn nicht. Wenn es also nur um das Ereignis B gegangen wäre, hätten wir das auch mit dem Laplace-Raum aus Beispiel 1 behandeln können.

19.2 Kombinatorik oder: Die Kunst des Zählens

Immer wieder ist es von Interesse, ob man Reihenfolgen beachtet oder nicht. So wird man die Initialen W.F. und F.W. unterscheiden. Dagegen spielt es, wenn man das Ehepaar Mayer eingeladen hat, keine Rolle, ob man Herr Mayer, Frau Mayer oder Frau Mayer, Herr Mayer auf seine Gästeliste schreibt. Oder doch?

Das mathematische Konzept dahinter sind **Tupel** und **Mengen**. Die ersteren sind endliche Systeme, bei denen die Reihenfolge berücksichtigt wird, also geordnete Systeme, bei den Mengen dagegen spielt die Reihenfolge keine Rolle, sie sind ungeordnete Systeme.

(Tupel) ... werden mit **runden** Klammern;
{Mengen} ... mit **geschweiften** Klammern gebildet.
Die Einträge der Tupel heißen erste, zweite, dritte usw. Koordinate, die Mitglieder der Menge heißen Elemente. So gilt z. B. $(\blacklozenge|\blacksquare|\bigcirc) \neq (\blacksquare|\blacklozenge|\bigcirc)$, aber $\{\blacklozenge, \blacksquare, \bigcirc\} = \{\blacksquare, \blacklozenge, \bigcirc\}$. Bei den Mengen ist es egal, in welcher Reihenfolge man die Elemente aufschreibt, die beiden Tupel unterscheiden sich jedoch in der ersten und zweiten Koordinate, sind also verschieden. In Tupeln können Einträge mehrfach vorkommen, z. B. $(\blacklozenge|\blacklozenge|\blacksquare)$, in Mengen nicht. Ein Tupel mit n Koordinaten heißt n-Tupel. Für $n = 2, 3, 4, 5$ spricht man auch von *Paaren*, *Tripeln*, *Quadrupeln*, *Quintupeln*. Wer des Lateinischen mächtig ist, darf das auch noch fortsetzen.

Ausgangspunkt der Kombinatorik ist der folgende Satz. Die meisten weiteren Formeln sind Spezialfälle davon.

MERKE ▪ Multiplikationsprinzip der Kombinatorik
Stehen für die erste Koordinate eines n-Tupels k_1 Möglichkeiten zur Verfügung, für die zweite k_2, für die dritte k_3 usw., schließlich für die n-te Koordinate k_n, und ist die jeweilige Anzahl für die Koordinate unabhängig von der Wahl der andern Koordinaten, so können auf diese Weise genau $k_1 \cdot k_2 \cdot k_3 \cdots k_n$ Tupel gebildet werden.

BEISPIEL 3 ▪ Betrachten wir einen dreistelligen Code, das erste Zeichen ist einer der Buchstaben **A, B,** das zweite eine der Zahlen **1, 2, 3** und das dritte einer der Buchstaben **X, Y, Z**. Ein möglicher Code ist **B3X**. In unserer Sprechweise steckt dahinter das Tripel **(B|3|X)**. Für die erste Koordinate hat man $k_1 = 2$, für die zweite $k_2 = 3$, für die dritte $k_3 = 3$ Zeichen zur Auswahl. Also gibt es $k_1 \cdot k_2 \cdot k_3 = 2 \cdot 3 \cdot 3 = 18$ mögliche Codes. Man kann sich das Multiplikationsprinzip gut an einem Baum klarmachen: Von der Wurzel gehen zwei Äste zu den Knoten **A, B** (erste Stufe), von jedem dieser Knoten drei Äste zu den Knoten **1, 2, 3** (zweite Stufe), schließlich jeweils drei Äste zu den Knoten **X, Y, Z** (im Bild nur einmal gezeichnet). Dem Tripel **(B|3|X)** entspricht am Baum der Pfad von der Wurzel über den Knoten **B**, von dem zum Knoten **3**, dann zum Knoten **X** abgezweigt wird.

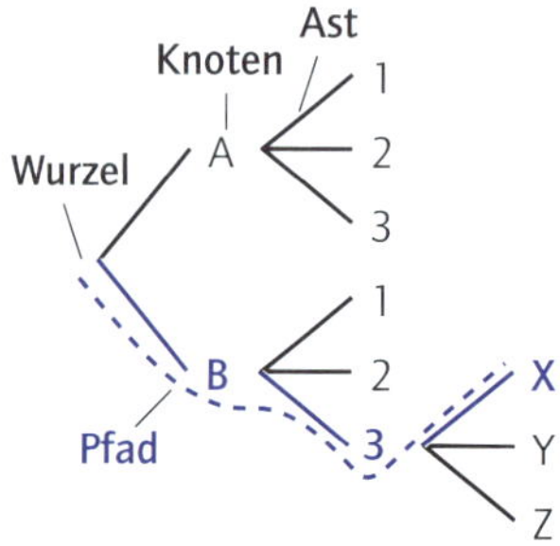

BEISPIEL 4 ▪ NICO malt die Buchstaben seines Namens verschiedenfarbig an. Er hat die sechs Farben schwarz (**s**), rot (**r**), blau (**b**), grün (**g**), türkis (**t**) und violett (**v**) zur Verfügung. Seine Farbwahl wird durch ein Quadrupel bestimmt, z. B. (**t**|**r**|**g**|**b**), wenn er N türkis anmalt, I rot usw. Für die erste Koordinate kann er $k_1 = 6$ Farben verwenden, für die zweite noch $k_2 = 5$ (jede Farbe außer der für N gewählten), dann noch $k_3 = 4$ (jede Farbe außer den für N, I gewählten), schließlich $k_5 = 3$ (jede Farbe außer den für N, I, C gewählten). Also hat NICO $6 \cdot 5 \cdot 4 \cdot 3 = 360$ Kombinationsmöglichkeiten.

BEISPIEL 5 ▪ Wenn in Beispiel 4 auf die Verschiedenfarbigkeit der Buchstaben verzichtet wird, ist $k_1 = k_2 = k_3 = k_4 = 6$, und NICO hat $6^4 = 1296$ Möglichkeiten, seinen Namen anzumalen.

Rücklaufende Produkte wie in Beispiel 4 treten in der Kombinatorik häufig auf. Sie bekommen eigene Bezeichnungen.

DEFINITION ▪ Fakultät und Pochhammer-Symbol

Für eine ganze Zahl $n \geq 0$ definiert man $n!$ („n Fakultät") durch

$$n! = 1 \cdot 2 \cdot 3 \cdots n = n \cdot (n-1) \cdot (n-2) \cdots 1, \text{ falls } n \geq 1$$

Speziell ist $1! = 1$, und zusätzlich legt man $0! = 1$ fest.

Für ganze Zahlen $n, k \geq 0$ mit $0 \leq k \leq n$ definiert man das Pochhammer-Symbol $(n)_k$ („n rückwärts k") durch

$$(n)_k = n \cdot (n-1) \cdot (n-2) \cdots (n-k+1), \text{ falls } n \geq k \geq 1$$

Speziell ist $(n)_1 = n$, und zusätzlich legt man $(n)_0 = 1$ fest.

Das Produkt $(n)_k$ hat k Faktoren und beginnt mit n als erstem Faktor. Jeder weitere Faktor ist um 1 kleiner als sein Vorgänger. Es gilt $(n)_n = n!$. Umgekehrt kann man $(n)_k$ mit Fakultäten schreiben: $(n)_k = \frac{n!}{(n-k)!}$

$(n)_k$ wird auf Taschenrechnern oft mit **nPr** bezeichnet. Man suche **n!** und **nPr** gegebenenfalls im Wahrscheinlichkeitsmenü (vielleicht **PRB** für *probability*). Man berechnet z.B. $(6)_4$ mit **6 nPr 4 ENTER** .

In Beispiel 4 erhält man die Farbkombinationen für NICO durch $(6)_4 = 360$.

Die Hauptanwendung der Fakultäten handelt von der Berechnung der Anzahl der Permutationen:

MERKE ▪ Anzahl der Permutationen

n verschiedene Objekte lassen sich auf genau n! Weisen anordnen. (Jede solche Anordnung nennt man eine Permutation.)

n! wächst sehr stark an:
$0! = 1$, $1! = 1$, $2! = 2$, $3! = 6$, $4! = 24$, $10! = 3\,628\,800$, $30! \approx 2{,}65 \cdot 10^{32}$
Und bei 70! steigt der Taschenrechner aus.

BEISPIEL 6 ▪ Man kann etwa die Zeichen ●, ■, ◆ auf $3! = 6$ Arten anordnen. Um keine Permutation zu vergessen, legen wir eine Reihenfolge der Zeichen durch $\prec$ („kommt vor") fest: ● $\prec$ ■ $\prec$ ◆ (so wie im Alphabet $A \prec B \prec C$ gilt). Wir können jetzt die Tripel lexikografisch aufschreiben (auf die runden Klammern und Trennzeichen verzichten wir):
●■◆, ●◆■, ■●◆, ■◆●, ◆●■, ◆■●.
Am Baum wird jedes dieser Tripel durch einen Pfad beschrieben.

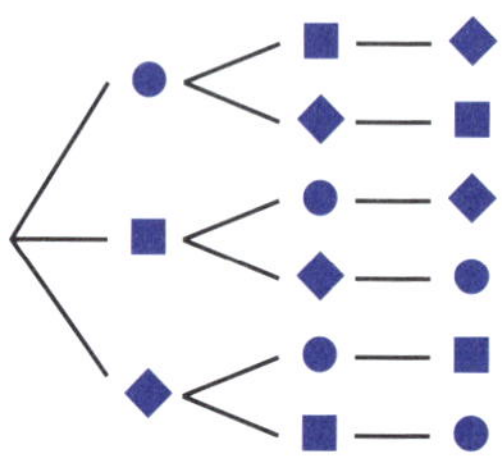

BEISPIEL 7 ▪ **„Vier von euch bitte aufräumen!", ruft der Sportlehrer am Ende der Stunde seinen 20 Jungs zu. Wie viele Aufräumtrupps sind denkbar?**
Zunächst geht es wie in Beispiel 4: Um ein Quadrupel von Schülern zu erstellen, hat man für den ersten 20 Möglichkeiten, für den zweiten 19 usw., also $(20)_4$ mögliche Quadrupel. Unter diesen sind z. B. (Tim | Marc | Luca | Jan) und (Marc | Jan | Tim | Luca). Diese werden zwar als Quadrupel unterschieden, sind aber als Personengruppe gleich. Von dieser speziellen Personengruppe gibt es 4! Permutationen, von jeder andern aber auch. Man beseitigt nun die Mehrfachzählungen, indem man $(20)_4$ durch 4! dividiert. So zählt man jede Personengruppe nur einmal, eine davon ist jetzt {Jan, Luca, Marc, Tim}. Auf diese Weise wird der Übergang von den Quadrupeln zu den Mengen bewältigt.
Es gibt somit $\frac{(20)_4}{4!} = 4845$ Aufräumtrupps.

DEFINITION ▪ Binomialkoeffizient

Für ganze Zahlen $n, k \geq 0$ mit $0 \leq k \leq n$ definiert man den Binomialkoeffizienten „n über k", oder besser: „k aus n", durch

$$\binom{n}{k} = \frac{(n)_k}{k!} = \frac{n!}{k!\,(n-k)!}$$

Nach Beispiel 7 lösen die Binomialkoeffizienten das folgende Problem:

MERKE ▪ Auswahl einer k-elementigen aus einer n-elementigen Menge

Aus einer Menge mit n Elementen sollen k Elemente ohne Berücksichtigung der Reihenfolge („mit einem Griff") ausgewählt werden. Anders ausgedrückt: Es sollen alle k-elementigen Teilmengen einer n-elementige Menge bestimmt werden. Dann gibt es dafür $\binom{n}{k}$ Möglichkeiten.

BEISPIEL 8 ▪ Beim Skat erhält ein Spieler 10 von 32 Karten.
Damit kann er $\binom{32}{10} = 64\,512\,240$ mögliche „Blätter" bekommen.

$\binom{n}{k}$ wird auf Taschenrechnern oft mit nCr bezeichnet. Man suche nCr gegebenenfalls im Wahrscheinlichkeitsmenü.
Man berechnet z. B. $\binom{32}{10}$ mit 32 nCr 10 ENTER.

Für Binomialkoeffizienten gibt es vielfältige Formeln. Wir erwähnen nur die wichtigsten Regeln.

MERKE ▪ Regeln für Binomialkoeffizienten

Es seien n, k ganze Zahlen mit $0 \le k \le n$. Dann gelten:

(1) $\binom{n}{0} = \binom{n}{n} = 1$ **(Randwerte)**

(2) $\binom{n}{k} = \binom{n}{n-k}$ **(Symmetrie)**

(3) $\binom{n}{k-1} + \binom{n}{k} = \binom{n+1}{k}$ **für $1 \le k \le n$ (Pascal'sches Dreieck)**

(4) $\binom{n}{0} + \binom{n}{1} + \binom{n}{2} + \ldots + \binom{n}{n} = 2^n$

(5) $\binom{n}{0} - \binom{n}{1} + \binom{n}{2} - + \ldots \pm \binom{n}{n} = 0$

Die Binomialkoeffizienten lassen sich im Pascal'schen Dreieck anordnen.

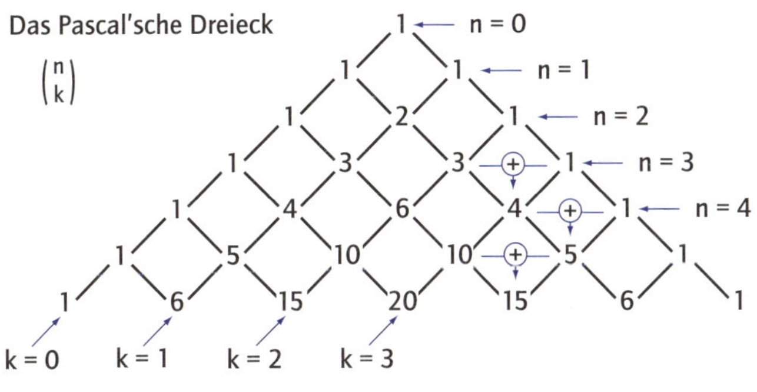

Die Regel (3) zeigt sich darin, dass die Summe zweier benachbarter Binomialkoeffizienten den Binomialkoeffizienten auf Lücke darunter ergibt.

Der Name Binomialkoeffizient rührt vom Binomischen Lehrsatz her:

$$(a+b)^n = \binom{n}{0}a^n + \binom{n}{1}a^{n-1}b + \binom{n}{2}a^{n-2}b^2 + \ldots + \binom{n}{n-1}a\,b^{n-1} + \binom{n}{n}b^n$$

Er gilt für alle reellen Zahlen a, b und alle natürlichen Zahlen n.

Wenn man aus n Elementen k auswählt, kann man Wiederholungen zulassen (**mW**) oder nicht (**oW**), und man kann die Reihenfolge berücksichtigen (**mR**) oder nicht (**oR**). Der Fall **mW/mR** wurde in Beispiel 5 behandelt, und die Anzahl der Möglichkeiten wird durch die Potenz n^k bestimmt. Der Fall **oW/mR** wird durch $(n)_k$ gelöst (Beispiel 4). Schließlich hat man bei **oW/oR** den Binomialkoeffizienten $\binom{n}{k}$ (Beispiele 7 und 8).

Fehlt noch der Fall **mW/oR**. Hier gibt es $\binom{n+k-1}{k}$ Möglichkeiten (ohne Beweis).

BEISPIEL 9 ▪ **n = 4 Personen A, B, C, D haben Interesse an Theaterkarten für k = 3 Plätze. Wie viele Möglichkeiten gibt es, die Karten an die Personen auszugeben, wenn eine Person mehrere Karten nehmen darf?**

Wir schreiben alle Möglichkeiten auf, indem wir auf jeder Karte die Person notieren, die die Karte erhält: AAA, AAB, AAC, AAD, ABB, ABC, ABD, ACC, ACD, ADD, BBB, BBC, BBD, BCC, BCD, BDD, CCC, CCD, CDD, DDD, und finden $\binom{n+k-1}{k} = \binom{4+3-1}{3} = \binom{6}{3} = 20$ Fälle. Wir haben z.B. BAB und BBA nicht in der Liste, weil diese mit ABB identifiziert werden (**oR**). Wir haben also jeweils nur das dem Alphabet nach erste Tripel aufgeschrieben.

Die folgende Tabelle gibt eine Übersicht über die Grundaufgaben der Kombinatorik. Wir gehen von einer Menge A mit n Elementen aus, auf denen wir durch $\preccurlyeq$ („...kommt vor oder ist gleich ...") eine Ordnung einführen (z. B. kann $\preccurlyeq$ wie in Beispiel 9 die alphabetische Ordnung sein). Jetzt wählen wir k Elemente aus A aus. Je nach Art der Wahl gibt es dafür die folgenden Möglichkeiten.

	Grundformeln der Kombinatorik	
	mit Wiederholung	ohne Wiederholung
mit Reihenfolge	alle k-Tupel $(a_1 \mid a_2 \mid \ldots \mid a_k)$ mit $a_1, a_2, \ldots, a_k \in A$	alle k-Tupel $(a_1 \mid a_2 \mid \ldots \mid a_k)$ mit $a_1, a_2, \ldots, a_k \in A$ und lauter verschiedenen Koordinaten
	Anzahl: n^k (→ Beispiel 5)	Anzahl: $(n)_k$ (→ Beispiel 4)
ohne Reihenfolge	alle k-Tupel $(a_1 \mid a_2 \mid \ldots \mid a_k)$ mit $a_1, a_2, \ldots, a_k \in A$ und $a_1 \leqslant a_2 \leqslant \ldots \leqslant a_k$	alle k-elementigen Teilmengen $\{a_1, a_2, \ldots, a_k\}$ mit $a_1, a_2, \ldots, a_k \in A$
	Anzahl: $\binom{n+k-1}{k}$ (→ Beispiel 9)	Anzahl: $\binom{n}{k}$ (→ Beispiele 7, 8)

Zum Schluss behandeln wir einen speziellen Satz über die Anzahl gewisser Wörter. Nehmen wir das Wort OTTOMOTOR. Es hat die Länge $n = 9$, und besteht aus den $r = 4$ verschiedenen Buchstaben O, T, M, R, von denen der erste $k_1 = 4$ Mal, der zweite $k_2 = 3$ Mal, der dritte $k_3 = 1$ Mal und der vierte $k_4 = 1$ Mal vorkommt. Es ist also $k_1 + k_2 + k_3 + k_4 = n$. Wie beim Scrabble-Spiel können wir aus den Buchstaben weitere Wörter legen (nach deren Sinn fragen wir hier nicht). Der folgende Satz gibt Auskunft über ihre Anzahl.

MERKE ▪ Anzahl der Wörter aus vorgegebenen Buchstabenplättchen

Bildet man Wörter der Länge n aus r verschiedenen Buchstaben, von denen der erste genau k_1-mal, der zweite genau k_2-mal usw. bis schließlich der r-te genau k_r-mal vorkommt, so kann man das auf genau $\frac{n!}{k_1! \cdot k_2! \cdot k_3! \cdot \ldots \cdot k_r!}$ (mit $k_1 + k_2 + k_3 + \ldots + k_r = n$) Weisen tun.

BEISPIEL 10 ▪ Aus OTTOMOTOR kann man also $\frac{9!}{4!\,3!\,1!\,1!} = 2520$ Wörter basteln.

Das Alphabet braucht nicht das lateinische zu sein. Betrachten wir 10 Plättchen, auf denen die Ziffern 5, 3, 7, 6, 3, 4, 6, 5, 4, 3 stehen. Dann können wir aus den 10 Plättchen $\frac{10!}{2!\,3!\,1!\,2!\,2!} = 75\,600$ verschiedene Zahlen legen.

19.3 Vertiefung: Laplace-Modelle

BEISPIEL 11 ▪ Viermaliges Würfeln; einfach

Ein fairer Würfel wird viermal geworfen. Wie groß ist die Wahrscheinlichkeit für das Ereignis A, eine Folge (nicht notwendigerweise gleichmäßig) ansteigender Augenzahlen zu würfeln, und für das Ereignis B, mindestens zwei gleiche Augenzahlen zu würfeln?

Ein Quadrupel $\omega = (w_1 | w_2 | w_3 | w_4)$, wo w_1, w_2, w_3, w_4 die Augenzahlen der Würfe sind, beschreibt einen möglichen Ausgang, z. B. $\omega = (5|3|3|4)$. Alle solchen ω sind gleichwahrscheinlich und bilden den Ergebnisraum Ω mit $|\Omega| = 6^4$ (Auswahl von 4 aus 6 Elementen mit Wiederholung und Berücksichtigung der Reihenfolge). Zu A gehört z. B. $(1|2|3|6)$. Aus jeder 4-elementigen Teilmenge der Zahlen 1, ..., 6 kann man solch ein Quadrupel erzeugen, indem man die Zahlen der Größe nach anordnet. Es gibt genau so viele aufsteigende Viererfolgen, wie es vierelementige Teilmengen gibt, d. h. $|A| = \binom{6}{4} = 15$, und somit ist $P(A) = \frac{15}{1296} = \frac{5}{432}$.

Statt B betrachten wir das Gegenereignis $\overline{B}$. Dieses enthält alle ω mit lauter verschiedenen Koordinaten, also ist $|\overline{B}| = (6)_4 = 360$ und $P(\overline{B}) = \frac{360}{1296} = \frac{5}{18}$, somit $P(B) = 1 - P(\overline{B}) = \frac{13}{18}$.

BEISPIEL 12 ▪ Verteilung der Ober beim Schafkopf; schwierig

Beim Schafkopf (32 Karten, darunter 4 Ober; jeder der 4 Spieler bekommt 8 Karten) gibt es die folgenden Verteilungen:

I = „ein Spieler hat alle Ober"
II = „ein Spieler hat drei, ein anderer einen Ober"
III = „zwei Spieler haben je zwei Ober"
IV = „ein Spieler hat zwei, zwei andere jeweils einen Ober"
V = „jeder Spieler hat einen Ober"

Wir stellen I, II, III, IV, V als Ereignisse eines Laplace-Raumes dar.

Modell 1

Wir denken uns auf die Karten Nummern von 1 bis 32 geschrieben, wobei die 4 Ober die Nummern **1, 2, 3, 4** bekommen. Jede Kartenverteilung wird durch ein Quadrupel $\omega = (B_1 | B_2 | B_3 | B_4)$ beschrieben mit B_1 als dem Blatt des ersten Spielers, B_2 dem des zweiten usw. Wie sieht aber ein solches Blatt aus?

Dem Spieler kommt es nur auf die Menge der 8 Karten an, ihre Reihenfolge spielt keine Rolle. Zum Beispiel ist $\{\mathbf{2}, \mathbf{4}, 8, 17, 23, 29, 30, 32\}$ ein Blatt (in diesem Fall enthielte es zwei Ober, nämlich 2 und 4). Jede der Koordinaten von ω ist von der Art, und die Vereinigungsmenge der vier Blätter ergibt alle

32 Karten. Damit sind die möglichen Ausgänge ω beschrieben. Sie sind alle gleichwahrscheinlich. Schreiben wir einmal einen Ausgang zumindest auszugsweise hin:

$$\omega = (\underbrace{\{7, 10, 11, 17, 21, 24, 26, 31\}}_{B_1} \mid \underbrace{\{\mathbf{3}, 6, 13, 19, 20, \ldots\}}_{B_2} \mid \underbrace{\{\mathbf{1}, \mathbf{4}, 5, \ldots\}}_{B_3} \mid \underbrace{\{\mathbf{2}, \ldots\}}_{B_4})$$

Die Menge solcher Ausgänge ω bildet den Ergebnisraum Ω mit

$$|\Omega| = \binom{32}{8}\cdot\binom{24}{8}\cdot\binom{16}{8}\cdot\binom{8}{8} = \frac{32!}{8!\,24!}\cdot\frac{24!}{8!\,16!}\cdot\frac{16!}{8!\,8!}\cdot 1 = \frac{32!}{(8!)^4} \approx 9{,}96\cdot 10^{16}$$

Dahinter steckt das Multiplikationsprinzip: Für die erste Koordinate von ω gibt es $\binom{32}{8}$ Möglichkeiten (aus der Menge der 32 Karten wird eine 8-elementige Teilmenge ausgewählt), jetzt sind noch 24 Karten übrig, aus denen für den zweiten Spieler 8 ausgewählt werden usw. Zur Bestimmung etwa von $P(\text{IV})$ brauchen wir nun $|\text{IV}|$. Das obige ω gehört z. B. zu IV, denn der erste Spieler darin hat keinen, der zweite einen, der dritte zwei und der vierte wieder einen Ober: 0121 schreiben wir für diesen Typ der Oberaufteilung.

Wie viele ω vom Typ 0121 gibt es? Der dritte Spieler kann seine 2 Ober aus insgesamt 4 bekommen und die restlichen 6 Karten aus den 28 Nichtobern. Der vierte Spieler erhält seinen Ober noch aus 2 Möglichkeiten und die restlichen 7 Karten aus 22 Nichtobern. Dann muss der zweite Spieler den verbleibenden Ober nehmen und die 7 anderen Karten aus den 15 Nichtobern. Und der erste Spieler bekommt die übrigen 8 Nichtober: Die Anzahl für Typ 0121 ist

$$\left[\binom{4}{2}\cdot\binom{28}{6}\right]\cdot\left[\binom{2}{1}\cdot\binom{22}{7}\right]\cdot\left[\binom{1}{1}\cdot\binom{15}{7}\right]\cdot\left[\binom{0}{0}\cdot\binom{8}{8}\right]$$

Jetzt gibt es aber bei IV noch weitere Typen, z. B. 2011. Von diesem muss es aber gleich viele ω wie bei Typ 0121 geben (symmetrischer Fall). Um alle Typen zu erfassen, zählen wir die Wörter der Länge 4 aus den „Buchstaben" 0, 1, 1, 2. Das sind $\frac{4!}{2!\,1!\,1!}$ Stück. Insgesamt folgt:

$$|\text{IV}| = \left[\binom{4}{2}\cdot\binom{28}{6}\right]\cdot\left[\binom{2}{1}\cdot\binom{22}{7}\right]\cdot\left[\binom{1}{1}\cdot\binom{15}{7}\right]\cdot\left[\binom{0}{0}\cdot\binom{8}{8}\right]\cdot\frac{4!}{2!\,1!\,1!} \approx 5{,}95\cdot 10^{16}$$

Und hier noch die Mächtigkeiten der andern Ereignisse:

$$|\text{I}| = \left[\binom{4}{4}\cdot\binom{28}{4}\right]\cdot\left[\binom{0}{0}\cdot\binom{24}{8}\right]\cdot\left[\binom{0}{0}\cdot\binom{16}{8}\right]\cdot\left[\binom{0}{0}\cdot\binom{8}{8}\right]\cdot\frac{4!}{3!\,1!} \approx 7{,}75\cdot 10^{14}$$

$$|\text{II}| = \left[\binom{4}{3}\cdot\binom{28}{5}\right]\cdot\left[\binom{1}{1}\cdot\binom{23}{7}\right]\cdot\left[\binom{0}{0}\cdot\binom{16}{8}\right]\cdot\left[\binom{0}{0}\cdot\binom{8}{8}\right]\cdot\frac{4!}{2!\,1!\,1!} \approx 1{,}49\cdot 10^{16}$$

$$|\text{III}| = \left[\binom{4}{2}\cdot\binom{28}{6}\right]\cdot\left[\binom{2}{2}\cdot\binom{22}{6}\right]\cdot\left[\binom{0}{0}\cdot\binom{16}{8}\right]\cdot\left[\binom{0}{0}\cdot\binom{8}{8}\right]\cdot\frac{4!}{2!\,2!} \approx 1{,}30\cdot 10^{16}$$

$$|\text{V}| = \left[\binom{4}{1}\cdot\binom{28}{7}\right]\cdot\left[\binom{3}{1}\cdot\binom{21}{7}\right]\cdot\left[\binom{2}{1}\cdot\binom{14}{7}\right]\cdot\left[\binom{1}{1}\cdot\binom{7}{7}\right]\cdot\frac{4!}{4!} \approx 1{,}13\cdot 10^{16}$$

Dividiert man diese Mächtigkeiten durch $|\Omega|$, findet man
$P(I) \approx 0{,}008$; $P(II) \approx 0{,}149$; $P(III) \approx 0{,}131$; $P(IV) \approx 0{,}598$; $P(V) \approx 0{,}114$
womit sich das Modell bei Beispiel 5 auf Seite 164 erklärt.

Modell 2

Das Modell 1 ist viel zu fein. Durch die Nummerierung der Karten bekommt jede Karte eine eigene Identität, obwohl uns doch nur interessiert, ob ein Ober (**O**) oder Nichtober (**N**) vorliegt. Wir denken uns daher auf jeder der 32 Karten nur **O** (4 mal) bzw. **N** (28 mal) notiert. Sind die Karten verteilt, so bilden die 8 Karten des ersten, zweiten, dritten und vierten Spielers nacheinander ein Wort der Länge 32 mit 4 mal **O** und 28 mal **N**. Jedes solche Wort ω' steht für eine Kartenverteilung, z. B.

$$\omega' = \underbrace{\text{NNNNNNNN}}_{\text{Blatt des 1. Spielers}} \mid \underbrace{\text{NONNNNNN}}_{\text{Blatt des 2. Spielers}} \mid \underbrace{\text{NNONNNON}}_{\text{Blatt des 3. Spielers}} \mid \underbrace{\text{ONNNNNNN}}_{\text{Blatt des 4. Spielers}}$$

Die Menge dieser Wörter ω' bildet den Ergebnisraum Ω'. Es gilt

$$|\Omega'| = \frac{32!}{4!\,28!} = \binom{32}{4} = 35\,960$$

nach dem Satz über Wörter von Seite 175. Alle ω' sind gleichwahrscheinlich. Zur Unterscheidung von Modell 1 bekommen auch die Ereignisse einen Strich. ω' oben gehört zum Beispiel zu IV' und ist wie in Modell 1 vom Typ 0121. Von diesem gibt es

$$\frac{8!}{2!\,6!}\cdot\frac{8!}{1!\,7!}\cdot\frac{8!}{1!\,7!}\cdot\frac{8!}{8!} = \binom{8}{2}\cdot\binom{8}{1}\cdot\binom{8}{1}\cdot\binom{8}{0}$$

Wörter (für den dritten Spieler sind alle Wörter der Länge 8 aus 2 mal **O** und 6 mal **N** zu bestimmen, für den vierten alle Wörter der Länge 8 aus 1 mal **O** und 7 mal **N** usw.). Diese Zahl ist wieder mit $\frac{4!}{2!\,1!\,1!}$ zu multiplizieren, um alle Typen von IV' zu erfassen:

$$|IV'| = \left(\frac{8!}{2!\,6!}\cdot\frac{8!}{1!\,7!}\cdot\frac{8!}{1!\,7!}\cdot\frac{8!}{8!}\right)\cdot\frac{4!}{2!\,1!\,1!} = 21\,504$$

Auch hier die Mächtigkeiten der andern Ereignisse:

$$|I'| = \left(\frac{8!}{4!\,4!}\cdot\frac{8!}{8!}\cdot\frac{8!}{8!}\cdot\frac{8!}{8!}\right)\cdot\frac{4!}{3!\,1!} = 280;\quad |II'| = \left(\frac{8!}{3!\,5!}\cdot\frac{8!}{1!\,7!}\cdot\frac{8!}{8!}\cdot\frac{8!}{8!}\right)\cdot\frac{4!}{2!\,1!\,1!} = 5376;$$

$$|III'| = \left(\frac{8!}{2!\,6!}\cdot\frac{8!}{2!\,6!}\cdot\frac{8!}{8!}\cdot\frac{8!}{8!}\right)\cdot\frac{4!}{2!\,2!} = 4704;\quad |V'| = \left(\frac{8!}{1!\,7!}\cdot\frac{8!}{1!\,7!}\cdot\frac{8!}{1!\,7!}\cdot\frac{8!}{1!\,7!}\right)\cdot\frac{4!}{4!} = 40$$
96

Dividiert man diese Mächtigkeiten durch $|\Omega'|$, bekommt man dieselben Wahrscheinlichkeiten wie in Modell 1.

Beispiel 2 zeigt, dass eine Aufgabe ihr Laplace-Modell nicht mit sich führt, sondern durch verschiedene Laplace-Modelle realisiert werden kann (auch wenn manchmal ein anderer Eindruck erweckt wird). Beim Zählen der günstigen Fälle (Zähler des Laplace-Bruches) muss man diese aus den möglichen Fällen (Nenner des Laplace-Bruches) extrahieren. Dazu muss man sich aber vorher das Modell der möglichen Fälle zurechtgelegt haben. Oft genügt es, sich ein oder zwei Musterbeispiele für Ausgänge aufzuschreiben. Leider unterbleibt dies allzu oft. Bei Standardsituationen, wie sie die Grundformeln der Kombinatorik aus Kapitel 19.2 beschreiben, mag das noch angehen. Wird es aber nur ein bisschen komplizierter, kommt man auf diesem Weg niemals zum richtigen Ergebnis. Wie will man anfangen, Dinge zu zählen, von denen man noch nicht einmal die Konturen erkennt?

CHECKLISTE

19 Kombinatorik und Laplace-Räume

Folgende Fragen sollten Sie nun mühelos beantworten können:

- **Wie lautet die Laplace-Formel und wann gilt sie?**
- **Wie lautet das Multiplikationsprinzip der Kombinatorik?**
- **Was bedeutet die Schreibweise n! und welches Zählproblem wird mit n! gelöst?**
- **Übertragen Sie die Beispiele im Kapitel auf ein Urnenmodell und beantworten Sie die Fragen für eine Urne, die n unterscheidbare Kugeln enthält und aus der k Kugeln gezogen werden sollen:**
  Mit welcher Formel berechnet man die Anzahl der Möglichkeiten,
  - **wenn die Reihenfolge eine Rolle spielt und eine gezogene Kugel nicht wieder zurückgelegt wird?**
  - **wenn die Reihenfolge eine Rolle spielt und eine gezogene Kugel wieder zurückgelegt wird?**
  - **wenn die Reihenfolge keine Rolle spielt und eine gezogene Kugel nicht wieder zurückgelegt wird?**
  - **wenn die Reihenfolge keine Rolle spielt und eine gezogene Kugel wieder zurückgelegt wird?**
- **Warum ist es wichtig, sich bei einem Laplace-Modell erst einen Überblick über die Ausgänge ω selbst zu verschaffen, bevor man das Zählen anfängt?**

20 Mehrstufige Zufallsexperimente

Wahrscheinlichkeitsbäume mit ihren Pfadregeln sind eine bequeme Art, mehrstufige Zufallsexperimente zu beschreiben.

20.1 Bäume und Pfadregeln

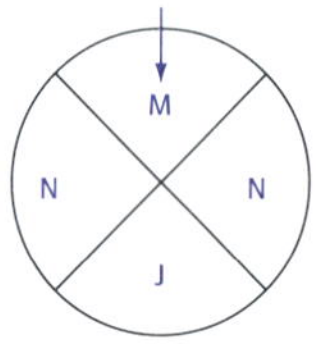

BEISPIEL 1 ▪ Man dreht am abgebildeten Glücksrad mit vier gleichgroßen Sektoren. Wenn man dabei auf „Münze" (**M**) kommt, wird eine faire Münze geworfen, die entweder „Wappen" (**W**) oder „Zahl" (**Z**) zeigt, und das Spiel ist zu Ende. Bei „Niete" (**N**) ist sofort Schluss, bei „Joker" (**J**) darf man noch einmal von vorne anfangen. Jetzt soll aber der Joker wie eine Niete wirken (es wird also kein drittes Mal am Glücksrad gedreht). Das Experiment lässt sich durch einen Baum beschreiben. Die folgende Vorstellung ist hilfreich: Wahrscheinlichkeitsflüssigkeit vom Gesamtvolumen 1 verteilt sich in den angegebenen Anteilen auf die Äste des Baumes, die Hälfte fließt zu **N** hin, jeweils ein Viertel zu **M** bzw. **J**. Von dem, was bei **M** angekommen ist, fließt die Hälfte zu **W** bzw. **Z** (die Zahlen $\frac{1}{2}$ an diesen Ästen sind *bedingte Wahrscheinlichkeiten*, sie geben nur Anteile der bei **M** angekommenen Flüssigkeit an). Am Ende der Pfade **MW** bzw. **MZ** kommt also jeweils $\frac{1}{2} \cdot \frac{1}{4} = \frac{1}{8}$ der Flüssigkeit an. Genau so rechnet man für die anderen Pfade, indem man an ihnen entlang multipliziert. Man erhält so den Ergebnisraum Ω mit sieben Ausgängen ω und der Verteilung

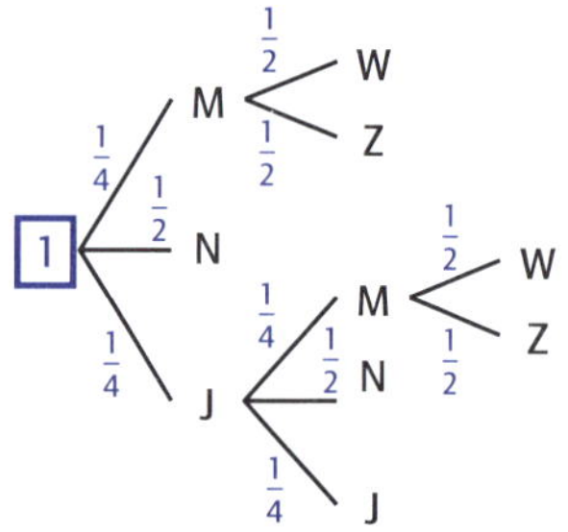

ω	MW	MZ	N	JMW	JMZ	JN	JJ
$P(\omega)$	$\frac{1}{8}$	$\frac{1}{8}$	$\frac{1}{2}$	$\frac{1}{32}$	$\frac{1}{32}$	$\frac{1}{8}$	$\frac{1}{16}$

Die Bedingung (1) in der Definition auf Seite 163 ist von alleine erfüllt, denn was am Ende aller Pfade ankommt, ist genau das, was von der Wurzel weggeflossen ist, also 1.

MERKE ▪ Mehrstufige Zufallsexperimente und Bäume

Ein mehrstufiges Zufallsexperiment wird durch einen Baum beschrieben. Die Ausgänge des Zufallsexperiments sind die Pfade des Baumes. Ein Pfad ω wird angegeben, indem man die Markierungen seiner Knoten der Reihe nach notiert (ω ist also letztlich ein Tupel). An den Ästen des Pfades stehen bedingte Wahrscheinlichkeiten. Die Wahrscheinlichkeit eines Pfades berechnet man nach der

1. Pfadregel (Produktregel):

$P(\omega)$ = Produkt der bedingten Wahrscheinlichkeiten längs des Pfades ω

Für die Wahrscheinlichkeit eines Ereignisses A gilt die

2. Pfadregel (Summenregel):

$P(A)$ = Summe der Wahrscheinlichkeiten aller Pfade, die A ausmachen.

Die 2. Pfadregel ist nichts anderes als die Spezialisierung von (2) aus Kapitel 18.3 für Bäume. Natürlich sind die Knoten so zu markieren, dass die Pfade eindeutig beschrieben werden. Bei einem vollständig gezeichneten Baum ist die Summe der bedingten Wahrscheinlichkeiten an den Ästen, die von einem Knoten wegführen, stets 1.

BEISPIEL 2 ▪ Sarah sucht im Dunkeln nach einem Schlüssel. An ihrem Bund sind sechs Schlüssel, von denen zwei die Türe öffnen. Nach jedem vergeblichen Versuch legt Sarah den falschen Schlüssel zur Seite.

Mit welcher Wahrscheinlichkeit benötigt Sarah mindestens drei Versuche, um die Türe zu öffnen?

Schreiben wir **1**, wenn der probierte Schlüssel passt, und **0** im andern Fall. Dann modelliert der rechts abgebildete Baum das Zufallsexperiment.

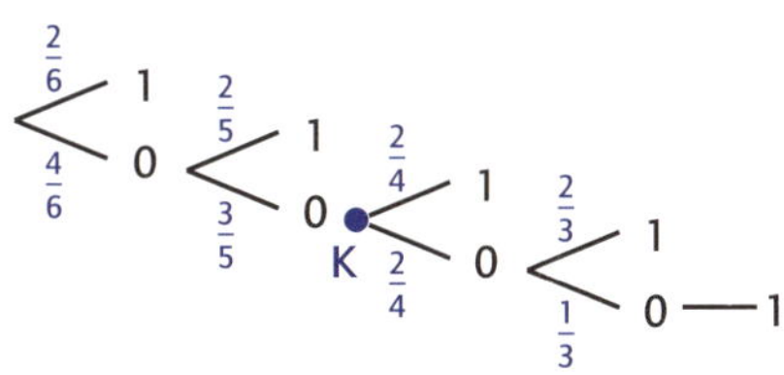

Jeder Stufe des Baumes liegt sozusagen ein Laplace-Modell zugrunde. Am Anfang sind zwei von sechs Schlüsseln günstig, beim zweiten Versuch zwei von fünfen (ein falscher Schlüssel ist ja inzwischen weg) und so fort. Das interessierende Ereignis besteht aus drei Pfaden: $A = \{001, 0001, 00001\}$. Mit der 1. und 2. Pfadregel folgt:

$$P(A) = \frac{4}{6}\cdot\frac{3}{5}\cdot\frac{2}{4} + \frac{4}{6}\cdot\frac{3}{5}\cdot\frac{2}{4}\cdot\frac{2}{3} + \frac{4}{6}\cdot\frac{3}{5}\cdot\frac{2}{4}\cdot\frac{1}{3}\cdot 1 = \frac{2}{5} = 0{,}4$$

Diese Lösung ist noch unnötig kompliziert. Alle Pfade von A beginnen ja mit **00**. Was bis dort an Wahrscheinlichkeit ankam, wird weiter verteilt. Wozu also erst die Ventile öffnen, um hinterher wieder einzusammeln, was man vorher schon beisammen hatte? $P(A) = \frac{4}{6} \cdot \frac{3}{5} = \frac{2}{5} = 0{,}4 \Rightarrow$ Mit einer Wahrscheinlichkeit von 40 % benötigt Sarah mindestens drei Versuche, um die Tür zu öffnen.

20.2 Das Urnenmodell

In einer Urne befinden sich $N = 20$ Kugeln, davon $S = 3$ schwarze und $W = 17$ weiße; es ist also $S + W = N$. Nun werden rein zufällig $n = 4$ Kugeln nacheinander gezogen. Man unterscheidet, ob die Kugel nach jeder Ziehung zurückgelegt wird oder nicht. Für die bedingte Wahrscheinlichkeit, eine schwarze (**s**) bzw. weiße (**w**) Kugel zu ziehen, kommt es nur auf das Verhältnis der schwarzen bzw. weißen Kugeln zur Gesamtzahl der Kugeln an, die im Moment der Ziehung in der Urne sind. Der jeweiligen Ziehung liegt also die Laplace-Annahme zugrunde.

a) Ziehen mit Zurücklegen

Wenn man zurücklegt, hat man bei jeder Ziehung die Ausgangssituation. Es verändern sich ja weder die Gesamtzahl noch die Anzahlen der schwarzen oder weißen Kugeln in der Urne. Insbesondere hängen die bedingten Wahrscheinlichkeiten für **s** bzw. **w** nicht von der Vorgeschichte ab.
Hier liegt **Unabhängigkeit** vor.

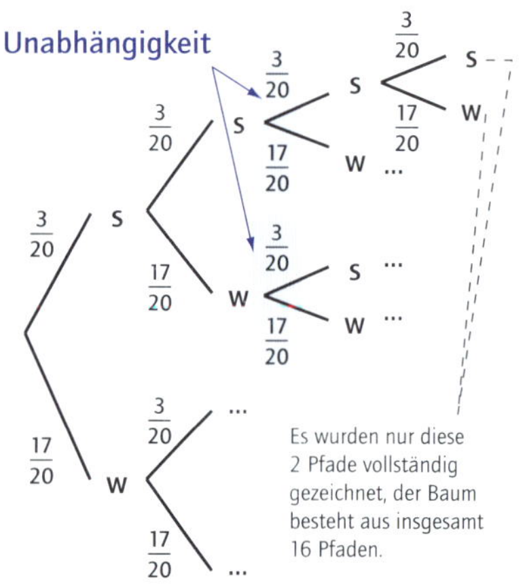

b) Ziehen ohne Zurücklegen

Anders ist es, wenn man nicht zurücklegt. Jetzt verringert sich nicht nur bei jeder Stufe die Gesamtzahl der Kugeln um 1, die bedingten Wahrscheinlichkeiten für **s** bzw. **w** hängen auch davon ab, wie viele schwarze bzw. weiße Kugeln in den vorigen Ziehungen gezogen wurden. Wurde zuletzt eine schwarze Kugel gezogen, verringert sich deren Anzahl um 1, während die Anzahl der weißen Kugeln gleich bleibt. Wurde dagegen eine weiße Kugel gezogen, ist es umgekehrt.
Hier liegt **Abhängigkeit** vor.

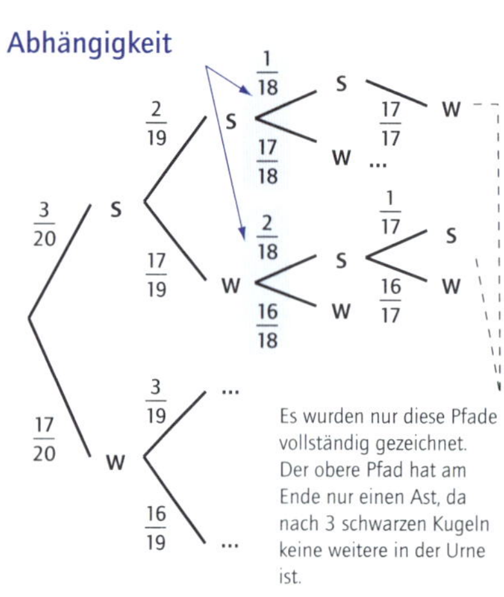

Wie groß ist nun die Wahrscheinlichkeit für das Ereignis A, insgesamt genau zwei schwarze Kugeln zu ziehen? A besteht in a) wie auch in b) aus denjenigen Pfaden, die zweimal **s** und zweimal **w** enthalten, z. B. **swws**. Davon gibt es nach der Regel von Seite 175 genau $\frac{4!}{2!\,2!} = \binom{4}{2} = 6$ Stück.

In a) hat nach der 1. Pfadregel jeder solche Pfad die Wahrscheinlichkeit $\left(\frac{3}{20}\right)^2 \cdot \left(\frac{17}{20}\right)^2$, in b) dagegen $\frac{3 \cdot 2 \cdot 17 \cdot 16}{20 \cdot 19 \cdot 18 \cdot 17}$ (warum?).

Nach der 2. Pfadregel folgt:

a) $P(A) = \binom{4}{2} \cdot \left(\frac{3}{20}\right)^2 \left(\frac{17}{20}\right)^2 \approx 9{,}8\,\%$ b) $P(A) = \binom{4}{2} \cdot \frac{(3)_2 \cdot (17)_2}{(20)_4} \approx 8{,}4\,\%$

20.3 Bedingte Wahrscheinlichkeit und Unabhängigkeit

Von bedingten Wahrscheinlichkeiten und Unabhängigkeit war schon in 20.1 und 20.2 die Rede. Das Konzept kann verallgemeinert werden.

BEISPIEL 3 ▪ Nehmen wir 20 Personen, 6 Frauen und 14 Männer. Von den Frauen seien 2 Raucher, von den Männern 6. Aus der Menge Ω der 20 Personen wählen wir zufällig eine aus. Dann können wir die Ereignisse $R =$ „Raucher" und $F =$ „Frau" und ihre Gegenereignisse $\overline{R} =$ „Nichtraucher" und $\overline{F} =$ „Mann" betrachten. Legen wir das Laplace-Modell zugrunde, gilt:

$P(R) = \frac{8}{20} = 0{,}4$ und $P(\overline{R}) = \frac{12}{20} = 0{,}6$

sowie $P(F) = \frac{6}{20} = 0{,}3$ und $P(\overline{F}) = \frac{14}{20} = 0{,}7$.

Die Wahrscheinlichkeit, eine Frau, die raucht, aus den 20 Personen auszuwählen, ist $P(F \cap R) = \frac{2}{20} = 0{,}1$, und bei einem Mann ist es $P(\overline{F} \cap R) = \frac{6}{20} = 0{,}3$. Die Ereignisse $F \cap R$ und $\overline{F} \cap R$ spalten die Raucher in Frauen und Männer auf. Sie sind also unvereinbar (→ Seite 166). Ihre Vereinigung ergibt jedoch die Menge aller Raucher: $(F \cap R) \cup (\overline{F} \cap R) = R$. Nach dem speziellen Additionssatz (→ Seite 167) folgt: $P(F \cap R) + P(\overline{F} \cap R) = P(R)$. In der **Vierfeldertafel** steht dort, wo sich eine Spalte und eine Zeile kreuzen, die Wahrscheinlichkeit des jeweiligen Schnittes. Am Rand unten und rechts stehen die Wahrscheinlichkeiten für die

Vierfeldertafel

	F	$\overline{F}$	
R	0,1	0,3	0,4
$\overline{R}$	0,2	0,4	0,6
	0,3	0,7	1

Randwahrscheinlichkeiten (rechts)

Randwahrscheinlichkeiten (unten)

gesamten Mengen (deshalb: **Randwahrscheinlichkeiten**, auch Marginalwahrscheinlichkeiten). Sie ergeben sich wie gerade am Beispiel der ersten Zeile ausgeführt als Zeilen- bzw. Spaltensummen (zur Rechenkontrolle auch noch die Gesamtwahrscheinlichkeit 1 rechts unten). Etwas ganz anderes ist es, wenn man die Raucherinnen nur unter den Frauen auswählt. Dann sind 2 Fälle von 6 möglichen günstig, man bekommt die Wahrscheinlichkeit $\frac{2}{6}$. Eigentlich liegt hier ein neuer Wahrscheinlichkeitsraum zugrunde. Um den jedoch formal nicht ändern zu müssen, führt man den Begriff der **bedingten Wahrscheinlichkeit** ein. Man erhält nämlich die $\frac{2}{6}$ auch, indem man $P(F \cap R)$ durch $P(F)$ dividiert: $\frac{2}{20} : \frac{6}{20} = \frac{2}{6}$. Diese Wahrscheinlichkeit heißt Wahrscheinlichkeit von R unter der Bedingung F und wird mit $P_F(R)$ oder $P(R|F)$ bezeichnet.

DEFINITION ▪ Bedingte Wahrscheinlichkeit

Ist B ein Ereignis mit positiver Wahrscheinlichkeit, so heißt

$$P_B(A) = \frac{P(A \cap B)}{P(B)}$$

die Wahrscheinlichkeit von A unter der Bedingung B.

Vorsicht! In Beispiel 3 sind $P(F \cap R)$ und $P_F(R)$ deutlich zu unterscheiden. Bei der ersten Wahrscheinlichkeit werden die rauchenden Frauen unter allen Personen ausgewählt, bei der zweiten nur unter den Frauen. Man hat also verschiedene Basisgrößen.

Die Formel für die bedingte Wahrscheinlichkeit kann man auch umgekehrt lesen: $P(B) \cdot P_B(A) = P(A \cap B)$. Dann entspricht sie der 1. Pfadregel bei Bäumen. Der zugehörige Baum enthält, anders verpackt, dieselbe Information wie eine Vierfeldertafel.

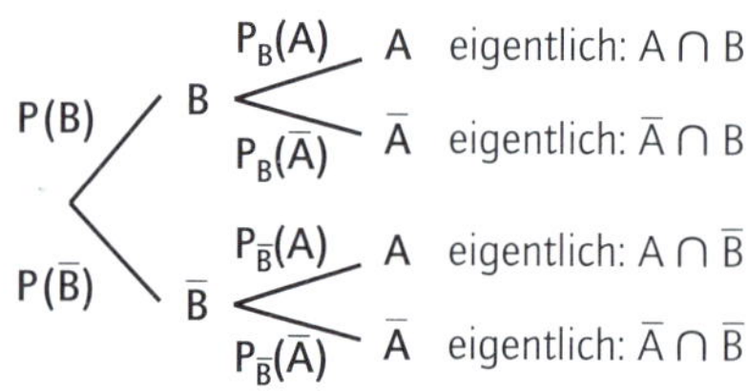

BEISPIEL 3 ▪ (Fortführung)

Wir haben bereits $P_F(R) = \frac{1}{3}$ und finden nach der Vierfeldertafel

$$P_F(\bar{R}) = \frac{P(F \cap \bar{R})}{P(F)} = \frac{2}{3}; \quad P_{\bar{F}}(R) = \frac{P(\bar{F} \cap R)}{P(\bar{F})} = \frac{3}{7}; \quad P_{\bar{F}}(\bar{R}) = \frac{P(\bar{F} \cap \bar{R})}{P(\bar{F})} = \frac{4}{7}.$$

So erhält man den abgebildeten Baum. Nach der 1. Pfadregel bekommt man die Schnittwahrscheinlichkeiten und damit die Vierfeldertafel zurück. Mithilfe der 1. und 2. Pfadregel kann man aus dem Baum für die Ereignisse A und B auch P(A) berechnen.

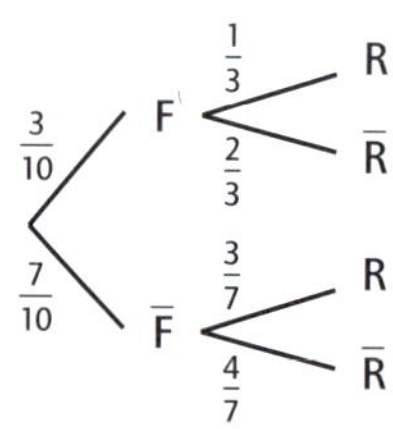

MERKE ▪ Satz von der totalen Wahrscheinlichkeit für zwei Ereignisse

Für zwei Ereignisse A, B mit $P(B) > 0$ und $P(\overline{B}) > 0$ gilt
$P(A) = P(B) \cdot P_B(A) + P(\overline{B}) \cdot P_{\overline{B}}(A)$

BEISPIEL 3 ▪ (Fortführung)

$P(R) = P(F) \cdot P_F(R) + P(\overline{F}) \cdot P_{\overline{F}}(R) = \frac{3}{10} \cdot \frac{1}{3} + \frac{7}{10} \cdot \frac{3}{7} = \frac{4}{10}$

$P(\overline{R}) = 1 - P(R) = \frac{6}{10}$

Und das sind die Randwahrscheinlichkeiten der Vierfeldertafel für R bzw. $\overline{R}$. Jetzt kann man, statt beim Baum erst nach Männern und Frauen zu verzweigen, auch erst nach Rauchern und Nichtrauchern sortieren:

$$P_R(F) = \frac{P(R \cap F)}{P(R)} = \frac{P(F) \cdot P_F(R)}{\frac{4}{10}} = \frac{\frac{3}{10} \cdot \frac{1}{3}}{\frac{4}{10}} = \frac{1}{4}$$

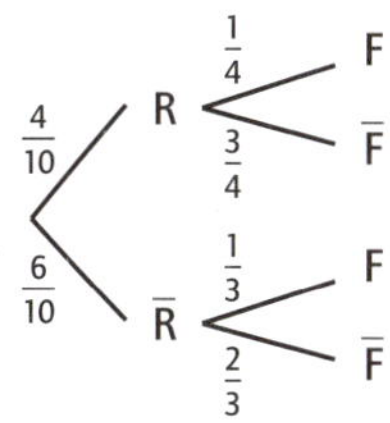

Ein Viertel aller Raucher sind Frauen, drei Viertel also Männer.

$$P_{\overline{R}}(F) = \frac{P(\overline{R} \cap F)}{P(\overline{R})} = \frac{P(F) \cdot P_F(\overline{R})}{\frac{6}{10}} = \frac{\frac{3}{10} \cdot \frac{2}{3}}{\frac{6}{10}} = \frac{1}{3}$$

Ein Drittel der Nichtraucher sind Frauen, also zwei Drittel Männer.

Und so wurde der Baum „umgedreht". In der Fachliteratur findet man das unter der Bezeichnung **Formel von Bayes**.

Im Beispiel 3 sind $P(R) = \frac{4}{10}$ (der Anteil der Raucher unter allen Personen) und $P_F(R) = \frac{1}{3}$ (der Anteil der Raucher unter den Frauen) verschieden. Es gibt unter den Frauen also relativ gesehen weniger Raucher. Man sagt: Die Ereignisse R und F sind abhängig. Würde dagegen $P(R) = P_F(R)$ gelten (was mit $P(F \cap R) = P(F) \cdot P(R)$ gleichwertig ist), wäre der Anteil der Raucher unter den Frauen gleich dem Anteil der Raucher unter allen, die Ereignisse R und F wären dann unabhängig.

DEFINITION ▪ Unabhängigkeit

Zwei Ereignisse A, B, für die $P(A \cap B) = P(A) \cdot P(B)$ gilt, heißen unabhängig.

Diese Definition wird oft missverstanden. Hiermit wird nämlich keine Regel zur Berechnung einer Schnittwahrscheinlichkeit angegeben, sondern die Eigenschaft der Unabhängigkeit charakterisiert. In Beispiel 3 ist etwa $P(F \cap R) = \frac{1}{10}$, $P(F) \cdot P(R) = \frac{3}{10} \cdot \frac{4}{10} = \frac{3}{25}$. Kein Wunder, die beiden Ereignisse sind ja auch abhängig. Auch darf die Unabhängigkeit zweier Ereignisse nicht mit ihrer Unvereinbarkeit verwechselt werden (vgl. 18.4).

BEISPIEL 4 ▪ Betrachten wir eine zweite Gruppe mit 36 Frauen und 24 Männern. Unter den Frauen seien 9 Raucher, unter den Männern 6. Mit den analogen Bezeichnungen wie in Beispiel 3 gelten hier $P(F) = 0{,}6$; $P(R) = 0{,}25$; $P(F \cap R) = 0{,}15$, also $P(F \cap R) = P(F) \cdot P(R)$. Jetzt sind F und R unabhängig. Wie in Beispiel 3 kann man eine Vierfeldertafel oder einen Baum erstellen.

Die Vierfeldertafel ist in diesem Fall eine Multiplikationstafel, das heißt, die Wahrscheinlichkeit in jedem der vier Felder ist das Produkt der zugehörigen Randwahrscheinlichkeiten. Am Baum sind die Wahrscheinlichkeiten der zweiten Stufe unabhängig von der Vorgeschichte, an den Ästen aufwärts stehen dieselben Wahrscheinlichkeiten, an denen abwärts ebenso.

	F	$\overline{F}$	
R	$\frac{3}{20}$	$\frac{1}{10}$	$\frac{1}{4}$
$\overline{R}$	$\frac{9}{20}$	$\frac{3}{10}$	$\frac{3}{4}$
	$\frac{3}{5}$	$\frac{2}{5}$	1

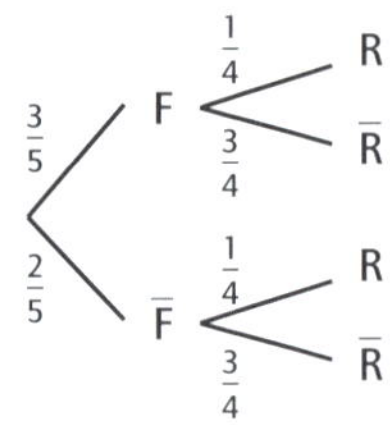

MERKE ▪ Unabhängigkeit am Baum und an der Vierfeldertafel

Die Unabhängigkeit zweier Ereignisse A, B erkennt man an ihrem Ereignisbaum daran, dass die Wahrscheinlichkeiten der zweiten Stufe unabhängig vom Ausgang der ersten Stufe sind. Die Vierfeldertafel der Ereignisse ist bei Unabhängigkeit eine Multiplikationstafel.

CHECKLISTE

20 Mehrstufige Zufallsexperimente

Folgende Fragen sollten Sie nun mühelos beantworten können:

- **Wie kann man mehrstufige Zufallsexperimente grafisch veranschaulichen und beschreiben?**
- **Wie lauten die beiden Pfadregeln zur Berechnung von Wahrscheinlichkeiten?**
- **Wie sieht eine Vierfeldertafel aus und wie geht man damit um?**
- **Mit welcher Formel berechnet man die Wahrscheinlichkeit eines Ereignisses A unter der Bedingung, dass das Ereignis B bereits eingetreten ist?**
- **Wie prüft man zwei Ereignisse A und B auf Unabhängigkeit?**

21 Spezielle Verteilungen

Viele Probleme der Wahrscheinlichkeitsrechnung führen auf spezielle Verteilungen. Zu den wichtigsten gehören die Binomialverteilung, die hypergeometrische Verteilung und die Normalverteilung.

21.1 Zufallsgrößen

Eine **Zufallsgröße** (auch Zufallsvariable) ist eine Abbildung, die jedem Element des Ergebnisraumes eine reelle Zahl zuordnet. Für Zufallsgrößen nimmt man Großbuchstaben vom Ende des Alphabets, vornehmlich X, Y, Z. Letztlich geht es darum, Ereignissen, die durch ein gemeinsames Merkmal mit unterschiedlichen Zahlenwerten bestimmt sind, eine einheitliche Beschreibung zu geben.

BEISPIEL 1 ▪ Man würfelt mit zwei Laplace-Würfeln. Der Laplace-Raum Ω besteht aus allen Paaren $\omega = (w_1 | w_2)$, wo $w_1, w_2 \in \{1, 2, ..., 6\}$ die Augenzahl des ersten bzw. zweiten Würfels ist. Es ist $|\Omega| = 6^2 = 36$ (Auswahl mit Wiederholung und Berücksichtigung der Reihenfolge). Die Zufallsgröße X bezeichne die Augensumme der beiden Würfel. Die möglichen Augensummen, also die **Werte von X** sind 2, 3, ..., 12.

Betrachten wir das Ereignis $\{X = 5\}$. Dabei kann man sich X wie eine Abkürzung für den Text „Augensumme" vorstellen. Und $X = 5$ in der Mengenklammer steht für „alle $\omega \in \Omega$, deren Augensumme 5 ist". Kurzum, es gilt nach der Laplace-Formel

$$\{X = 5\} = \{(1|4), (2|3), (3|2), (4|1)\}, \quad |\{X = 5\}| = 4$$

$$P(X = 5) = \frac{|\{X = 5\}|}{|\Omega|} = \frac{4}{36}.$$

Auch hier ist man etwas nachlässig und spart sich der besseren Lesbarkeit wegen die Mengenklammern, denn eigentlich müsste es $P(\{X = 5\})$ heißen. Genau so findet man z. B.

$$\{X = 8\} = \{(2|6), (3|5), (4|4), (5|3), (6|2)\}, \quad |\{X = 8\}| = 5$$

$$P(X = 8) = \frac{|\{X = 8\}|}{|\Omega|} = \frac{5}{36}.$$

Und so kann man das für die anderen Werte von X machen. Kennt man die Wahrscheinlichkeiten für alle Werte k von X, sei es als Formel, sei es durch eine Tabelle, so kennt man die **Verteilung von X**.

k	2	3	4	5	6	7	8	9	10	11	12
$P(X = k)$	$\frac{1}{36}$	$\frac{2}{36}$	$\frac{3}{36}$	$\frac{4}{36}$	$\frac{5}{36}$	$\frac{6}{36}$	$\frac{5}{36}$	$\frac{4}{36}$	$\frac{3}{36}$	$\frac{2}{36}$	$\frac{1}{36}$

Tabelle 1: Verteilung von X = Augensumme beim Doppelswurf

Da jedes $\omega \in \Omega$ zu einem der Ereignisse $\{X = k\}$ gehört, diese Ereignisse aber paarweise unvereinbar sind, muss die Summe aller Wahrscheinlichkeiten der Tabelle gleich 1 sein.

Mit einem **Histogramm** (Säulendiagramm) kann die Verteilung übersichtlich dargestellt werden. Man stellt auf die x-Achse zentriert bei den Werten k Rechtecke gleicher Breite, deren Flächeninhalt so groß wie die jeweilige Wahrscheinlichkeit ist. Wenn es geht, wählt man 1 als Rechtecksbreite, denn dann ist die Wahrscheinlichkeit gleich der Rechteckshöhe.

Histogramm von X = Augensumme

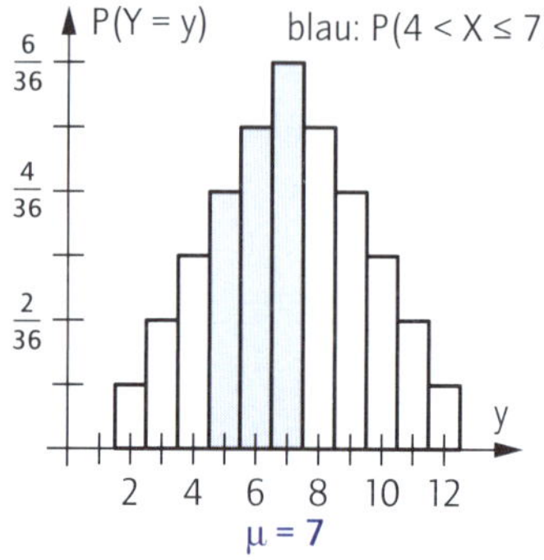

Oft interessiert man sich für Ereignisse, die durch Ungleichungen beschrieben werden, z. B. $\{4 < X \leq 7\}$. Dass die Augensumme über 4, aber höchstens 7 ist, heißt, dass sie 5, 6 oder 7 ist. Es gilt also

$$\{4 < X \leq 7\} = \{X = 5\} \cup \{X = 6\} \cup \{X = 7\}$$

Und da die Ereignisse auf der rechten Seite paarweise unvereinbar sind, darf man ihre Wahrscheinlichkeiten addieren:

$$P(4 < X \leq 7) = P(X = 5) + P(X = 6) + P(X = 7) = \frac{4 + 5 + 6}{36} = \frac{5}{12}$$

Im Histogramm geben die farbig gezeichneten Rechtecke diese Wahrscheinlichkeit an.

Die Wahrscheinlichkeiten $P(X \leq k)$ für die Werte k von X, hier also für 2, 3, ..., 12, nennt man **kumulierte Wahrscheinlichkeiten von X**. Aus der Tabelle oben erhält man sie, indem man die Wahrscheinlichkeiten bis zum Wert k aufsummiert.

k	2	3	4	5	6	7	8	9	10	11	12
$P(X \leq k)$	$\frac{1}{36}$	$\frac{3}{36}$	$\frac{6}{36}$	$\frac{10}{36}$	$\frac{15}{36}$	$\frac{21}{36}$	$\frac{26}{36}$	$\frac{30}{36}$	$\frac{33}{36}$	$\frac{35}{36}$	$\frac{36}{36}$

Tabelle 2: Kumulierte Wahrscheinlichkeiten der Augensumme X

Aus den kumulierten Wahrscheinlichkeiten berechnet man leicht Wahrscheinlichkeiten für Bereiche „von – bis". Den Flächeninhalt der grauen Rechtecke des Histogramms erhält man etwa, indem man alle Flächen von $k = 2$ bis $k = 7$ addiert $\left(\text{das ist } P(X \le 7)\right)$ und davon die Flächen von $k = 2$ bis $k = 4$ subtrahiert $\left(\text{das ist } P(X \le 4)\right)$, also

$$P(4 < X \le 7) = P(X \le 7) - P(X \le 4) = \frac{21-6}{36} = \frac{5}{12}.$$

Und bei $P(X \ge 7)$ geht man zum Gegenereignis über: Man subtrahiert von der Gesamtfläche 1 die Rechtecke bis zu $k = 6$, also

$$P(X \ge 7) = 1 - P(X \le 6) = 1 - \frac{15}{36} = \frac{7}{12}.$$

Eine wichtige Kennzahl einer Zufallsgröße X ist ihr **Erwartungswert**. Das ist eine Art Mittelwert von X, bei dem die Werte von X mit den jeweiligen Wahrscheinlichkeiten gewichtet werden (wenn X eine Laplace-Größe ist, also alle Werte von X dieselbe Wahrscheinlichkeit besitzen, fällt er mit dem gewöhnlichen Mittelwert, dem arithmetischen Mittel, zusammen).

DEFINITION ▪ Erwartungswert

Sind $x_1, x_2, \ldots, x_n$ alle Werte einer Zufallsgröße X, so heißt

$$\mu = E(X) = \sum_{k=1}^{n} x_k \cdot P(X = x_k)$$

der Erwartungswert von X.

INSIDER-TIPP

Der Buchstabe μ erinnert an μittelwert. Denkt man sich die x-Achse als ein Brett, auf dem die Säulen des Histogramms stehen, so bleibt die Figur im Gleichgewicht, wenn man sie an der Stelle μ stützt.

BEISPIEL 1 ▪ (Fortführung)

Von der anschaulichen Bedeutung her ist klar, dass die Augensumme X den Erwartungswert $\mu = 7$ besitzt; denn das Histogramm ist bezüglich $\mu = 7$ symmetrisch. Und genau das liefert auch die Rechnung. Man muss dazu jeden Wert von X (erste Zeile von Tabelle 1) mit seiner Wahrscheinlichkeit (zweite Zeile von Tabelle 1) multiplizieren und alles addieren:

$$\mu = E(X) = 2 \cdot \frac{1}{36} + 3 \cdot \frac{2}{36} + 4 \cdot \frac{3}{36} + \ldots + 11 \cdot \frac{2}{36} + 12 \cdot \frac{1}{36} = 7$$

Wie stark die Werte einer Zufallsgröße um ihren Erwartungswert streuen, wird durch **Varianz** und **Standardabweichung** beschrieben.

DEFINITION ▪ Varianz und Standardabweichung

Sind $x_1, x_2, \dots, x_n$ alle Werte einer Zufallsgröße X, so heißt

$$\sigma^2 = \mathrm{Var}(X) = \left(\sum_{k=1}^{n} x_k^2\, P(X = x_k)\right) - (E(X))^2$$

die Varianz von X. Sie ist stets nicht-negativ. Ihre Wurzel nennt man Standardabweichung $\sigma = \sigma(X) = \sqrt{\mathrm{Var}(X)}$

BEISPIEL 1 ▪ (Fortführung)

Jetzt sind die Werte der ersten Zeile von Tabelle 1 zu quadrieren und mit ihren Wahrscheinlichkeiten zu multiplizieren. Von der Summe ist noch das Quadrat des Erwartungswertes zu subtrahieren.

$$\sigma^2 = \mathrm{Var}(X) = \left(2^2\cdot\frac{1}{36} + 3^2\cdot\frac{2}{36} + \dots + 11^2\cdot\frac{2}{36} + 12^2\cdot\frac{1}{36}\right) - 7^2 = \frac{35}{6}$$

$$\sigma = \sqrt{\frac{35}{6}} \approx 2{,}4152$$

BEISPIEL 2 ▪ Die Tabelle gibt die Verteilung einer Zufallsgröße Y an.

y	−3	−1,5	0	3	4,5
P(Y = y)	0,52	0,22	0,09	0,05	0,12

Tabelle 3: Verteilung der Zufallsgröße Y

Man berechnet Erwartungswert, Varianz und Standardabweichung:

$$\mu = E(Y) = (-3)\cdot 0{,}52 + (-1{,}5)\cdot 0{,}22 + \dots + 4{,}5\cdot 0{,}12 = -1{,}2$$

$$\sigma^2 = \mathrm{Var}(Y) = (-3)^2\cdot 0{,}5^2 + (-1{,}5)^2\cdot 0{,}22 + \dots + 4{,}5^2\cdot 0{,}12 - (-1{,}2)^2 = 6{,}615$$

$$\sigma = \sqrt{6{,}615} \approx 2{,}5720$$

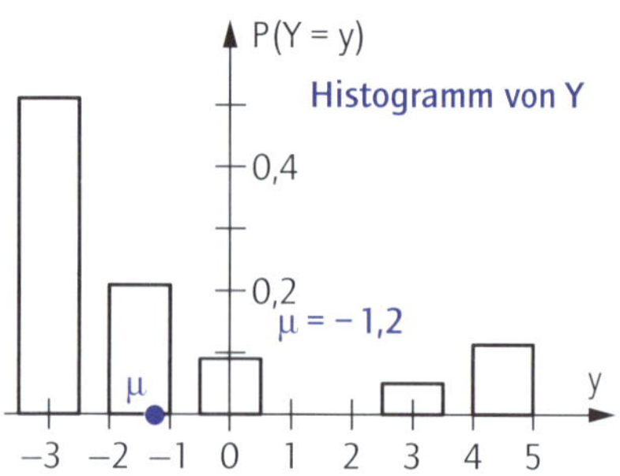

Mit der **Ungleichung von Tschebyschew** kann man Wahrscheinlichkeiten um den Erwartungswert herum abschätzen.

MERKE ▪ Ungleichung von Tschebyschew

Die Zufallsgröße X besitze den Erwartungswert μ und die Varianz σ^2. Für jede reelle Zahl $\varepsilon > 0$ gilt dann:
$$P\left(|X-\mu| \geq \varepsilon\right) \leq \frac{\sigma^2}{\varepsilon^2}$$

BEISPIEL 3 ▪ Sei X wieder die Augensumme beim Würfeln mit zwei Laplace-Würfeln. Hier war $\mu = 7$ und $\sigma^2 = \frac{35}{6}$ (siehe Beispiel 1). Nehmen wir $\varepsilon = 3$ und betrachten wir das Ereignis $\{|X-\mu| \geq 3\}$. Wenn man sich daran erinnert, dass $|X-\mu|$ den Abstand von X und μ berechnet, bedeutet das, dass die Augensumme (X) von ihrem Mittelwert (μ) mindestens den Abstand 3 hat. Das sind die Augensummen vom Wert 2, 3, 4, 10, 11, 12. Und für deren Wahrscheinlichkeit gilt nach Tschebyschew

$$P(|X-7| \geq 3) \leq \frac{\frac{35}{6}}{3^2} \approx 0{,}648.$$

Das Gegenereignis $\{|X-7| < 3\}$, also die Augensummen 5, 6, 7, 8, 9, hat daher eine Wahrscheinlichkeit von mindestens 35,2 %:

$$P(|X-7| < 3) \geq 35{,}2\,\%.$$

Mit der Tabelle 2 kann man den exakten Wert berechnen:

$$P(|X-7| < 3) = P(5 \leq X \leq 9) = P(X \leq 9) - P(X \leq 4) = \frac{30-6}{36} = \frac{2}{3}$$

Mit rund 66,7 % ist er also bedeutend größer als der von Tschebyschew gelieferte Mindestwert.

21.2 Die Binomialverteilung

Bernoulli-Kette und **Binomialverteilung** entsprechen der Situation des Urnenmodells **Ziehen mit Zurücklegen** (siehe Kapitel 20.2).

DEFINITION ▪ Bernoulli-Kette

Ein Zufallsexperiment mit zwei Ausgängen „Erfolg" (1) und „Misserfolg" (0) heißt Bernoulli-Experiment.

Wird ein Bernoulli-Experiment n-mal in unabhängigen Versuchen durchgeführt, entsteht eine Bernoulli-Kette.

Der Baum beschreibt die Bernoulli-Kette. Die Werte **p** bzw. **q** für Erfolg bzw. Misserfolg sind stets dieselben. Darin zeigt sich die Unabhängigkeit. Natürlich gilt $p + q = 1$.

Ist der Pfad ω mit genau k Einsen und $n-k$ Nullen markiert, so besitzt er nach der 1. Pfadregel die Wahrscheinlichkeit $P(\omega) = p^k q^{n-k}$.

Es gibt $\binom{n}{k}$ Pfade mit genau k Einsen (Auswahl von k Plätzen für die Einsen aus insgesamt n Möglichkeiten). Da jeder dieser Pfade dieselbe Wahrscheinlichkeit $p^k q^{n-k}$ besitzt, hat die Wahrscheinlichkeit für genau k Erfolge den Wert $\binom{n}{k} p^k q^{n-k}$. Dieser Term charakterisiert aber die sogenannte **Binomialverteilung.**

Bernoulli-Experiment
mit Erfolgswahrscheinlichkeit p
und Misserfolgswahrscheinlichkeit q
$p + q = 1$

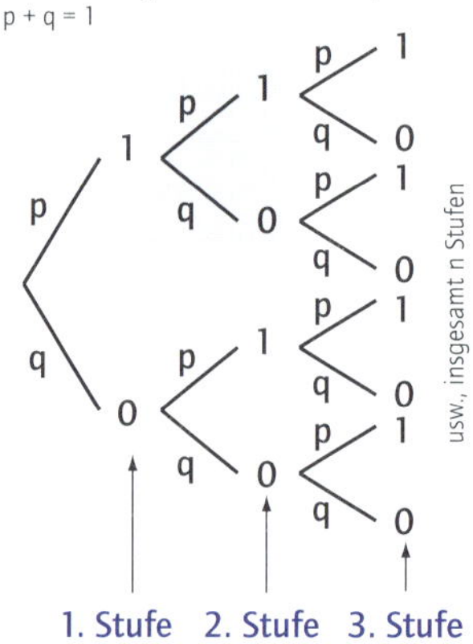

DEFINITION ▪ Binomialverteilung

Nimmt eine Zufallsgröße X die Werte 0, 1, 2, ... n an und gilt $P(X = k) = \binom{n}{k} p^k q^{n-k}$ für $0 \le k \le n$ mit festen positiven Zahlen p, q, für die $p + q = 1$ ist, so sagt man: X ist binomial verteilt mit den Parametern n, p. (Der Parameter q ist wegen $q = 1 - p$ überflüssig und dient nur dazu, der Formel eine symmetrische Gestalt zu geben.)

Für die statistischen Kenngrößen gibt es fertige Formeln:

MERKE ▪ Erwartungswert und Varianz einer Binomialverteilung

Ist X mit den Parametern n,p binomial verteilt, so besitzt X
den Erwartungswert $\mu = E(X) = np$
und die Varianz $\sigma^2 = Var(X) = npq$ (wobei $q = 1 - p$).
(Die Standardabweichung ist also $\sigma = \sqrt{npq}$.)

Nach den Überlegungen vor dieser Definition gilt:

MERKE ▪ Verteilung der Anzahl der Erfolge in einer Bernoulli-Kette

Die Zufallsgröße X der Anzahl der Erfolge in einer Bernoulli-Kette der Länge n mit Erfolgswahrscheinlichkeit p ist binomial verteilt mit den Parametern n, p.

BEISPIEL 4 ▪ Ein Airbus 340-600 hat 419 Plätze. Erfahrungsgemäß treten 2 % der angemeldeten Fluggäste ihre Reise nicht an. Deswegen überbucht die Fluggesellschaft einen Flug um 6 Passagiere. In wie viel Prozent der Flüge müssen Passagiere abgewiesen werden?

Es haben also 425 Personen gebucht. Jede Person tritt den Flug unabhängig von der andern mit 98 % Wahrscheinlichkeit an. Man hat eine Bernoulli-Kette der Länge $n = 425$ mit „tritt an" als Erfolg (1) und $p = 0{,}98$ als Erfolgswahrscheinlichkeit. Ein Misserfolg „tritt nicht an" (0) kommt mit $q = 0{,}02$ vor. Die Anzahl X der Erfolge ist hier also die zufällige Anzahl der Fluggäste, die ihre Reise tatsächlich antreten. X ist binomial verteilt mit $n = 425,\ p = 0{,}98$. Und wenn nun $X \geq 420$ ist, müssen Passagiere abgewiesen werden:

$P(X \geq 420) = P(X = 420) + P(X = 421) + \ldots + P(X = 425)$

$= \binom{425}{420} \cdot 0{,}98^{420} \cdot 0{,}02^5 + \binom{425}{421} \cdot 0{,}98^{421} \cdot 0{,}02^4 + \ldots + \binom{425}{425} \cdot 0{,}98^{425} \cdot 0{,}02^0$

$\approx 0{,}147$. In 14,7 % der Flüge gibt es damit Ärger.

Die praktische Berechnung solcher Wahrscheinlichkeiten ist wegen der großen Zahlen oft „per Hand" nicht möglich. Viele Taschenrechner verfügen heute über Funktionen, um $P(X = k)$ (nicht kumuliert) bzw. $P(X \leq k)$ (kumuliert) für eine binomial verteilte Zufallsgröße X zu berechnen. Suchen Sie nach etwas wie „binom". Und wenn noch ein „c" dabei ist, könnte es sich um die „c"umulierte Binomialverteilung handeln. Auskunft gibt das Handbuch Ihres Taschenrechners. Bei Beispiel 4 geht man zum Gegenereignis $\{X \leq 419\}$ über und rechnet: $P(X \geq 420) = 1 - P(X \leq 419) \approx 0{,}147$.

21.3 Die hypergeometrische Verteilung

Die Anzahl der Erfolge beim Ziehen ohne Zurücklegen (siehe 20.2) ist **hypergeometrisch verteilt**. Sind N Kugeln in der Urne, darunter S schwarze, und zieht man mit einem Griff n Stück (so dass man $\binom{N}{n}$ mögliche Ziehungen hat), so ist die Anzahl der Möglichkeiten, dass sich genau k schwarze darunter befinden, $\binom{S}{k} \cdot \binom{N-S}{n-k}$.

MERKE ▪ Hypergeometrische Verteilung

Es seien $N, S, n \geq 0$ ganze Zahlen mit $S, n \leq N$.
Wenn für eine Zufallsgröße X gilt:

$$P(X = k) = \frac{\binom{S}{k} \cdot \binom{N-S}{n-k}}{\binom{N}{n}} = \frac{(S)_k \cdot (N-S)_{n-k}}{(N)_n} \cdot \binom{n}{k},$$ **so sagt man:**

X ist hypergeometrisch verteilt mit den Parametern N, S, n.
Hierbei ist $k \geq 0$ eine ganze Zahl mit $k \leq S,\ k \leq n,\ k \geq n - (N - S)$.
Erwartungswert und Varianz von X sind dann

$$\mu = E(X) = n \cdot \frac{S}{N};\quad \sigma^2 = Var(X) = n \cdot \frac{S}{N} \cdot \left(1 - \frac{S}{N}\right) \cdot \frac{N-n}{N-1}$$

BEISPIEL 5 ▪ In einer Kiste mit 20 Äpfeln sind 3 faule. Ohne Hinsehen entnimmt man mit einem Mal 5 Stück. Dann ist die zufällige Anzahl X der darunter befindlichen faulen Äpfel hypergeometrisch verteilt mit $N = 20$, $S = 3$, $n = 5$. Für die Werte k von X kommen 0,1,2,3 in Frage. Man erhält die folgende Verteilung:

k	0	1	2	3
$P(X = k)$	$\frac{91}{228}$	$\frac{105}{228}$	$\frac{30}{228}$	$\frac{2}{228}$

21.4 Zufallsgrößen mit Dichten, Normalverteilung

Hier sollen die unendlichen nichtdiskreten Wahrscheinlichkeitsräume nur kurz angesprochen werden: in ihrer einfachsten Form, den Zufallsgrößen mit **Dichten**.

DEFINITION ▪ Dichte
Eine Dichte ist eine auf $\mathbb{R}$ definierte stückweise stetige Funktion f mit $f(x) \geq 0$ für alle x und $\int_{-\infty}^{\infty} f(x)\,dx = 1$.

„Stückweise stetig" bedeutet, dass f an einzelnen isolierten Stellen unstetig sein darf. In der Praxis sind Dichten sogar meist stückweise differenzierbar.

MERKE ▪ Zufallsgrößen mit Dichte
Man sagt: „Die Zufallsgröße X besitzt die Dichte f", falls sich die Wahrscheinlichkeit, dass der Wert von X im Intervall I (mit a, b als unterer bzw. oberer Grenze) liegt, durch $P(X \in I) = \int_a^b f(x)\,dx$ berechnen lässt.

Die Wahrscheinlichkeit des Ereignisses $\{X \in I\}$ entspricht also dem Flächeninhalt unter dem Graphen von f über dem Intervall I. Es spielt dabei keine Rolle, ob a, b selbst zum Intervall gehören oder nicht.
So gilt z. B. $P(X \in [a, b]) = P(X \in\,]a, b])$.
Statt $X \in [a, b]$ schreibt man gleichwertig $a \leq X \leq b$, statt $X \in\,]-\infty, x]$ entsprechend $X \leq x$ usw.

MERKE ▪ Verteilungsfunktion einer Zufallsgröße mit Dichte, Erwartungswert und Varianz

Besitzt X die Dichte f, so ist Funktion F mit $F(x) = P(X \le x) = \int_{-\infty}^{x} f(t)\,dt$

($x \in \mathbb{R}$) stetig und, von einzelnen isolierten Stellen abgesehen, differenzierbar. Sie heißt Verteilungsfunktion von X. Nach dem Hauptsatz der Differential- und Integralrechnung gilt überall, wo F differenzierbar ist, $F'(x) = f(x)$. F ist monoton wachsend, und es gilt:

$$\lim_{x \to -\infty} F(x) = 0, \quad \lim_{x \to \infty} F(x) = 1.$$

Im Falle, dass die folgenden Integrale konvergieren, nennt man

$$\mu = E(X) = \int_{-\infty}^{\infty} x f(x)\,dx; \quad \sigma^2 = \mathrm{Var}(X) = \int_{-\infty}^{\infty} x^2 f(x)\,dx - \mu^2;$$

Erwartungswert bzw. Varianz von X.

BEISPIEL 6 ▪ Wir schießen auf die Einheitskreisscheibe. Jeder Punkt ω der Scheibe ist ein möglicher Ausgang, der Ergebnisraum Ω besteht aus allen Punkten des Kreises. Bezeichnen wir mit den senkrechten Strichen den Flächeninhalt, so ist unter der Annahme der Gleichverteilung die Wahrscheinlichkeit, das Flächenstück A zu treffen: $P(A) = \frac{|A|}{|\Omega|} = \frac{|A|}{\pi \cdot 1^2} = \frac{|A|}{\pi}$.

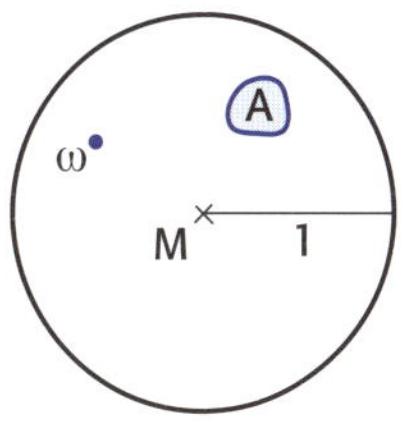

Verteilungsfunktion von X

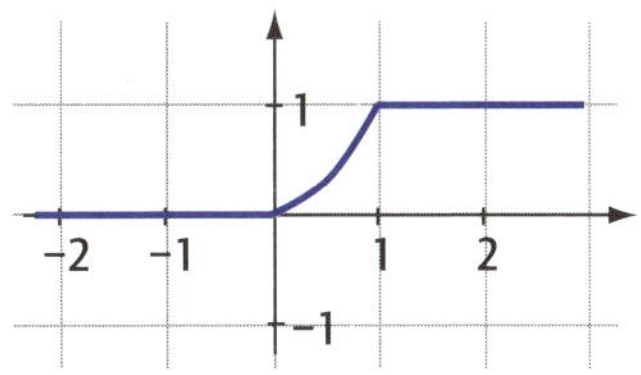

Dichte von X

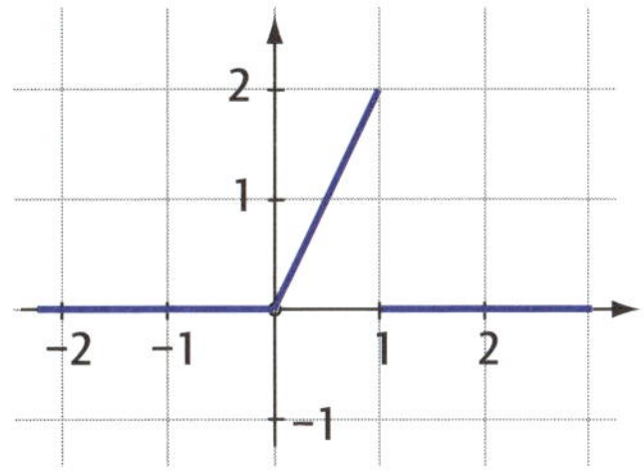

Die Zufallsgröße X bezeichne den Abstand des Punktes ω vom Mittelpunkt M. Das Ereignis $\{X \le x\}$ besteht daher aus allen Punkten, die von M einen Abstand $\le x$ haben, also aus dem Kreis um M vom Radius x. Daher gilt für die Verteilungsfunktion F von X für $0 \le x \le 1$:

$$F(x) = P(X \le x) = \frac{|\{X \le x\}|}{\pi} = \frac{\pi x^2}{\pi} = x^2$$

Die Dichte von X ist somit $f(x) = F'(x) = 2x$ (bei $x = 0$ bzw. $x = 1$ im Sinne der Differenzierbarkeit von rechts bzw. von links). Für die nicht vorkommenden Werte $x < 0$ und $x > 1$ legt man $f(x) = 0$ fest (F ist dort konstant 0 bzw. konstant 1). Zur Berechnung von Erwartungswert und Varianz von X genügt es, die Integration über das Intervall $[0, 1]$ zu erstrecken (da f außerhalb dieses Intervalles 0 ist):

$$\mu = \int_0^1 x\,f(x)\,dx = \int_0^1 2\,x^2\,dx = \tfrac{2}{3};\quad \sigma^2 = \int_0^1 x^2\,f(x)\,dx - \mu^2 = \int_0^1 2\,x^3\,dx - \mu^2 = \tfrac{1}{2} - \tfrac{4}{9} = \tfrac{1}{18}$$

Im Mittel wird man also auf lange Sicht gesehen die Scheibe im Abstand $\frac{2}{3}$ vom Mittelpunkt treffen.

Die wichtigste Verteilung mit Dichte ist die **Normalverteilung**.

DEFINITION ▪ Normalverteilte Zufallsgröße

Es seien μ, σ reelle Parameter mit $\sigma > 0$. Eine Zufallsgröße X mit der Dichte $\varphi_{\mu,\sigma}(x) = \frac{1}{\sigma\sqrt{2\pi}} \cdot e^{-\frac{(x-\mu)^2}{2\sigma^2}}$ heißt normalverteilt mit μ als Erwartungswert und σ^2 als Varianz. Die zugehörige Verteilungsfunktion ist

$$\Phi_{\mu,\sigma}(x) = P(X \le x) = \int_{-\infty}^{x} \varphi_{\mu,\sigma}(t)\,dt$$

Speziell für $\mu = 0$, $\sigma = 1$ heißt X standard-normalverteilt. Für Dichte und Verteilungsfunktion schreibt man dann $\varphi = \varphi_{0;1}$ bzw. $\Phi = \Phi_{0;1}$.

Auf vielen Taschenrechnern sind φ, Φ heute implementiert. Man suche nach etwas mit „normal" und vielleicht „distribution" (Verteilung) im Namen, bei Φ könnte wieder ein „c" für „c"umuliert dabei sein.
Ihre zentrale Bedeutung gewinnt die Normalverteilung durch den **Zentralen Grenzwertsatz.** Im einfachsten Fall ist das der **Satz von de Moivre-Laplace.** Er beschäftigt sich mit der Approximation einer binomial verteilten Zufallsgröße durch die Normalverteilung.

SATZ ▪ Satz von de Moivre-Laplace

Die Zufallsgrößen X_n seien binomial verteilt mit n,p als Parametern und $q = 1 - p$. Dann gilt:

$$\lim_{n\to\infty} P\left(\frac{X_n - \mu}{\sigma} \le x\right) = \Phi(x)$$

(Hierbei sind $\mu = np$ und $\sigma = \sqrt{npq}$ von n abhängig.)
Man kann $\Phi(x)$ als Approximation der Wahrscheinlichkeit links auffassen:

$$P\left(\frac{X_n - \mu}{\sigma} \le x\right) \approx \Phi(x) \text{ für große n.}$$

Oder umgeformt mit $t = \mu + \sigma x$: $P(X_n \le t) \approx \Phi\left(\frac{t-\mu}{\sigma}\right)$ für große n.
Eine schnellere Approximation bekommt man mit einem Korrektursummanden:

$$P(X_n \le t) \approx \Phi\left(\frac{t - \mu + \frac{1}{2}}{\sigma}\right) \quad \text{für große n.}$$

In der Praxis sieht man „für große n" bei $\sigma^2 = npq > 9$ als erfüllt an.

BEISPIEL 7 ▪ Die tatsächliche Zustimmungsrate für eine Partei liege bei $p = 20\,\%$. Nun werden $n = 1000$ Personen nach ihren Wahlabsichten befragt. X sei die zufällige Anzahl derer, die die Partei wählen wollen. Man erwartet, dass $\mu = 200$ der Befragten sich für die Partei aussprechen. Wie groß ist die Wahrscheinlichkeit, dass das prognostizierte Ergebnis X/1000 im 2 %-Bereich um den tatsächlichen Wert p liegt?

2 % von 1000 sind 20 Personen. Es geht also um $P(180 \le X \le 220)$. Man berechnet $\sigma^2 = 160$ und approximiert die binomial verteilte Größe X mit der Normalverteilung:

$$P(180 \le X \le 220) = P(X \le 220) - P(X \le 179)$$
$$\approx \Phi\left(\frac{20{,}5}{\sqrt{160}}\right) - \Phi\left(\frac{-20{,}5}{\sqrt{160}}\right) \approx 0{,}895$$

Mit fast 90 % Wahrscheinlichkeit sagt man also ein Ergebnis zwischen 18 % und 22 % voraus, wenn der tatsächliche Wert für die Partei $p = 20\,\%$ ist.

CHECKLISTE

21 Spezielle Verteilungen

Folgende Fragen sollten Sie nun mühelos beantworten können:

- Worin unterscheiden sich die Verteilung und die kumulierte Verteilung einer Zufallsgröße?
- Wie berechnet man anhand der Verteilungstabelle Erwartungswert und Varianz einer Zufallsgröße?
- Welche Bedeutung hat der Erwartungswert und wie kann man ihn sich an einem Histogramm veranschaulichen?
- Wie berechnet man bei einer Zufallsgröße Wahrscheinlichkeiten „von – bis“?
- Wozu dient die Ungleichung von Tschebyschew?
- Was charakterisiert ein Bernoulli-Experiment und eine Bernoulli-Kette?
- Welcher Zusammenhang besteht zwischen Binomialverteilung, hypergeometrischer Verteilung und dem Urnenmodell?
- Wie hängen die Verteilungsfunktion und die Dichte einer Zufallsgröße zusammen?
- Wozu nützt der Satz von de Moivre-Laplace?

22 Beurteilende Statistik

Die statistische Zusammensetzung von sehr großen Mengen (wie etwa die Menge von produzierten Computer-Chips) kann aufgrund der großen Anzahl nicht mehr durch Kontrolle jedes einzelnen Elements der Menge ermittelt werden. Um trotzdem Aussagen über die Zusammensetzung sehr großer Mengen treffen zu können, muss man Stichproben ziehen und statistisch bewerten.

22.1 Qualitätsbewertung von Stichproben

Wenn man bei einem Bernoulli-Experiment die Erfolgswahrscheinlichkeit p kennt und eine Stichprobe vom Umfang n durchführt, kann man die Qualität eines Stichprobenergebnisses bewerten.

MERKE ▪ Die Sigma-Regeln

Für n-stufige Bernoulli-Experimente mit der Erfolgswahrscheinlichkeit p und der Zufallsgröße X gelten die Sigma-Regeln (σ = sigma).

Die Anzahl der Erfolge liegt mit einer Wahrscheinlichkeit von

- **ca. 90 % im Intervall zwischen $\mu - 1{,}64\,\sigma$ und $\mu + 1{,}64\,\sigma$. (1,64 σ-Umgebung von μ). $P(\mu - 1{,}64\,\sigma \leq X \leq \mu + 1{,}64\,\sigma) \approx 0{,}90$**

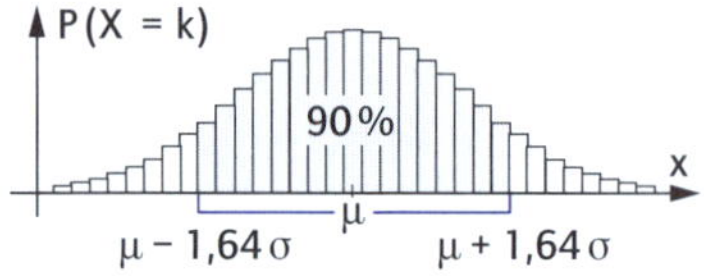

- **ca. 95 % im Intervall zwischen $\mu - 1{,}96\,\sigma$ und $\mu + 1{,}96\,\sigma$. (1,96 σ-Umgebung von μ). $P(\mu - 1{,}96\,\sigma \leq X \leq \mu + 1{,}96\,\sigma) \approx 0{,}95$**

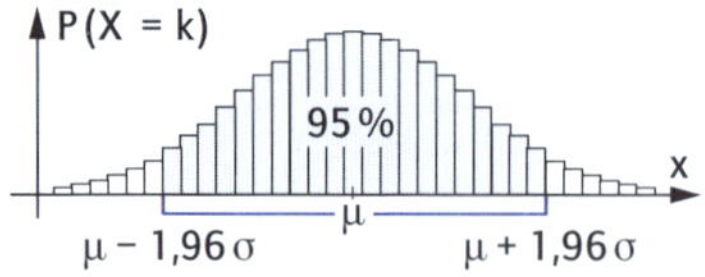

- **ca. 99 % im Intervall zwischen $\mu - 2{,}58\,\sigma$ und $\mu + 2{,}58\,\sigma$. (2,58 σ-Umgebung von μ). $P(\mu - 2{,}58\,\sigma \leq X \leq \mu + 2{,}58\,\sigma) \approx 0{,}99$**

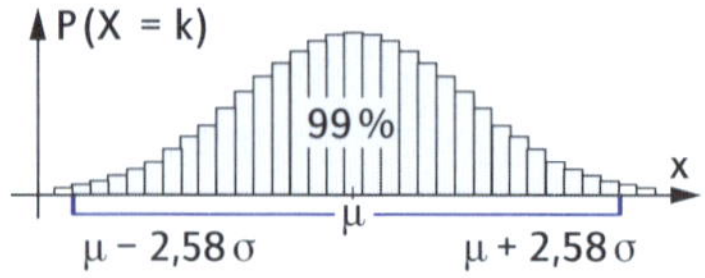

Man beachte: Die Sigma-Regeln dürfen nur dann angewendet werden, wenn die **Laplace-Bedingung** $\sigma \geq 3$ erfüllt ist.

MERKE ▪ Bewertung von Stichproben

- **verträgliche** Stichprobenergebnisse: $\mu - 1{,}96\sigma \leq X \leq \mu + 1{,}96\sigma$.
  Solche Stichproben treffen mit einer Wahrscheinlichkeit von 95 % ein.
- **signifikante** Stichprobenergebnisse:
  $X < \mu - 1{,}96\sigma$ oder $X > \mu + 1{,}96\sigma$.
  Solche Stichproben sind ungewöhnlich, da sie nur mit einer Wahrscheinlichkeit von 5 % eintreffen.
- **hochsignifikante** Stichprobenergebnisse: $X < \mu - 2{,}58\sigma$ oder $X > \mu + 2{,}58\sigma$. Solche Stichproben sind höchst unwahrscheinlich, da sie nur in 1 % aller Stichproben auftreten.

(Die σ-Umgebung $\mu \pm 1{,}64\sigma$ wird bei der Bewertung nicht berücksichtigt.)

BEISPIEL 1 ▪ Ein Roulette-Rad enthält 37 Zahlenfelder, die unter regulären Bedingungen alle mit der gleichen Wahrscheinlichkeit $p = \frac{1}{37}$ fallen müssten. Zur Kontrolle wurden 4000 Spiele durchgeführt, wobei die Zahl 17 am häufigsten, nämlich 132-mal erscheint.

Wie ist diese Stichprobe nun zu bewerten? (Hinweis: Das Erscheinen der anderen Zahlen soll hier nicht betrachtet werden.) Die Zufallsgröße X ist in diesem Experiment die Anzahl, wie oft die Zahl 17 erscheint. Da die betrachtete Zahl 17 (unter regulären Bedingungen) jedes Mal mit derselben Wahrscheinlichkeit $p = \frac{1}{37}$ fällt (Erfolg) und sich p bei wiederholtem Drehen des Roulette-Rades nicht ändert, handelt es sich hierbei um ein Bernoulli-Experiment.
Die Wahrscheinlichkeit für den Misserfolg („17 fällt nicht") ist somit $q = \frac{36}{37}$.
Für den Erwartungswert $\mu = n \cdot p$ erhält man $\mu = 4000 \cdot \frac{1}{37} \approx 108$.
Die in der Stichprobe beobachtete absolute Häufigkeit 132 weicht davon ab.
Zur weiteren Bewertung des Stichprobenergebnisses benötigt man die Sigma-Regeln. Für die Standardabweichung σ gilt: $\sigma = \sqrt{n \cdot p \cdot (1 - p)}$.
Mit $n = 4000$ und $p = \frac{1}{37}$ folgt $\sigma = 10{,}26$; die Laplace-Bedingung ist demnach erfüllt. Mit $\mu = 108$ erhält man somit folgende σ-Umgebungen:

I) verträglicher Bereich: $88 \leq X \leq 128$.
II) signifikanter Bereich: $X < 88$ oder $X > 128$.
III) hochsignifikanter Bereich: $X < 82$ oder $X > 134$.

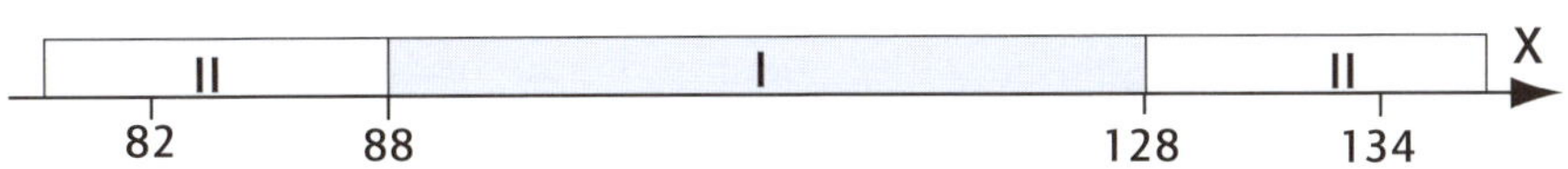

Da die Zahl 17 hier 132-mal gefallen ist, gilt die Stichprobe als signifikant. Der Roulette-Tisch scheint manipuliert worden zu sein.

INSIDER-TIPP

Zur Bewertung einer Stichprobe geht man folgendermaßen vor:

① **Man berechnet mithilfe des Stichprobenumfangs und der Erfolgswahrscheinlichkeit p den Erwartungswert $\mu = n \cdot p$ und die Standardabweichung $\sigma = \sqrt{n \cdot p \cdot (1-p)}$.**

② **Man bestimmt die Intervalle der σ-Umgebungen $\mu \pm 1{,}96\sigma$, und $\mu \pm 2{,}58\sigma$.**

③ **Man prüft, in welcher Umgebung die Zufallsgröße X der Stichprobe liegt.**

22.2 Schluss von der Stichprobe auf die Gesamtheit

In der Praxis, wie bei Umfragen oder Qualitätskontrollen, kennt man die Erfolgswahrscheinlichkeit der Gesamtheit nicht. Schließlich kann beispielsweise ein Chiphersteller aus Zeitgründen unmöglich alle produzierten Chips überprüfen. Und bei Wahlen können die tatsächlichen Prozentanteile der einzelnen Parteien natürlich auch erst nach der Stimmenauszählung angegeben werden. Das Problem bei Stichproben in diesen Fällen ist, dass man ihre tatsächliche Qualität nicht einschätzen kann, da man ja die Erfolgswahrscheinlichkeit der Gesamtheit nicht kennt. Schließlich könnte es sich zufällig um ein höchst unwahrscheinliches Stichprobenergebnis handeln. Wie man dennoch aussagekräftige Prognosen und Bewertungen der Gesamtheit treffen kann (Anteil der defekten Chips, zu erwartende Stimmenanteile bei Wahlen, ...), ist eine weitere wichtige Aufgabe der beurteilenden Statistik.

Wenn man anhand des Stichprobenergebnisses Rückschlüsse auf die Erfolgswahrscheinlichkeit p der Gesamtheit ziehen will, geht man folgendermaßen vor:

- Man legt eine σ-Umgebung fest und sucht dann nach denjenigen Erfolgswahrscheinlichkeiten p, bei denen das Stichprobenergebnis X gerade noch in der σ-Umgebung der entsprechenden Verteilungsfunktion liegt.
- Auf diese Weise erhält man eine kleinstmögliche Erfolgswahrscheinlichkeit p_{min} und eine größtmögliche Erfolgswahrscheinlichkeit p_{max}.

BEISPIEL 2 ▪ **Ein Chiphersteller möchte herausfinden, wie groß der Anteil der defekten Chips ist, und wählt dazu 400 Chips zufällig für eine Qualitätskontrolle aus. Dabei erweisen sich nur 368 Chips als intakt, der Rest, 32 Chips, ist defekt. Kann der Chiphersteller mit einer 95 %-igen**

Sicherheit davon ausgehen, dass mindestens 85 % der produzierten Gesamtmenge intakt sind?

(Die Wahl der Sicherheitswahrscheinlichkeit ist willkürlich. Ein risikofreudiger Unternehmer würde sich vielleicht mit einer 80%-igen Sicherheit zufrieden geben.)

Für die Stichprobenergebnisse X gilt mit einer Wahrscheinlichkeit von 95 %:

$$\mu - 1{,}96\,\sigma \le X \le \mu + 1{,}96\,\sigma$$

(Wenn man eine andere Wahrscheinlichkeit für die Aussagekraft der Stichprobe wählt, erhält man natürlich eine andere σ-Umgebung $\mu - k\cdot\sigma \le X \le \mu + k\cdot\sigma$, mit $k \in \mathbb{R}$. Der Faktor k muss dann nummerisch bestimmt werden.)

Für $X = 368$ kommen also im Extremfall nur solche Erfolgswahrscheinlichkeiten in Frage, für die gilt:

[1]: $\mu - 1{,}96\,\sigma = 368$ und [2]: $\mu + 1{,}96\,\sigma = 368$.

Mit $n = 400$, $\mu = n\cdot p$ und $\sigma = \sqrt{n\cdot p\cdot(1-p)}$ erhält man

[1]: $400\cdot p_1 - 1{,}96\sqrt{400\cdot p_1\cdot(1-p_1)} = 368$ und

[2]: $400\cdot p_2 + 1{,}96\sqrt{400\cdot p_2\cdot(1-p_2)} = 368$.

Die Lösungen sind $p_1 = 94{,}26\,\%$ und $p_2 = 88{,}94\,\%$.

(Die Gleichungen [1] und [2] können nummerisch oder algebraisch durch Quadrieren gelöst werden.)

Interpretation der Ergebnisse:

Die Erfolgswahrscheinlichkeit $p_2 = 88{,}94\,\%$ ist der kleinste p-Wert der Gesamtheit, mit dem $X = 368$ gerade noch verträglich ist. Der Erwartungswert einer Stichprobe mit 400 Ziehungen wäre dann $\mu_2 = 0{,}8894\cdot 400 \approx 356$. Die Erfolgswahrscheinlichkeit $p_1 = 94{,}26\,\%$ ist der größte p-Wert der Gesamtheit, mit dem $X = 368$ gerade noch verträglich ist. Der Erwartungswert einer Stichprobe mit 400 Ziehungen wäre dann $\mu_1 = 0{,}9426\cdot 400 \approx 377$.

Verteilungsfunktion für $p_1 = 0{,}9426$

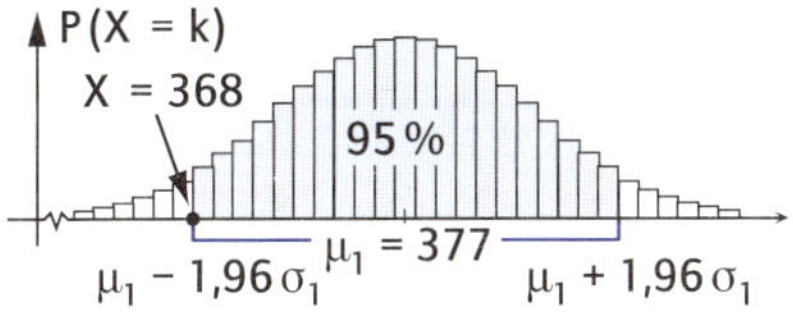

Verteilungsfunktion für $p_2 = 0{,}8894$

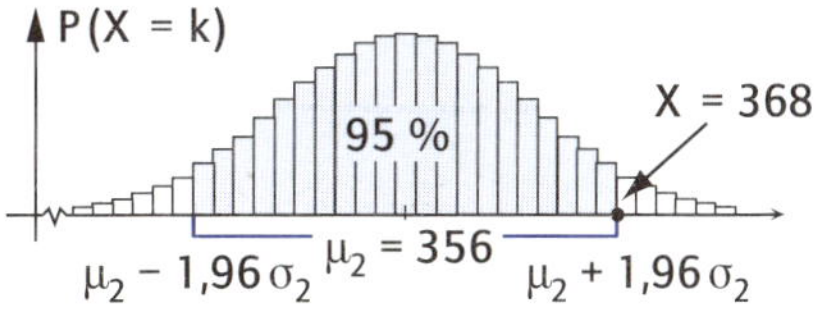

Der Chiphersteller kann also mit einer 95 %-igen Sicherheit davon ausgehen, dass der tatsächliche Anteil der intakten Chips irgendwo im Intervall zwischen 88,94 % und 94,26 % liegt und somit seine Vorgabe (mindestens 85 % aller Chips sollten intakt sein) erfüllt ist. Man beachte: Das obige p-Intervall enthält aufgrund des Ansatzes nur mit einer Wahrscheinlichkeit von 95 % den tatsächlichen, unbekannten p-Wert.

Das berechnete Intervall für die p-Werte wird als Vertrauensintervall bzw. **Konfidenzintervall** bezeichnet (lat. *confidere* = vertrauen). Je höher man die Wahrscheinlichkeit wählt, mit der das Konfidenzintervall den tatsächlichen p-Wert enthalten soll, umso größer wird dieses Intervall.

INSIDER-TIPP

- **Man wählt eine Wahrscheinlichkeit, mit der das Konfidenzintervall sich als richtig erweisen soll (in obigem Beispiel 95 %).**
- **Man berechnet die σ-Umgebung ($\mu \pm k \cdot \sigma$), die dieser angesetzten Wahrscheinlichkeit entspricht. (Bei 95 % ist $k = 1{,}96$.)**
- **Man löst die Gleichungen $n \cdot p_1 - k\sqrt{n \cdot p_1 \cdot (1 - p_1)} = X$ und $n \cdot p_2 + k\sqrt{n \cdot p_2 \cdot (1 - p_2)} = X$ nach p_1 bzw. p_2 auf. (mit n = Stichprobenumfang und X = Stichprobenergebnis).**

22.3 Testen von Hypothesen

Mit einer Stichprobe kann man nicht nur die unbekannte Erfolgswahrscheinlichkeit p einer Gesamtheit abschätzen (→ Kapitel 22.2), sondern auch Hypothesen testen, die man bezüglich der statistischen Zusammensetzung einer Gesamtheit aufgestellt hat. Welche Fehler beim Testen von Hypothesen auftreten können und wie diese Fehler zu bewerten sind, wird anhand eines Beispiels demonstriert. Zunächst ein paar Begriffs-Definitionen:

DEFINITION ▪ **Die Hypothese wird auch Nullhypothese H_0 genannt. Das Gegenteil zu H_0 heißt Gegenhypothese oder Alternativhypothese H_1. Die Entscheidungsregel legt fest, bei welchem Stichprobenergebnis die Hypothese als richtig oder falsch gewertet wird. Der Wertebereich der Zufallsvariable X, bei dem die Hypothese angenommen wird, heißt Annahmebereich. Der Wertebereich der Zufallsvariable X, bei dem die Hypothese verworfen wird, heißt Verwerfungsbereich.**
Bei jeder Bewertung einer Hypothese können zwei Fehler auftreten:

- **Fehler 1. Art: Die Hypothese wird abgelehnt, obwohl sie in Wirklichkeit richtig ist.**
- **Fehler 2. Art: Die Hypothese wird beibehalten, obwohl sie in Wirklichkeit falsch ist.**

BEISPIEL 3 ▪ Ein Arzneimittelhersteller hat ein neues Grippe-Medikament auf den Markt gebracht und behauptet, dass sein Medikament in 75 % aller Fälle keine Nebenwirkungen mehr aufweist. Herkömmliche Medikamente zeigen laut zuverlässiger Statistik in 55 % der behandelten Patienten keine Nebenwirkung. Um die Hypothese des Arzneimittelherstellers „mein Medikament hat mit 75 %-iger Wahrscheinlichkeit keine Nebenwirkung" zu testen, werden 40 Patienten mit dem Präparat behandelt. Dabei traten in 25 Fällen keine Nebenwirkungen auf. Wie kann nun die Hypothese des Arzneimittelherstellers aufgrund des Stichprobenergebnisses bewertet werden?

Aufstellen einer Entscheidungsregel

Bevor man ein zu einer Hypothese gehörendes Zufallsexperiment durchführt, muss man eine **Entscheidungsregel festlegen**. Sie kann relativ willkürlich sein. Im Beispiel wäre bei $p_1 = 0{,}75$ der Erwartungswert $\mu_1 = 40 \cdot 0{,}75 = 30$. Bei $p_2 = 0{,}55$ läge der Erwartungswert bei $\mu_2 = 40 \cdot 0{,}55 = 22$. Es ist hier also sinnvoll, den Mittelwert zwischen 30 und 22 als kritischen Wert (K = 26) zu betrachten, und folgende Entscheidungsregel aufzustellen: *Falls mindestens 26 Patienten keine Nebenwirkungen zeigen, ist die Hypothese des Arzneimittelherstellers richtig. Falls mehr als 26 Patienten über Nebenwirkungen klagen, ist das neue Präparat auch nicht besser als die herkömmlichen.*

(Die Gegenhypothese „Präparat ist auch nicht besser als die herkömmlichen" berücksichtigt nicht, dass die Wirksamkeit des Präparats auch irgendwo zwischen 55 % und 75 % liegen kann. Der Einfachheit halber werden diese Fälle hier nicht beachtet.)

Das Ergebnis der Stichprobe $(X = 25)$ würde also die Hypothese des Arzneimittelherstellers widerlegen. Das heißt aber nicht, dass die Hypothese tatsächlich falsch sein muss; denn die Zahl der Patienten ohne Nebenwirkung könnte bei der speziellen Stichprobe ja zufällig kleiner ausgefallen sein, als es der Wirklichkeit entspricht. Man möchte daher immer wissen, mit welcher Wahrscheinlichkeit man bei der Bewertung der Hypothese einen Fehler macht.

Dabei unterscheidet man zwischen **Fehlern 1. bzw. 2. Art**.

- Die Wahrscheinlichkeit für den Fehler 1. Art heißt **Irrtumswahrscheinlichkeit** α.
- Die Wahrscheinlichkeit für einen Fehler 2. Art heißt **Irrtumswahrscheinlichkeit** β.

MERKE ▪ Bewertung der Stichprobenaussage

Kennt man die Wahrscheinlichkeiten für die Fehler 1. und 2. Art, kann man anhand eines Stichprobenergebnisses abschätzen, mit welcher Wahrscheinlichkeit die Ausgangshypothese H_0 richtig bzw. falsch ist:

1. Fall: Die Stichprobe widerlegt H_0		2. Fall: Die Stichprobe bestätigt H_0	
α	$1-\alpha$	$1-\beta$	β
H_0 ist in Wirklichkeit wahr. Fehler 1. Art	H_0 ist in Wirklichkeit falsch.	H_0 ist in Wirklichkeit wahr.	H_0 ist in Wirklichkeit falsch. Fehler 2. Art

Wenn also das Stichprobenergebnis die Hypothese H_0 widerlegt, dann ist H_0 mit der Wahrscheinlichkeit $1-\alpha$ auch tatsächlich falsch.
Wenn hingegen die Stichprobe die Hypothese bestätigt, ist die Hypothese mit der Wahrscheinlichkeit $1-\beta$ auch tatsächlich wahr.

Wahrscheinlichkeiten für Fehler 1. und 2 Art berechnen

Zurück zu unserem Beispiel: Wenn der Anteil $p = 0{,}75$ richtig ist, macht man nach obiger Entscheidungsregel einen Fehler 1. Art, wenn $X < 26$ ist. Man erhält für die Irrtumswahrscheinlichkeit α:

$$\alpha = P_{0,75}(X < 26)$$
$$= \binom{40}{0}\cdot 0{,}75^{0}\cdot 0{,}25^{40} + \binom{40}{1}\cdot 0{,}75^{1}\cdot 0{,}25^{39} + \ldots + \binom{40}{25}\cdot 0{,}75^{25}\cdot 0{,}25^{15}$$
$$\approx 0{,}054 = 5{,}4\,\%$$

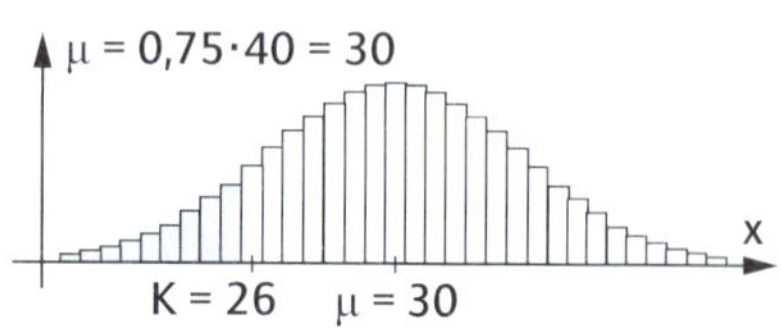

Die Irrtumswahrscheinlichkeit α kann im Histogramm der Binomialverteilung für $p = 0{,}75$ durch den Anteil der gefärbten Fläche an der Gesamtfläche veranschaulicht werden. Alle Werte $X < K$ gehören zum Verwerfungsbereich der Hypothese. Falls dagegen in Wirklichkeit $p = 0{,}55$ richtig ist (das heißt, falls das neue Medikament auch nicht besser ist), ist die Wahrscheinlichkeit, einen Fehler 2. Art zu machen:

$$\beta = P_{0,55}(X \geq 26) = \binom{40}{26}\cdot 0{,}55^{26}\cdot 0{,}45^{14} + \binom{40}{27}\cdot 0{,}55^{27}\cdot 0{,}45^{13} + \ldots$$
$$\approx 0{,}133 = 13{,}3\,\%$$

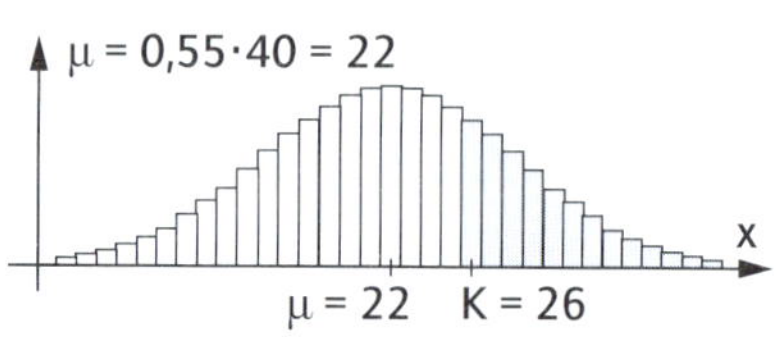

Die Wahrscheinlichkeit β wird im Histogramm der Binomialverteilung für $p = 0{,}55$ durch den Anteil der gefärbten Fläche an der Gesamtfläche beschrieben.

Entscheidungsregel bei vorgegebener Irrtumswahrscheinlichkeit

Bei vielen Tests ist es sinnvoll, zuerst eine Irrtumswahrscheinlichkeit α (für einen Fehler 1. Art) vorzugeben und dann entsprechend dieser Vorgabe den Verwerfungsbereich zu berechnen. Dann hätte man etwa bei der Vorgabe $\alpha \leq 2\,\%$ die Gewissheit, dass man in höchstens 2 % der Stichproben einen Fehler 1. Art begeht, das heißt, eine wahre Hypothese irrtümlich verwirft. Der kritische Wert K für $\alpha \leq 0{,}02$ muss daher in unserem Beispiel so gewählt werden, dass $P_{0{,}75}(X < K) \leq 0{,}02$ gilt. Durch Ausprobieren mit einem leistungsstarken Taschenrechner erhält man: $P_{0{,}75}(X < 25) \approx 0{,}026$ (noch zu groß). $P_{0{,}75}(X < 24) \approx 0{,}0116 \leq 0{,}02$. Der neue kritische Wert ist also $K = 24$, für den die Irrtumswahrscheinlichkeit α sogar nur 1,16 % beträgt.

INSIDER-TIPP

- **Man stellt eine Hypothese auf, die man mit einer Stichprobe (n-stufiges Bernoulli-Experiment) überprüfen will.**
- **Eine Entscheidungsregel legt fest, für welche Werte der Zufallsgröße X die zu testende Hypothese verworfen wird. Der kritische Wert K teilt den Wertebereich der Zufallsgröße X in zwei Bereiche: den Annahmebereich (A) und den Verwerfungsbereich (V).**
- **Gibt man eine Irrtumswahrscheinlichkeit α für einen Fehler 1. Art vor, kann man den kritischen Wert K berechnen. Dabei gilt: $P(V) \leq \alpha$.**

CHECKLISTE

22 Beurteilende Statistik

Folgende Fragen sollten Sie nun mühelos beantworten können:

- Wie kann man die Qualität einer Stichprobe bewerten, wenn man die Erfolgswahrscheinlichkeit p kennt?
- Wie kann man anhand einer Stichprobe Schlüsse auf die Zusammensetzung einer Gesamtheit ziehen?
- Wie geht man vor, um eine Hypothese bezüglich der Erfolgswahrscheinlichkeit p anhand einer Stichprobe bewerten zu können?
- Was versteht man unter Fehlern 1. Art und 2. Art?
- Wie berechnet man den kritischen Wert K, wenn man die Irrtumswahrscheinlichkeit für einen Fehler 1. Art von vornherein festlegt?

Stichwortverzeichnis

A

Abbildungsmatrix 151
Abhängigkeit 110, 182
Ableitung 60
Ableitungsregeln 62
abschnittsweise
definierte Funktionen ... 31
Abstände 131
Additionssatz 166, 167
Annahmebereich 202
Arcusfunktionen 54
Asymptote 44
Asymptoten 93

B

Basisvektoren 104
bedingte
Wahrscheinlichkeit ... 184
Bernoulli-Kette 191
Betragsfunktion 32
Binomialkoeffizient 172
Binomialverteilung 191
Bogenmaß 52
Bolzano,
Zwischenwertsatz von ... 40

C

Cosinus 51

D

Definitionslücken 47
Determinanten-
berechnung 160
Dichte 194
Differenzial,
Leibniz'sches 75
Differenzialrechnung 60
Drehungen 150

E

Ebene 113
Einheitsmatrix 151
Ereignisse 162
– unvereinbare 166, 167
Erwartungswert
.... 189, 192, 195
Exponentialfunktion 56
Extrema 67

F

Fakultät 171
Fehler 1. und 2. Art 202
Funktionen 25
– abschnittsweise
definierte 31
– Betragsfunktion 32
– ganzrationale 25
– Potenzfunktion 27
– Signumfunktion 32
– Verkettung 34
– Wurzelfunktionen 30
Funktionsbegriff 23

G

Gaußverfahren 97
Gegenereignis 167
Geraden 9
– zeichnen 10
Geradengleichung,
Aufstellen einer 11
Gesetze von
de Morgan 166
Grad-Satz 15
Gradmaß 52
Graphen, Flächeninhalt
zwischen 86
Grenzwert 41

H

Hauptform 9
Hauptsatz der
Differenzial- und Integral-
rechnung (HDI) 77
Histogramm 188
hypergeometrische
Verteilung 193
hypergeometrisch
verteilt 193
Hypothesen,
Testen von 202

I

Integral
– bestimmtes 75
– unbestimmtes 79
– uneigentliches 84
Integralfunktion 78
Integralrechnung 75
Integration, partielle 81
Integrationsmethoden 81
Intervalle 7
Irrtumswahrscheinlich-
keiten 203

K

Kettenregel 65
Kombinatorik 169
– Grundformeln 175
Koordinatengleichung .. 115
Koordinatensystem 8
– kartesisches 8
Kotangens 53
Kreuzprodukt 117
Krümmungs-
verhalten 70, 95
Kurvendiskussion 88

L

Laplace-Formel 168
Laplace-Räume 168
Laplace-Würfel 161
Leibniz'sches Differenzial . . 75
lineare Abbildungen. . . . 148
lineares Gleichungssystem (LGS). 96
Linearfaktoren. 20
Logarithmusfunktionen . . . 57

M

Matrix, inverse. 156
Matrix-Matrix-Multiplikation 153
Matrix-Vektor-Gleichung 155
Matrix-Vektor-Multiplikation 149
Matrizen. 151
Mitternachtsformel. 18
Monotonie. 66
de Morgan, Gesetze 166

N

Newton-Verfahren. 73
Normale. 13
Normalenvektor 116
Normalform. 9
Normalverteilung 196
Nullhypothese. 202
Nullpolynom 18
Nullprodukt. 20
Nullstellen 39
– beim Grad ≤ 2. 18
– eines Polynoms 17
– ganzzahlige 19
– maximale Anzahl 21
– Ordnung. 22
– quadratischer Polynome. 18
– Sätze über 19

O

Orthogonalität 12
Ortsvektoren 104

P

Parabel, Scheitelform 27
Parallelität. 12
Parameterform 112
Pascal'sches Dreieck. . . . 173
Permutationen 172
Pfadregeln 180
Pochhammer-Symbol . . . 171
Polynom. 14
– Nullstellen 17
Polynomdivision 15
Polynomdivisionen 16
Potenzfunktionen 27
Potenzgesetze 56
Punkt-Steigungs-Form 9
Punktkoordinaten 103
Punktprobe 10
Pythagoras, trigonometrischer 52

R

Randwahrscheinlichkeiten 184
relative Häufigkeit 161
Rotationskörper 87

S

Satz von de Moivre-Laplace. 196
Satz von der totalen Wahrscheinlichkeit . . . 185
Schnittprobleme 121
Sigma-Regeln 198
Signumfunktion 32
Sinus. 51
Spiegelbild. 137
Sprungstelle. 32
Spurgeraden 119
Spurpunkte 119
Stammfunktion 77
Standardabweichung . . . 190
Stetigkeit 37
– beim Verketten 39
– rationaler Funktionen. . . 39
Stichproben 198
Stichproben, Bewertung von 199
Substitutionsregel. 82
Symmetrie 88

T

Tangens 53
Tangentengleichungen. . . . 66
trigonometrische Funktionen. 51
Tschebyschew, Ungleichung von. 191

U

Unabhängigkeit . . . 110, 182
Unendlich, Rechnen mit. . . 49
Ungleichung von Tschebyschew 191
Urnenmodell 182

V

Varianz. 190, 192, 195
Vektoren. 103
Verkettung von Funktionen. 34
Verteilungsfunktion 195
Verwerfungsbereich 202
Vierfeldertafel. 186

W

Wachstum
– exponentielles. 57
– polynomiales. 57
Wahrscheinlichkeit 161
– bedingte. 183
– kumulierte 188
– Satz von der totalen . . 185
Wahrscheinlichkeitsraum 163
– endlicher 163
Wendestelle. 70
Wendetangente 95
Wertetabelle 24
Winkel 144
Wurzelfunktionen 30

Z

Zufallsexperimente, mehrstufige 181
Zufallsgröße. 187
Zwischenwertsatz von Bolzano. 40

Prüfungstraining auf CD-ROM

Durch eine einfache Navigation schnell zur gewünschten Information oder Aufgabe: Die Startseite führt per Mausklick direkt zu den allgemeinen Tipps zur Prüfungsvorbereitung oder zu den Trainingseinheiten, die genau auf die Kapitelinhalte des Buches zugeschnitten sind. Wie hier für das Hauptkapitel Analysis gezeigt, finden Sie zu jedem Themenbereich Aufgaben mit Lösungen. Einfach klicken und die gezielte Prüfungsvorbereitung kann losgehen!

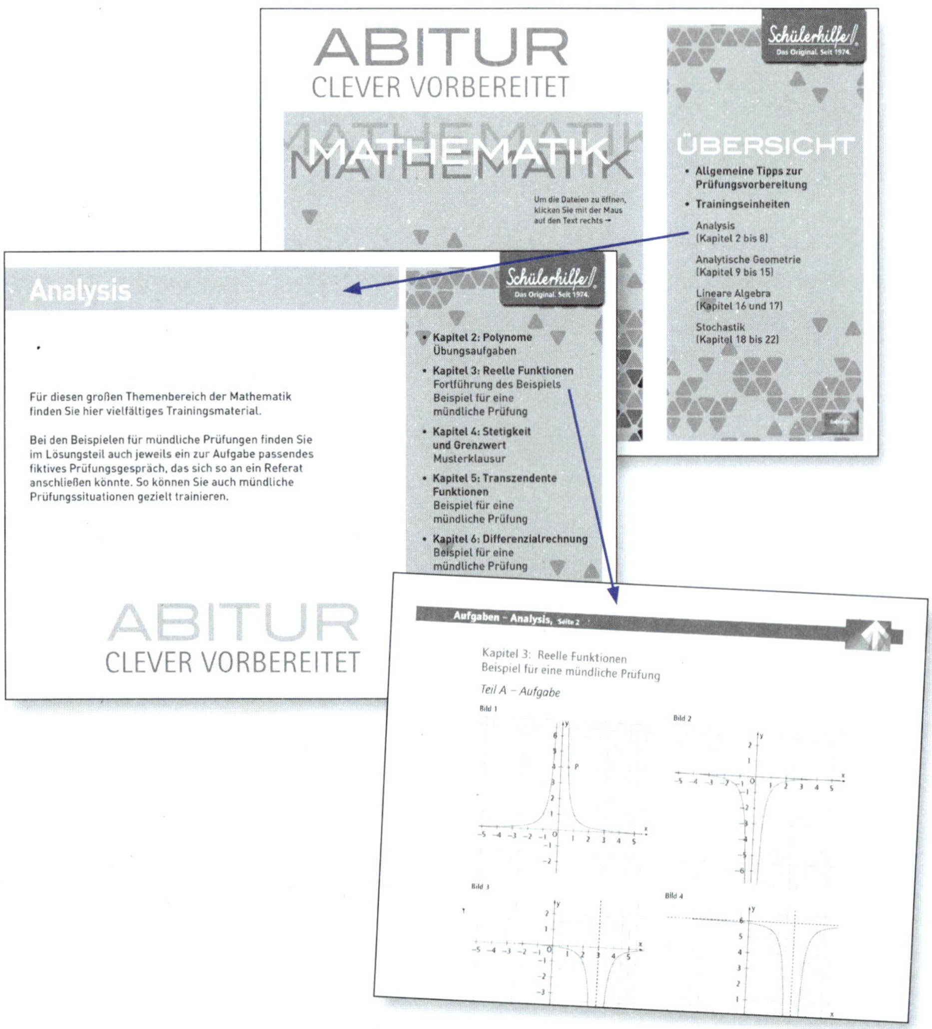

Die CD-ROM ist auf allen Systemen lauffähig, auf denen ein Acrobat-Reader® installiert ist. Auf Windows-Systemen müsste sie von selbst starten; auf Mac-Systemen oder wenn die CD nicht automatisch startet, öffnen Sie bitte manuell die Datei „Startseite" mit Acrobat.